I0050299

LE PILOTAGE STRATÉGIQUE

STRATÉGIQUE

Comment mobiliser l'énergie collective

Éditions d'Organisation
1, rue Thénard
75240 Paris Cedex 05

www.editions-organisation.com

DANGER

LE
PHOTOCOPILLAGE
TUE LE LIVRE

Le code de la propriété intellectuelle du 1er juillet 1992 interdit en effet expressément la photocopie à usage collectif sans autorisation des ayants droit. Or, cette pratique s'est généralisée notamment dans l'enseignement, provoquant une baisse brutale des achats de livres, au point que la possibilité même pour les auteurs de créer des œuvres nouvelles et de les faire éditer correctement est aujourd'hui menacée.

En application de la loi du 11 mars 1957 il est interdit de reproduire intégralement ou partiellement le présent ouvrage, sur quelque support que ce soit, sans autorisation de l'Éditeur ou du Centre Français d'Exploitation du Droit de Copie, 20, rue des Grands Augustins, 75006 Paris.

© Éditions d'Organisation, 2001
ISBN : 978-2-7081-2570-4

Jacques CASTELNAU
Loïc DANIEL
Bruno METTLING

LE PILOTAGE
STRATÉGIQUE

Comment mobiliser
l'énergie collective

Préface de Claude BOURMAUD
Président d'honneur de La Poste

Deuxième édition

Deuxième tirage 2002

**Éditions
d'Organisation**

Sommaire

© Editions d'Organisation

© Editions d'Organisation

© Editions d'Organisation

© Editions d'Organisation

Préface

Avec la complicité des auteurs de ce livre, avec aussi la compétence et l'implication de ses équipes, La Poste a mis en place les principes et les outils du pilotage stratégique. Elle les a développés au niveau de sa direction nationale, de ses délégations régionales, de ses directions départementales et de ses établissements.

À ce jour, si tout est encore loin d'être achevé, des premiers résultats significatifs se font déjà sentir. Dans les grandes entreprises, les mutations ne s'accomplissent jamais comme décrites dans les manuels. C'est même plutôt le contraire. En effet, quelles que soient les précautions, il y a loin de la théorie à la pratique. Il est vrai que le charme d'une théorie est justement d'être réfutable. Pourtant, ce n'est pas le cas à La Poste, par exemple, où la volonté est désormais affichée de s'engager toujours plus dans le pilotage stratégique.

Le but ?

Exploiter chaque jour un peu plus les bénéfices potentiels et les avancées significatives. Voilà qui a de quoi séduire, non ?

C'est dans cette perspective qu'en 1995, nous avons franchi le pas du pilotage stratégique. À cette époque, de fortes pressions s'exerçaient sur l'entreprise et il était vital de réagir. Maîtriser quelques priorités, obtenir certains résultats essentiels étaient un objectif jouable. Le temps des ruptures et des mutations était donc venu. C'était vrai à La Poste. Ça l'était tout autant dans la plupart des entreprises. En ce qui nous concerne, cette évolution inéluctable avait pour corollaire la concurrence. Ces conditions et les pressions qui en découlent nous ont amenés à nous interroger sur l'efficacité de nos pratiques et de nos outils de pilotage.

Dès les années 1990, parallèlement à ces résultats de gestion, la place des grands projets de La Poste était posée. Partant d'une logique de l'action – c'est vrai pour toutes les entreprises – nous ressentions alors un besoin croissant de mieux expliquer le rapport de ces projets aux résultats.

Dans une première étape, deux approches ont été développées :

La *première* permettait d'améliorer la réalisation de ces grands projets, en affinant les objectifs, les outils et les méthodes.

La *seconde* consistait à mettre progressivement en place, dans l'entreprise, un mode de management par projets.

Dans le choix de ces deux voies, des limites sont apparues, inhérentes aux métiers mêmes de La Poste. De par sa nature, notre entreprise ne construit pas ses activités autour de projets. Notre chiffre d'affaires n'est pas issu de tels projets, comme cela serait le cas par exemple dans les grandes entreprises de travaux publics. Notre activité repose sur des flux de produits et de services. Cette caractéristique nous empêchait définitivement d'établir des liens significatifs entre chacun des projets et nos résultats d'ensemble. Et nous touchions là une *première limite* du management par projets.

Une *seconde limite* a été détectée, à partir des nombreuses ruptures d'environnement que nous pouvions déjà observer. Ces ruptures et évolutions externes surviennent tout au long des projets. En permanence, ils sont soumis à l'environnement et aux orientations stratégiques qui en découlent. En effet, lorsque le problème s'est posé pour La Poste d'un nouvel alignement stratégique de son portefeuille de projets, nous avons pu constater les difficultés de ce type d'opération. Toutes les approches qui nous étaient proposées visaient une cohérence stratégique *à partir* des projets, réflexion essentiellement remontante. Cela ne suffisait pas pour développer les réactivités rendues nécessaires par l'environnement. Nous ne pouvions pas durablement orienter l'entreprise dans un environnement hostile. Pour cet alignement stratégique, l'idée s'est donc imposée qu'il fallait partir d'une réflexion spécifique et de rang supérieur.

Dans une deuxième étape, La Poste a recherché le meilleur mode de déploiement de ses objectifs généraux, afin de renforcer là encore les

© Editions d'Organisation

cohérences à tous les stades de développement et à tous les niveaux hiérarchiques.

Partant d'un portefeuille annuel des priorités générales, elle a commencé par l'appliquer aux différentes entités opérationnelles de sa structure. Ainsi avons-nous pu développer, à tous les niveaux opérationnels de notre structure, un véritable management par objectifs prioritaires. Par là même, notre management interne de la performance s'en est trouvé déployé et renforcé.

Enfin, **dans une troisième étape,** nous avons tenté de relier les objectifs prioritaires et les grands projets. Et c'est là que le pilotage stratégique s'est imposé, comme *la* réponse adaptée à nos besoins. Dans ce domaine nous avons formalisé les cohérences et les liens opérationnels entre objectifs et projets. En construisant pour la première fois notre portefeuille stratégique, selon les méthodes décrites dans cet ouvrage, nous avons fait progresser les attitudes et l'efficacité dans chacune de nos entités opérationnelles.

Aujourd'hui, des progrès restent à accomplir. Il nous faut mieux connecter notre portefeuille d'objectifs à la vision stratégique de La Poste, nécessité que le pilotage stratégique a considérablement renforcée à nos yeux. Dans ce domaine, nous devons développer la précision et la qualité de cette prise en charge, à chaque niveau de nos organisations.

Aussi, avons-nous à affiner la distinction entre responsabilités opérationnelles et fonctionnelles, dans toutes nos structures. Pour cela il nous faut transformer le contenu de notre reporting, en éclairant toujours mieux l'atteinte des objectifs financiers à *partir* des objectifs stratégiques et de leur analyse.

Nous en sommes là aujourd'hui. De tout ce qui reste à faire, je retiendrai deux progrès principaux qui restent à accomplir.

Le premier est de mieux formaliser encore les relations entre notre vision à long terme de l'entreprise, l'évolution de nos processus et nos grands projets. Instiller toujours plus de cohérence pour une évolution moderne et efficace, garante de notre réussite future.

Le second progrès qui nous incombe est de synchroniser toujours plus les différentes activités qui concourent au pilotage. Il nous faut à cet égard une réactivité beaucoup plus forte. Pour y parvenir, notre question est aujourd'hui la mise en perspective dynamique, dans un cycle annuel, de l'ensemble des sujets suivants :

- actualisation continue des choix stratégiques,
- déploiement efficace des objectifs et des projets,
- maîtrise de la trajectoire financière de La Poste,
- relations entre l'entreprise, ses différents partenaires, et son corps social,
- cycles de contrôle interne et d'audit qui nous sont indispensables.

Cette situation et ses développements encore nécessaires signifient que nous avons réalisé, pour une large part, notre apprentissage du pilotage stratégique. Il nous faut désormais gérer l'amélioration continue de son efficacité, à tous les niveaux. La ligne directrice reste bien celle que j'avais exprimée, avant le choix du pilotage stratégique :

- mieux inscrire chacun de nos objectifs et de nos projets au service de nos finalités d'entreprise à part entière mais aussi de service public,
- les déployer jusqu'aux niveaux les plus fins de nos organisations.

Le pilotage stratégique a largement confirmé à nos yeux ses avancées et ses promesses. C'est grâce à cette démarche qu'un jour chaque agent de maîtrise de La Poste s'appropriera la stratégie de l'entreprise, pour pouvoir la mettre en œuvre au quotidien dans son domaine.

Claude BOURMAUD
Président d'honneur de La Poste

© Editions d'Organisation

Remerciements

Cette méthodologie de pilotage stratégique a été conçue par les consultants de l'équipe ORPHIS à partir d'une expérience collective qui s'est toujours enrichie au contact des entreprises clientes.

Ils ont voulu, grâce à ce livre, transmettre leur conviction qu'il est aujourd'hui possible de concilier recherche de performance et motivation collective.

Que soient donc chaleureusement remerciés pour leur contribution directe à la rédaction et pour leurs apports essentiels :

➤ Michel DOMERG, DESS Droit Privé, Consultant en Stratégie et Management, Professeur à l'Institut Français de gestion.

➤ Thomas GUERRA, Diplômé ESC, Consultant en Stratégie et Management, Associé du groupe EIM Espagne, Professeur INSA et groupe IGS.

➤ François RAVINET, Diplômé ESC, Consultant en Stratégie et Management, Professeur à l'Institut Français de gestion.

➤ Denis SAULES, Diplômé ICG, Consultant en Stratégie et Management, Professeur à l'Institut Français de gestion.

➤ Nathalie COUVERT, DESS Management public, Consultant en stratégie et management, Maître de conférences à l'Institut d'Etudes Politiques et à l'Institut Supérieur de l'Information et de la Communication de Bordeaux.

Introduction

« Si nous pouvions d'abord savoir où nous sommes et vers quoi nous nous dirigeons, nous serions plus à même de juger quoi faire et comment faire ».

Abraham LINCOLN (1858)

1. LE CONTEXTE DU PILOTAGE STRATÉGIQUE

Notre époque se caractérise par des mutations profondes qui traversent nos environnements, du plus proche, au plus lointain. Changements et ruptures se succèdent, se croisent et s'additionnent, chargeant toujours plus nos horizons et bouleversant nos quotidiens.

Chaque jour, nous devons adapter nos modes de pensée et nos comportements habituels afin de :

- recenser les acteurs clés de l'environnement,
- focaliser sur les avantages concurrentiels,
- analyser l'horizon temporel de la réflexion stratégique,
- sélectionner l'information pertinente.

Ces mutations de natures diverses (géologique, économique, financière, technologique, culturelle, etc.). n'épargnent aucun domaine d'activité et leur portée est de plus en plus profonde.

Deux mutations essentielles impactent les choix stratégiques des entreprises : les évolutions juridiques d'une part, parce qu'elles modifient considérablement les règles du jeu ; les nouvelles exigences du consommateur, d'autre part, parce qu'elles conduisent les entreprises à repenser durablement leurs finalités et leur organisation.

1.1. Les évolutions juridiques : de nouvelles règles du jeu

La construction de l'union européenne a un effet direct sur nombre d'acteurs et d'entreprises.

A titre d'exemple, une des nombreuses dispositions du traité de Maastricht (1992) prévoit la fin de la distribution exclusive pour les concessionnaires automobile. Les exclusivités tombent. Révolution de taille qui permettra à n'importe qui de s'installer comme « vendeur » de voitures.

Les concessionnaires, jusqu'alors exclusifs, auront le loisir de distribuer des marques concurrentes. Le distributeur qui n'aurait pas intégré dans sa stratégie cette évolution se mettrait automatiquement en difficulté concurrentielle par rapport à ceux qui l'aurait assimilée.

Par ailleurs, nouvelle étape symbolique de la mondialisation des échanges, les quotas imposés au Japon ont été supprimés au 1er janvier 2000, provoquant des ruptures d'autant plus importantes sur les marchés, que le marché automobile asiatique est saturé ou encore peu solvable (Chine). L'Europe sera le marché le plus attractif dans la décennie.

Si l'on ajoute à cela le passage à l'EURO, la rupture « technologique » et ce qu'elle implique en matière d'information du consommateur (et de comparaison), on peut affirmer que le paysage concurrentiel européen est durablement modifié.

Le secteur public est loin d'être exclu du mouvement, particulièrement les services publics en réseau, tels les transports, le courrier, l'énergie, qui doivent intégrer la dérégulation des activités et son corollaire le phénomène concurrentiel.

1.2. Les nouvelles exigences du consommateur : repenser la finalité et l'organisation de l'entreprise

L'épisode de la « vache folle » est significatif de ces nouvelles exigences. Il a très largement contribué à développer chez le consommateur l'exigence de sécurité et de respect de l'environnement et de la santé liée à l'acte d'achat.

La « traçabilité » est ainsi devenue une exigence absolue. D'où provient

© Editions d'Organisation

ce que je consomme, quels sont ses différents cycles de consommation et de distribution ?

Le consommateur veut vérifier que le produit qu'il acquiert a été fabriqué, à tous les niveaux de la filière, dans des conditions qui préservent la santé, l'environnement et même la morale, lorsque, par exemple, il refuse d'acheter des produits manufacturés à l'autre bout du monde par des enfants en situation de quasi-esclavage.

D'ailleurs, si quelques producteurs ont encore un doute, la grande distribution est là pour les ramener à l'exigence du moment, assurément durable : la traçabilité. Elle devient une clause incontournable des contrats. Hors traçabilité, il n'y a plus dans la filière agro-alimentaire d'accords possibles avec la grande distribution.

Il est enfin intéressant de noter que l'exigence de sécurité du consommateur/client (de l'usager pour le service public) dans l'acte de consommation d'un produit ou service prend toutes les formes possibles :

- juridique
- sanitaire
- physique
- etc.

Certains secteurs et entreprises en prennent la mesure puisque c'est au nom de cette exigence de sécurité que certaines entreprises sont mises en cause y compris sur le plan pénal.

2. LES ENJEUX DU PILOTAGE STRATÉGIQUE

Le pilotage stratégique prend en compte les mutations de l'environnement décrites, à savoir :

- une offre supérieure à la demande solvable,
- les nouvelles caractéristiques du consommateur,
- la mondialisation des marchés,
- la compétition plus rude et une exigence accrue de vitesse,
- l'obsolescence plus rapide des produits et équipements,
- les Nouvelles Technologies de l'Information et de la Communication.

Il s'inscrit dans de nouvelles formes d'organisations :

- **Entreprise au plus juste :** *s'appliquer* à soi-même et à ses fournisseurs les principes de management de la qualité totale, du juste-à-temps
- **Entreprise de classe A :** *se comparer* aux entreprises les plus avancées sur le plan mondial, dans tous les domaines d'activité.
- **Entreprise horizontale :** *reconfigurer* l'entreprise en fonction du client, *construire* les processus en fonction de ses attentes et *réduire* les niveaux hiérarchiques pour réagir au plus vite.
- **Entreprise virtuelle :** *externaliser* une grande partie des fonctions, *concentrer* les ressources sur le cœur du métier, *favoriser* les alliances avec tous les partenaires qui présentent des synergies.

Enfin, il intègre le management des paradoxes auxquels sont confrontées les entreprises :

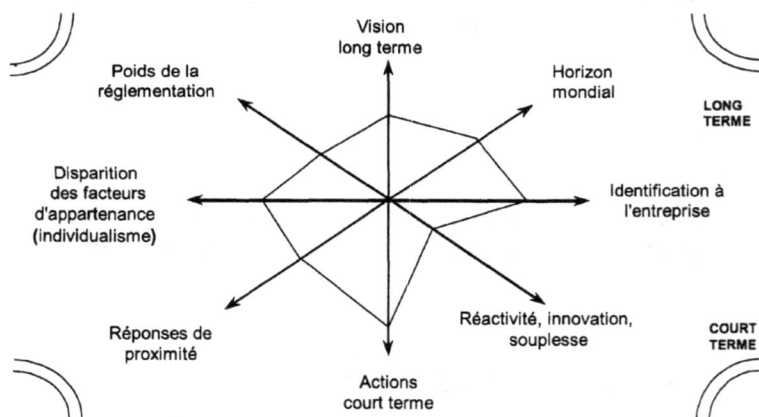

Figure 1 – *Le management des paradoxes*

Légende

Paradoxes

Vision long terme/ Actions court terme	Les entreprises ne peuvent piloter par des actions court terme sans disposer au préalable d'une vision stratégique. La vision long terme doit être déployée dans une logique d'actions court terme afin de mobiliser l'ensemble des acteurs.
Horizon mondial/ Réponses de proximité	Les clients attendent de plus en plus une réponse de proximité difficilement compatible avec des logiques d'entreprises évoluant dans un horizon mondial exigeant et complexe.

© Editions d'Organisation

Poids de la réglementation/ Réactivité, innovation, souplesse	La gestion quotidienne nécessite la prise en compte d'un sous-système organisationnel structuré et rigide permettant de développer des valeurs d'ordre (démarche ISO...) qui peuvent freiner des comportements d'anticipation et de réactivité. Il s'agit pour les entreprises d'arbitrer entre les valeurs d'ordre et de désordre.
Disparition des facteurs d'appartenance (individualisme)/	Les entreprises ont depuis ces dernières années démultiplié les outils (projet d'entreprise, charte,...) afin de mobiliser et remobiliser les salariés autour des grands axes stratégiques.
Identification à l'entreprise	*A contrario*, on constate un renforcement accru de l'individualisme conforté par les structures organisationnelles et budgétaires des entreprises.

La gestion de ces principaux paradoxes – et bien d'autres encore – devient l'une des principales compétences requises pour les managers d'aujourd'hui.

Au total, au regard de l'évolution des contextes et des objectifs des entreprises (voir figure 2), le pilotage des entreprises est à reconsidérer dans sa globalité.

	Objectifs	Fonction du leader	Savoir-faire	Clé du succès	Système économique
1950	Produire	Technicien	Volume/Prix	Technique	Économie de Production
1965	Vendre	Commercial	Technique de vente	Marketing	Économie de marché
1978	Maîtriser les coûts	Financier	Contrôle budgétaire	Finance	
1993 à 20..	Réagir, s'adapter, imaginer	Stratège pédagogue	Anticipation	Vision exogène Approche globale Intelligence économique	Économie d'environnement, Mondialisation

Figure 2 – *Evolution des contextes et des objectifs des entreprises*

Parce que cette permanence de ruptures affecte toutes les activités économiques, l'interrogation sur la conduite des entreprises face aux enjeux concerne absolument tous les types d'entreprises. Cette interrogation est formulée par de grandes entreprises publiques ou par de grands groupes privés, ou même des PMI/PME. Elle l'est aussi, pour la première fois, par des structures professionnelles jusqu'à présent étrangères à l'économie « classique » : des collectivités publiques, des associations loi 1901, des groupements d'élus, car l'exigence de performance se définit dans l'ensemble des structures.

D'où une nécessité de répondre à de nouvelles questions :

- Comment construire un horizon clair pour tous, dans l'entreprise ?
- Comment redonner du sens à l'entreprise ?
- Comment traduire la stratégie élaborée, dans les objectifs de chacun ?
- Comment contrôler l'allocation des ressources ?
- Comment piloter, dans la complexité des événements et des informations ?
- Comment construire la réactivité nécessaire face à l'environnement ?
- Comment adapter l'organisation à l'évolution des marchés ?

Pour répondre à ces questions, les applications de la méthode décrite réalisées en entreprises privées ou publiques servent de support à l'ouvrage qui se veut à la fois pratique et conceptuel.

La présentation de la méthode est ainsi relayée par la présentation des expériences menées dans les secteurs privé et public (Partie 1).

Elle se décline dans le management des projets (Partie 2).

L'exemple de Bridgestone/Firestone Hispania SA illustre parfaitement l'intérêt du pilotage stratégique pour le secteur concurrentiel en favorisant les anticipations de l'évolution des environnements, la réactivité et l'efficacité de l'action.

Quant au secteur public, les expériences menées par La Poste et par la SNCF donnent à la méthode un relief particulier : le pilotage stratégique permet à ce secteur de « se frotter » au monde concurrentiel et de démontrer que si les cadres d'action diffèrent, les méthodes sont transversales aux activités et aux produits et services proposés (Partie 3).

---

* Les mots accompagnés d'un astérisque sont définis dans le glossaire page 271.

© Editions d'Organisation

PREMIÈRE PARTIE

Le pilotage stratégique : objectifs et méthode

CHAPITRE 1

Mettre en place le pilotage stratégique

Préalablement à la présentation de la méthode de pilotage stratégique, il nous a semblé fondamental de préciser les conditions de mise en œuvre du pilotage stratégique dans les entreprises encore fortement dominées par une logique de gestion budgétaire. Or chaque chef d'entreprise, chaque cadre, doit réellement prendre conscience que dans une économie d'anticipation le client domine l'entreprise. À ce sujet, il faut affirmer que la tendance ne va pas s'inverser ; bien au contraire, elle s'installe. L'évolution dans ce rapport de force consiste à comprendre comment le client définit la « valeur » sur laquelle il fonde ses achats.

SECTION 1. UN CHANGEMENT DE LOGIQUE

1. SORTIR OU NON DE LA LOGIQUE BUDGÉTAIRE ?

Cette question accentue le malaise des dirigeants pour qui la maîtrise des coûts demeure la préoccupation principale.

Il est évident que toutes les entreprises ont besoin de réduire leurs coûts, mais le traumatisme du produit / service au moindre coût se retourne toujours contre l'entreprise, surtout si cette réduction passe par n'importe quel outil à la mode (externalisation, restructuration, reengineering, réduction d'effectifs...). Ce qui est sûr, c'est que ce qui coûte cher à l'entreprise... ce sont les coûts !

Cette priorité donnée à la maîtrise des charges creuse le fossé entre les états majors et le terrain. Leurs représentations divergent de plus en plus.

Pour sa pérennité, l'entreprise doit satisfaire le client... sans pour autant se mettre à dos l'actionnaire dans l'attente de ses dividendes, sous peine de déplacement de capitaux. Sur un simple appel téléphonique, des participations changent d'entreprise au gré des déceptions ou des satisfactions apportées par les résultats annoncés.

Il est vrai que pour beaucoup de directions financières « équilibre budgétaire » signifie d'abord réduction des charges. On privilégie ainsi les économies immédiates au détriment d'investissements qui présentent, sans doute, des espérances de « retour » plus aléatoires et lointaines. Ces attitudes affaiblissent gravement les positions stratégiques des entreprises et laissent le champ libre aux concurrents qui prennent le risque d'innover.

Dans ce même esprit, comment aussi ne pas aborder le problème engendré par la pratique des cessions internes ? Le principe est connu : telle unité facture à telle autre le coût des activités réalisées pour elle. Dans l'absolu, l'idée est louable. Sauf à considérer qu'elle exacerbe les individualismes et les attitudes égoïstes. Chaque unité réduit ses coûts, sans se soucier des incidences en amont et en aval. Les résultats seront peut-être bons au niveau de chaque unité, mais cette vision individuelle et segmentée provoque inéluctablement d'insupportables surcoûts pour l'ensemble des processus auxquels ces unités participent.

Cette approche ne reflète en rien les causes de variations des charges, ni la nature des travaux effectués à l'intérieur des sections homogènes. La pertinence du coût de revient des produits (et services) est fondée sur la logique d'un choix d'unité d'œuvre essentiellement axée sur les heures de main d'œuvre, ou sur des unités volumétriques et, en fait, déconnectée de la réalité opérationnelle.

C'est totalement oublier le poids, toujours plus croissant, des charges indirectes (qualité, frais d'étude et de recherche, service après-vente, ressources humaines), qui s'explique par :

- la complexité et la multiplication des produits,
- l'importance accrue des activités supports,
- la diversité des besoins clients,
- la réduction des cycles de vie des produits, marchés, technologies...

© Editions d'Organisation

La méthode des sections homogènes correspondait parfaitement à une autre époque caractérisée par :

- une production et un marché de masse,
- une longévité du cycle de vie des produits,
- une prédominance de la fonction production,
- un poids important des charges directes.

La méthode **ABC*** (**Activity Based Costing**) qui cerne le coût par activité donne une analyse des charges plus pertinente, approche incontournable dans le cadre du pilotage stratégique.

Bien imprudents seraient les chefs d'entreprise qui persisteraient encore longtemps à ne pas admettre que tous les maillons de la chaîne sont concernés. En clair, un découpage en fonctions est un découpage artificiel, hiérarchique. C'est même trop souvent un découpage par métiers.

Avec le pilotage stratégique, ils prennent conscience que leur entreprise est un ensemble d'activités ayant leur propre dynamique et qui s'enchaînent dans un processus continu avec pour seul et unique objectif : apporter de la valeur au client.

Une fois encore, mettons en parallèle hier et aujourd'hui...

Hier, nous étions persuadés que les coûts étaient consommés par les produits. Vue simpliste qui se traduisait par la difficulté de chiffrer la réalité de ces coûts et d'identifier à quel niveau ils avaient été consommés. *Aujourd'hui*, avec l'approche ABC, une autre logique s'impose : s'il y a des **coûts***, c'est justement parce qu'il y a des **activités***. Ce n'est pas le produit qui génère les coûts mais la manière de le fabriquer. Donc, c'est le produit qui consomme des activités ; son coût, sa performance, dépendent totalement de ces activités.

Tout ce qui est quantifiable doit être quantifié. Sans une organisation de la structure en activités, il n'y a pas de véritable mesure de la performance et donc pas de pilotage possible.

Très légitimement le processus **ABM*** (Activity Based Management) complète le système ABC (Activity Based Costing). En effet, si nous avons une structure en activités, la gestion va se réaliser en s'appuyant sur ces activités ; lesquelles seront à regrouper ensuite, en processus.

Actuellement, et de plus en plus, toute l'entreprise réclame des évolutions en profondeur, des marges fortes d'autonomie et des espaces de liberté, des zones significatives de risque et de responsabilité. Les hommes et les clients exigent adaptations, reconnaissance et évolutions. Les métiers imposent ouverture et vigilance, approfondissement et innovation.

Ces exigences nouvelles des hommes et des métiers se satisfont de moins en moins d'une logique de pilotage devenue étroite et conservatrice. La priorité à la maîtrise des dépenses, appelée maîtrise budgétaire, freine terriblement l'évolution des hommes, des métiers et des processus.

Cette opposition nourrit dans l'entreprise malaise et inquiétude, frustrations et incompréhensions. Les dirigeants eux-mêmes éprouvent le besoin de nouveaux principes pour orienter et fonder à tous les niveaux leurs décisions.

Sans nécessairement jeter aux orties les budgets et leur maîtrise, d'autres références s'imposent pour guider les choix et les décisions :

- des visions, au-delà de l'horizon budgétaire à douze mois,
- des sources de motivation et de passion, pour enraciner professionnalisme et compétences,
- des terrains pour développer l'efficacité et les résultats.

Depuis quelques années, Orphis traite ces questions de coûts et de budgets. Ses consultants se sont spécialisés dans la mise en œuvre des démarches ABC/ABM. Orphis ne pouvait donc pas ignorer ce besoin d'une autre logique, de rang supérieur, pour piloter l'entreprise. Le pilotage stratégique, cela ne fait pas l'ombre d'un doute pour ceux qui y sont déjà venus, répond exactement à cette nécessité.

Par sa conception, il permet une gradation et une cohérence des niveaux de pilotage, du niveau stratégique général au plus fin des activités et des processus,

> « les entreprises trouvent de plus en plus nécessaire de développer une capacité de travail plus flexible, plus orientée vers les équipes, fondées sur la coordination et la communication. En bref, plutôt que de maximiser la performance d'individus ou de fonctions pris isolément, les entreprises doivent optimiser les activités interdépendantes dans et à travers toute l'organisation. Ces processus sont une nouvelle approche de la coordination dans l'entreprise »
>
> selon Thomas H. DAVENPORT
et James E. SHORT

© Editions d'Organisation

2. DES TECHNIQUES DE MANAGEMENT AU PILOTAGE STRATÉGIQUE

Les dernières décennies ont connu un bouillonnement des méthodes et techniques de management. Toutes ont une même vocation : faire évoluer les comportements pour améliorer les résultats dans l'entreprise.

Les méthodes d'analyse et de diagnostic stratégique amènent une meilleure connaissance des marchés, facilitant l'orientation des choix à moyen terme ; celles centrées sur les clients et sur la qualité perfectionnent les procédés de fabrication. Des démarches de management des hommes développent les sphères d'autonomie et de responsabilité professionnelles, les motivations et les implications. Ces approches nouvelles des processus ont permis des gains d'efficacité, par une meilleure compréhension des organisations internes. Enfin, divers outils améliorent indicateurs et tableaux de bord, et par voie de conséquence la maîtrise des résultats et des coûts (ABC, ABM et coûts cibles).

La médaille trouve cependant son revers dans la diversité même de ces approches, toutes chargées de vertus et de promesses. Leur nombre et leur superposition posent vite une question cruciale : où se trouve leur convergence ? Comment en faire la synthèse, dans une approche globale du management de l'entreprise ?

Chacune de ces méthodes se veut souvent exclusive des autres, toujours prometteuse.

Pour les avoir toutes rencontrées et appliquées dans son expérience professionnelle, Orphis a constaté qu'elles ne suffisaient pas à faire reculer l'incertitude des managers et du management. Au contraire, la difficulté pour les dirigeants s'accroît de leur succession même, expériences toujours utiles mais jamais suffisantes. Tous ces nouveaux instruments de management véhiculent en eux-mêmes le pouvoir de provoquer de véritables catastrophes dans l'entreprise dès lors qu'on les considère comme des panacées.

Cette difficulté permanente finit par gêner les dirigeants eux-mêmes, dans l'exercice de leur fonction. Elle les détourne de façon importante des priorités qu'ils doivent sans cesse redéfinir en fonction des sollicitations de l'environnement. Pour créer de la valeur, le dirigeant doit :

- anticiper les évolutions de l'environnement,
- adapter offres de services et **processus***, aux attentes changeantes

des clients, aux mutations technologiques, aux enjeux concurrentiels,
- mobiliser les hommes autour d'un petit nombre d'idées claires, sur le futur et l'horizon.

La conviction est acquise que le dirigeant, pour assurer son rôle avec ces contraintes, doit entreprendre une démarche fédératrice qui sécurise le pilotage. À tous niveaux, c'est le pilotage qui traduit le degré supérieur du management. Il en synthétise tous les aspects d'analyse et de prise de décision, comme le comportement vis-à-vis des hommes et des résultats. Ainsi le pilotage stratégique doit-il répondre aux questions suivantes :

- Comment juger la performance, sous toutes ses formes ?
- Comment situer et maintenir les priorités, lors des décisions à prendre ?
- Comment fonder les décisions, les cohérences, les convergences, les différences, etc. ?

Piloter est au cœur du rôle moderne d'un dirigeant, comme de celui d'un cadre.
Piloter exprime la synthèse de toutes les techniques de management et de tous les comportements humains, des résultats, de la maîtrise du passé et de la construction du futur.

Efficacité, sûreté, réactivité et réussite sont des priorités dans l'entreprise.
Pour illustrer le propos, citons quelques questions nouvelles que tout dirigeant doit se poser au quotidien aussi bien qu'à long terme :

- Comment piloter, en environnement complexe où le client fait la loi ?
- Comment piloter, quand les prévisions sont de moins en moins appropriées à l'environnement et sont sans cesse remises en cause ?
- Comment implanter le pilotage aux divers niveaux de responsabilité, avec un maximum de cohérence et de convergence ?
- Comment rénover le management, dans son efficacité comme dans ses valeurs ?
- Comment ancrer et développer intelligence et performance collectives ?
- Comment favoriser l'adhésion et l'apprentissage collectif des collaborateurs ?

© Editions d'Organisation

SECTION 2. LES PRINCIPES DU PILOTAGE STRATÉGIQUE

1. LES CONDITIONS DE RÉUSSITE

Le pilotage stratégique offre un ensemble cohérent de réponses. Il permet l'intégration efficace de chacune des démarches particulières évoquées plus haut. Construit de principes novateurs et de méthodes opérationnelles, il offre aux entreprises, dirigeants et responsables, un cadre global pour :

- renforcer la pertinence et le partage de la vision stratégique,
- piloter l'adaptation des processus et des fonctions-clés,
- stimuler à tous les niveaux vigilance et échanges sur les résultats, les performances et les variables d'environnement,
- favoriser la réflexion et la compétence collectives, en lieu et place des logiques individuelles (diviser pour régner ? ou fédérer pour... gagner ?).

Le pilotage stratégique ne se substitue pas aux méthodes de management connues jusque-là. Il s'appuie sur elles et les replace dans une vision large de l'entreprise. Il développe le management, renforçant à tous les niveaux les exigences d'ouverture et d'anticipation. Il redonne du sens au rôle des dirigeants et de l'ensemble des responsables.

> **le pilotage stratégique* a pour but de stimuler la vigilance collective de l'entreprise et d'assurer l'adéquation de ses processus* avec ses objectifs* stratégiques.**

Il leur fournit pour cela un système unique et partagé, une dynamique opérationnelle et réactive, des outils évolutifs.

Principe général de management, le pilotage stratégique est autant spécifique des niveaux hiérarchiques que commun à chacun d'eux. Il s'appuie sur des axes forts d'innovation :

- l'appropriation collective de compétences nouvelles, orientées sur l'environnement et sur la stratégie,
- l'association des points de vue externes et internes, partout dans l'entreprise,

- une structuration claire et hiérarchisée de toutes les activités, la même pour tous,
- une cohérence forte des objectifs, du plus lointain au plus proche, du plus global au plus opérationnel,
- un pilotage collectif, anticipatif et réactif,
- un management concrètement accroché au réel, aux hommes et aux résultats,
- une stratégie reliée au quotidien, à tous les niveaux de l'entreprise.

Figure 3 – *Caractéristiques du système de pilotage*

Le pilotage stratégique, nouvelle méthode miracle ?
Garantie de succès pour l'entreprise ?
Certainement pas !

Aucune méthode, seule, ne garantit la pleine réussite de ses ambitions. L'efficacité véritable du pilotage stratégique est entre les mains des dirigeants :

- par leur engagement et leur implication active et critique,
- par leur vigilance et leur anticipation, leur compétence à évaluer collectivement les données externes et internes,
- par leur capacité à assumer en continu des priorités claires, face aux tentations divergentes du quotidien.

Le pilotage stratégique est avant tout un comportement, une mentalité, des attitudes et aussi des concepts, des méthodes et des outils partagés par un ensemble de responsables.

© Editions d'Organisation

2. L'ÉVOLUTION DU RÔLE DES DIRIGEANTS

Le pilotage stratégique impose une évolution profonde des fonctions des dirigeants, donc de leur comportement. Il leur redonne du pouvoir, en réaffirmant leur rôle spécifique.

Mais il réclame d'eux des capacités essentielles !

2.1. La capacité d'anticipation

Il faut développer dans l'entreprise une vraie culture du long terme, de l'environnement et de la stratégie. Les dirigeants doivent être des pédagogues de l'**anticipation.***

Les grands patrons remerciés ces dernières années par leurs actionnaires (IBM, Chrysler, Toyota, Kodak, etc.) l'ont, entre autres, été pour n'avoir pas su appréhender, *avant les concurrents,* les mutations de l'environnement affectant ainsi leurs positions stratégiques.

Pourquoi des décisions aussi radicales ?

Les ruptures de contexte remettent en cause les choix les mieux réfléchis mais elles créent aussi des opportunités à analyser au plus vite. Elles annoncent des comportements futurs, des besoins émergents, comme autant d'évolution du jeu concurrentiel. Chaque rupture de l'environnement offre des opportunités.

Anticipation :
Capacité à capter les signes annonciateurs de changement, dans le contexte des métiers de l'entreprise.

Imaginer aujourd'hui ce qui se vendra demain est déterminant pour l'avantage concurrentiel de toute entreprise. À tous les niveaux, il convient de privilégier la capacité à identifier au plus tôt ces ruptures, à les traduire en termes de besoins solvables potentiels.

Aussi soudain soit-il, tout événement s'annonce par des signaux précurseurs, même faibles.

N'en est-il pas ainsi déjà en météorologie, en géologie sismique, en sociologie... ?

Pour un dirigeant, l'anticipation sert à capter ces signaux externes, pour les traiter *avant* les autres compétiteurs économiques. Le problème réside dans la complexité de cette fonction de vigie. En conséquence, elle ne peut relever des seuls dirigeants dont la vision est souvent perturbée par de nombreux écrans hiérarchiques et structurels qui se situent entre eux et les marchés.

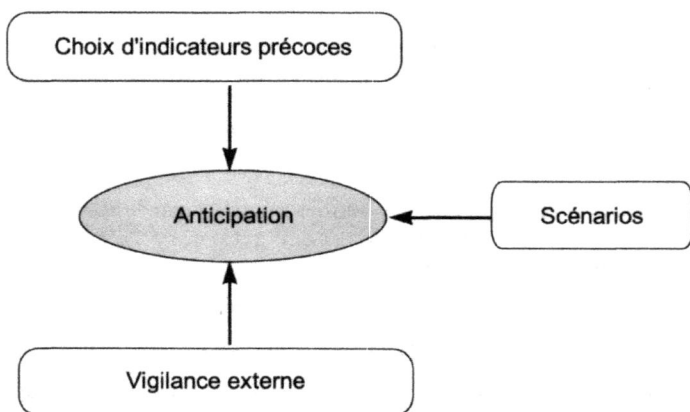

Figure 4 – *Anticipation*

La vigilance stratégique s'impose comme un exercice collectif, à promouvoir opiniâtrement par le management, au plus proche des clients, des processus et des technologies émergentes.

À ce sujet, dans certains secteurs de pointe et fortement concurrentiels, une autre dimension est donnée à cette vigilance. Cette fonction devient un véritable objectif collectif pour développer des capteurs performants sur l'environnement. C'est ainsi qu'a pris naissance l'intelligence économique, une nécessité d'aujourd'hui.

La réalité d'une nouvelle entreprise apparaît clairement. Elle n'est plus seulement structure hiérarchique en râteau, exécutant au mieux les directives du « gouvernement des actionnaires ». Elle devient organisme vivant en osmose avec son milieu externe.

La direction générale se mobilise plus au service de **finalités*** voulues par les actionnaires que de *directives* uniquement budgétaires.

© Editions d'Organisation

Avant tout, sa mission consiste à impulser l'intelligence, la vigilance, l'anticipation et la réactivité collectives.

Le pilotage stratégique donne à la nécessaire anticipation un sens concret.

Focalisé sur des variables précoces d'environnement, il se fonde sur des scénarios ouverts sur le futur. Il impose la circulation des compétences, verticalement en allers et retours dynamiques, horizontalement entre fonctions et métiers. Il donne aux dirigeants les *moyens opérationnels* de cette anticipation :

> **On commence à voir, avec le pilotage stratégique, des tableaux de bord de Direction qui ne mentionnent plus le chiffre d'affaires.**
> **Parce que le dirigeant s'en désintéresse ? Sûrement pas.**
> **Mais le CA n'est plus qu'une donnée ordinaire, connue par ailleurs.**
> **Il est peu adapté :**
> **– aux réflexions à engager,**
> **– aux décisions à prendre.**

- en développant, à tous les niveaux, outils et pratiques d'anticipation,
- en réorientant sur le futur les priorités, les réunions et les réflexions,
- en dotant chaque responsable d'indicateurs pertinents pour assurer la vigilance et le contrôle des résultats.

2.2. La capacité de synthèse

Noyés d'informations, les dirigeants ont un impératif : distinguer le principal du secondaire, le stratégique du quotidien. C'est la condition nécessaire pour combattre la dispersion des efforts et des ressources, pour focaliser les énergies sur des axes précis et sur des objectifs limités. Les complexités actuelles rendent illusoires le contrôle de tous les facteurs de compétitivité.

À ce sujet, ouvrons une parenthèse : combien d'informations un individu peut-il intégrer en un laps de temps limité ?
L'analyse moderne des processus mentaux en indique de 7 à 8, pas plus.
Pourquoi dès lors demander beaucoup plus à un chef d'entreprise ?

Intégrer une information signifie la capter, la confronter aux objectifs stratégiques, l'analyser et prendre des décisions.

> « *La chose la plus difficile pour un dirigeant, c'est de n'attribuer aucune importance aux choses qui n'ont aucune importance* ».

Charles DE GAULLE

Alors, combien d'informations sur les tableaux de bord des dirigeants ?

Bien choisir les informations est un impératif. Deux remarques à ce propos s'imposent :

1. *Par nature*, une équipe de direction se focalise sur des objectifs de circonstance et d'actualité. Les ruptures permanentes génèrent une inquiétude latente qui explique cette dérive. Dans toute équipe, tensions et oppositions sont utiles si elles sont bien gérées, gênantes et pesantes dans le cas inverse. La facilité génère souvent un consensus apparent qui ne s'opère que sur des orientations conservatrices, compromis réducteurs évitant toute remise en cause collective. Dans ces circonstances, le manager, en s'appuyant sur des indicateurs pertinents de pilotage, doit savoir perturber le consensus ambiant pour susciter de nouvelles phases de créativité collective.

2. *Faute de vision stratégique claire*, les systèmes d'informations ont connu une inflation d'indicateurs, tous meilleurs les uns que les autres. Les états d'analyse, de statistiques, de contrôle de gestion, de suivi des résultats, s'accumulent. La prise de décision en est-elle facilitée pour autant ?

Pour éviter ces effets pervers, le pilotage stratégique suggère l'amélioration continue des indicateurs. La question n'est définitivement plus de tout savoir mais de... *savoir se focaliser sur l'essentiel* ! Le pilotage stratégique refuse de tout suivre, même vu d'en haut. Ce qui est bien maîtrisé, habituel et acquis, une grande part de la gestion courante, sort de son domaine. Ainsi le pilotage focalise-t-il bien davantage l'attention des dirigeants sur les activités nouvelles en phase de croissance que sur les activités en phase d'apogée ou de déclin qui bénéficient en général de compétences bien maîtrisées.

Le pilotage stratégique concentre ses tableaux de bord sur :

- les ambitions de l'entreprise, et les efforts majeurs pour y parvenir,
- les orientations innovantes : marchés nouveaux, produits nouveaux, technologies émergentes, alliances nouvelles, processus en voie de reconfiguration.

© Editions d'Organisation

3. L'ENGAGEMENT DE RÉSULTAT*

Le pilotage stratégique requiert une véritable culture de responsabilité axée sur les résultats de l'entreprise.

> *Un état d'esprit nouveau doit traverser tous les niveaux de responsabilité.*
> *Révolu, le temps des formules généreuses mais floues.*
> *Finis les « on fait ce que l'on peut avec les moyens du bord » !*

Ces attitudes ne résistent pas face aux exigences des marchés comme à celles des actionnaires. Aujourd'hui, le pilotage stratégique renforce la volonté et la nécessité de rapprocher objectifs et ressources. Il impose une distinction absolue – bien que confuse dans la plupart des entreprises – entre objectifs et actions, indicateurs d'objectifs et indicateurs d'actions et autorise ainsi une appréciation plus efficace de la pertinence des moyens engagés au regard des résultats obtenus.

À terme – et plus globalement – le pilotage stratégique permet à chacun de mesurer et de négocier sa propre contribution aux résultats collectifs et dessine les contours d'un management de la performance exclusivement et contractuellement focalisé sur la réalisation des objectifs stratégiques de l'entreprise.

4. L'APPROPRIATION COLLECTIVE ET TRANSVERSE

Les déclarations d'intentions sur le management participatif et l'adhésion des hommes sont rarement suivies d'effets durables et significatifs.

Au mépris des principes essentiels de l'approche systémique qui souligne depuis longtemps que la performance d'un système dépend fondamentalement de la qualité des interactions entre ses composantes, trop d'entreprises s'appuient encore sur une organisation fractionnée, dans laquelle les fonctions, regroupement « homogène » de compétences, se déterminent de façon quasi autarcique, comme des caissons étanches.

Pour des raisons plus ou moins occultes de protection des pouvoirs installés dans des « domaines réservés », on y cultive un développement individuel et spécifique de la performance, avec la perception bien assurée que le meilleur résultat possible de l'ensemble est égal à la somme des meilleurs résultats possibles de chacune des parties.

Chacun sait pourtant objectivement que la compétitivité d'une entreprise dépend d'une multitude de négociations externes et internes, de synergies et d'enrichissements réciproques. Appréciée aujourd'hui au seul regard du rapport valeur reconnue par le client / coût des moyens engagés, la performance ne peut donc être que collective et partagée.

Véritable cursus d'apprentissage permanent des complémentarités dans l'entreprise, le pilotage stratégique installe dans cette perspective et à tous les niveaux une nouvelle pratique : apprendre ensemble à développer sa capacité, à bâtir son futur et plus rapidement que ses concurrents, en :

- réfléchissant *ensemble*, pour pousser les analyses et l'anticipation à des degrés supérieurs,
- développant *ensemble* de nouvelles compétences pour tous.

En même temps, il renforce les responsabilités individuelles et collectives. Chacun est réellement « co-porteur » d'un savoir collectif, comme d'une réussite collective.

Avec le pilotage stratégique, l'appropriation collective est bien plus qu'une adhésion bien négociée. Avant tout, il s'agit de la marque d'une compétence distinctive ! En fait, tous les collaborateurs de l'entreprise doivent partager la même vision de l'avenir que l'on veut créer et identifier ce que l'on doit apprendre collectivement pour y parvenir.

5. L'ÉVOLUTION DE LA CULTURE D'ENTREPRISE

Le pilotage stratégique encourage des mutations au-delà du management proprement dit et ses impacts culturels ne doivent être ni ignorés ni secondaires.

5.1. Évolution des responsabilités

La mesure des performances et la valorisation des individus trouvent avec le pilotage stratégique une base de référence précise. Les responsabilités individuelles s'y expriment *toujours* clairement par des objectifs *toujours* mesurés.

La cohérence forte du pilotage stratégique fait reculer tous les comportements divergents, placés désormais sous les mêmes projecteurs. En équipe de direction, on ne distingue plus les acteurs principaux des

© Editions d'Organisation

acteurs secondaires plus ou moins concernés selon l'ordre du jour ou... la qualité des résultats. Une plus grande précision des rôles individuels s'affirme. Soumis à des exigences de résultats, chacun est impliqué et concerné.

Avec le pilotage stratégique, la responsabilité est moins autorité préétablie et pouvoir d'influence. Elle devient capacité individuelle à améliorer des résultats collectifs. Elle s'affirme comme aptitude à susciter les meilleures contributions. Le statut « responsable » du dirigeant s'en trouve largement renforcé. le pilotage stratégique lui redonne du pouvoir !

5.2. Évolution des rapports Hommes / Entreprise

Le pilotage stratégique réclame valorisation et mobilisation forte des hommes, partout dans l'entreprise. **Il les met en rapport plus direct avec tous les résultats, à leur niveau, aux niveaux supérieurs, aux niveaux inférieurs.**

Les hommes doivent s'approprier la stratégie de l'entreprise dont la vocation est la satisfaction des attentes du client.

> ➤ Tout le corps social de l'entreprise se trouve sollicité et valorisé.

> ➤ Tous les aspects individuels, freins ou moteurs pour la stratégie, deviennent importants.

> ➤ Tous les facteurs individuels, catégoriels, spécifiques sont à étudier soigneusement.

Pour conduire les changements induits par le pilotage stratégique, le dirigeant doit être attentif à l'évolution de l'ensemble de ce corps social. Il doit veiller à la bonne intégration dans la stratégie de ces repères individuels.

Plus que jamais, le volet social des stratégies devient une clé pour un succès durable!

5.3. L'évolution culturelle

La culture d'entreprise doit se tourner beaucoup plus sur l'extérieur : environnement et marchés, clients et attentes, dans un esprit de compétitivité réelle. Il ne s'agit plus du domaine réservé de quelques spécialistes. Pour toute fonction, la compétence porte désormais *aussi* sur l'environnement et la compréhension des positions occupées par l'entreprise. Les métiers traditionnels, administratifs ou techniques, se disent encore « non commerciaux ». Ils campent dans leur isolement interne, à l'abri du client et de ses attentes. Erreur ! Très grave erreur !

- Le pilotage stratégique sous-tend une évolution culturelle : de la formation au recrutement, des carrières à l'évaluation des performances, il y a là tout un champ de progrès, en particulier pour les directions des ressources humaines.
- Il fait également évoluer les rapports entre comportements et structure d'entreprise. Son efficacité s'appuie sur une valorisation explicite des rôles et des compétences. Les contributions et les suggestions du terrain y pèsent autant que l'expression claire des ambitions stratégiques. Avec comme corollaire, le recul des visions hiérarchiques.

En outre, le temps est révolu des fonctions juxtaposées et empilées, au gré de la dernière restructuration. Le travail d'équipe, la compétence collective, le croisement des compétences font désormais la réussite stratégique de l'entreprise.

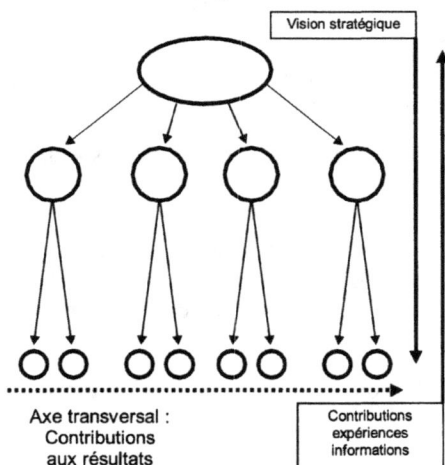

***Figure 5** : Efficacité globale en 3 axes*

Le pilotage stratégique organise l'efficacité globale de l'entreprise autour de trois axes, complémentaires et synergiques :

© Editions d'Organisation

- un axe descendant pour assurer le déploiement de la stratégie,
- un axe ascendant pour favoriser les contributions collectives et les retours d'expérience qui enrichissent la réflexion stratégique,
- un axe transversal qui met en œuvre les complémentarités d'équipes pluridisciplinaires pour accroître la valeur offerte au client, au moindre coût.

Dans les années à venir, cette nouvelle approche imposera dans l'entreprise un mouvement en profondeur des échelles de valeurs identifiées (hiérarchiques) ou non (compétences, responsabilités).

CHAPITRE 2

Élaborer
la stratégie
de l'entreprise

Conduire une entreprise revient...
« à la voir au futur ».

Cette vision d'avenir, volontariste et structurée s'appuie sur :

- l'expression formelle d'un cadre de référence fondamental, représentation des finalités et de l'éthique qui déterminent en permanence l'ensemble de ses choix,
- la détermination d'un horizon temporel correspondant approximativement à la durée de vie de ses activités les plus importantes, temps de recherche et développement compris,
- la définition d'une trajectoire de développement calée sur cet horizon temporel,
- l'engagement de tous les acteurs responsables, au regard des missions individuelles et collectives clairement définies,
- le pilotage de l'évolution sur cette trajectoire, avec les inéluctables corrections que suscite la surveillance d'un environnement instable et irrationnel.

En environnement complexe, cette approche n'est pas linéaire. Des itérations nécessaires doivent s'opérer entre ces différents niveaux pour enrichir la réflexion globale. De fréquentes « boucles de retour » existent notamment entre pilotage et définition de la trajectoire de développement : les séances de reporting en s'intéressant systématiquement aux origines des inévitables dérives, d'ordre exogène ou endogène lorsque les capacités de réponse de l'entreprise ont été mal estimées à l'origine, favorisent le « retour d'expérience » nécessaire au réajustement de la stratégie.

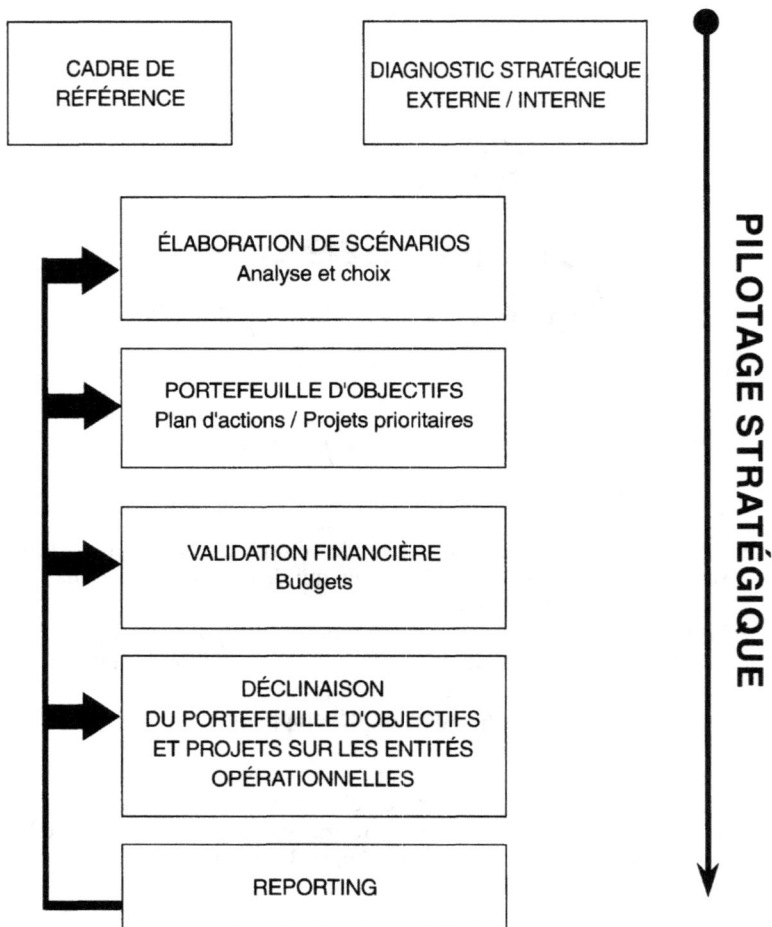

Figure 6 – Pilotage stratégique

© Editions d'Organisation

SECTION 1. DÉFINIR LE CADRE DE RÉFÉRENCE

1. L'OBJET DU CADRE DE RÉFÉRENCE

La stratégie d'une entreprise n'est pas seulement un catalogue de choix même très bien adaptés aux circonstances.

L'entreprise s'inscrit dans un « cadre » naturel, celui de son identité et de sa raison d'être.

Pour qu'une vision stratégique lui soit appliquée, elle doit naturelle-

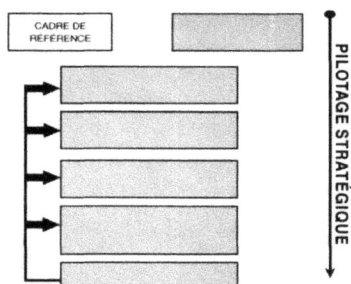

ment s'inscrire dans ce cadre-là. Toute « projection » dans le futur réclame donc une cohérence suffisante dans le temps, sur un petit nombre d'éléments précis. Le **cadre de référence*** de l'entreprise est la clé de cette cohérence. Son absence est l'expression de la « co-errance ».

Projet, charte d'entreprise, « livre blanc », quelles que soient les technologies utilisées par les entreprises, l'objet fondamental du cadre de référence est de fédérer et de mobiliser les hommes sur des valeurs clairement acceptées, sinon totalement partagées.

Expression absolue d'un futur désiré, focalisé sur l'essentiel en quelques mots simples et précis (une dizaine de mots suffisent), le cadre de référence est une des rares composantes de l'expression de la stratégie qui peut faire l'objet d'une large communication interne et externe : salariés et actionnaires d'abord, mais aussi clients, fournisseurs ou alliés qui souhaitent engager avec l'entreprise une collaboration loyale à long terme.

2. LE CONTENU DU CADRE DE RÉFÉRENCE

2.1. Les finalités de l'entreprise

Une entreprise sert toujours des **finalités*** qui sont le fondement même de sa raison d'être. Finalités qui, si elles ne sont pas toujours explicites aujourd'hui, gagnent à le devenir. Première composante de son cadre de référence, elles sont en effet, l'ossature de son identité. Elles expriment sa raison d'être, à l'horizon le plus éloigné et au niveau le plus élevé. Dans toute la vie sociale et publique, cette question des finalités est de plus en plus pressante et l'entreprise n'y fait pas exception.

C'est d'ailleurs sur ces finalités de l'entreprise que le pilotage stratégique fonde son efficacité. À défaut d'expression claire, il ne pourra déployer que de l'opacité. Il en fait donc naturellement la référence supérieure de tous les grands choix et de tous les efforts dans l'entreprise.

Quatre grands types de finalités s'expriment aujourd'hui dans les entreprises, hiérarchisées de façon radicalement différentes selon l'objet social, le statut, l'histoire ou le profil des actionnaires.

Dans un monde de concurrence exacerbée et de libre circulation des capitaux, *les finalités financières et économiques* sont le plus souvent déterminantes.

Pour beaucoup de grandes entreprises installées sur le champ mondial, la rentabilité à court terme, focalisée sur la distribution de dividendes ou le cours en Bourse, est devenue déterminante pour fidéliser les grands actionnaires. La formalisation est d'ailleurs sans ambiguïté dans le Business Plan de la plupart des grandes entreprises d'inspiration anglo-saxonne qui annonce sans hésiter dès les premières lignes de l'ouvrage que « la raison d'être de la Société est d'apporter un retour sur investissement aussi rapide que possible aux actionnaires qui ont accepté de placer leur épargne dans le capital ».

Dans beaucoup de PME, la finalité primordiale des dirigeants est d'assurer la pérennité financière de l'entreprise, de constituer et de protéger un patrimoine transmissible, de sauvegarder leur indépendance.

On s'aperçoit à l'évidence que l'une ou l'autre de ces deux grands types de finalités financières ne détermine pas les mêmes orientations stratégiques : les finalités de rentabilité à court terme privilégient plutôt les grands marchés mondiaux qui suscitent, par croissance interne ou externe, des économies d'échelle importantes avec plus-values à l'appui, alors que la pérennité ou l'indépendance financière oriente plutôt la PME vers des marchés de proximité bien identifiés où son savoir-faire différenciateur sera reconnu, sans croissance exponentielle de ses besoins en capitaux.

Les finalités technologiques peuvent également infléchir considérablement les orientations stratégiques de certaines entreprises : dans l'aéronautique, l'informatique et parfois l'automobile (Citroën), la volonté

© Editions d'Organisation

d'affirmer une position de leadership en matière d'innovation technologique a souvent déterminé les choix fondamentaux.

De telles positions, positives en bien des points, recèlent aussi des dangers dans un contexte qui exige une offre de valeur perçue par le client au moindre coût. La tentation peut être grande en effet, lorsque cette culture suscite spontanément un goût particulier pour la complexité technologique, de proposer au marché des offres de produits et services surdimensionnés au regard de la demande.

Les finalités sociales concernent l'intérêt général des salariés : politique de fidélisation, de promotion, de formation, d'évaluation, d'intéressement, de conditions de travail.

Évoquons enfin les *finalités citoyennes* qui formalisent des missions d'intérêt général : aménagement du territoire, protection de l'environnement, développement de la culture ou du sport, emploi, création d'entreprise.

2.2. L'éthique*

Seconde composante essentielle du cadre de référence, l'éthique définit les règles de morale que l'entreprise compte respecter dans le cadre de ses transactions avec les acteurs de son développement : transparence et probité des négociations avec les clients, les fournisseurs, les actionnaires, les partenaires financiers, la collectivité, clarté des informations transmises aux salariés, niveau de loyauté respecté dans la compétition concurrentielle.

Proche des finalités citoyennes, l'éthique redevient une dimension fondamentale du management stratégique, notamment parce qu'elle est source de valeur reconnue par le client. En termes de traçabilité, une entreprise qui garantit en effet aujourd'hui que ses processus assurent la protection de l'environnement, de l'enfance dans les pays du tiers-monde ou des droits de l'homme, conforte une image appréciée par certains consommateurs qui acceptent d'en payer le prix.

SECTION 2. ANALYSER L'ENVIRONNEMENT

1. VERS UNE CULTURE DE L'ENVIRONNEMENT

Les entreprises françaises, publiques et privées traînent un même handicap : une vision endogène. Cette culture laisse peu de place aux réalités extérieures : environnement, comportements des clients et des concurrents.

En général, elles consacrent l'essentiel de leurs préoccupations à l'analyse *interne* de *leurs* compétences, de *leurs* résultats, de *leurs* projets, de *leurs* difficultés.

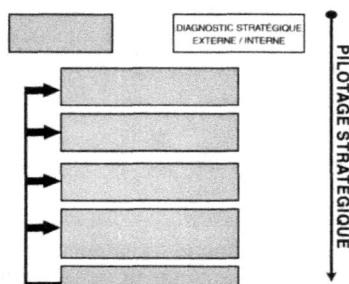

Les dirigeants n'intègrent que trop peu les variables externes qui influent le plus sur leurs décisions. Ils se focalisent encore sur le chiffre d'affaires ou... le taux cible de réduction des coûts! Les réflexions organisées sur l'environnement, les connaissances de « l'externe » sont trop rares. Pourtant, les entreprises avancent dans un monde qui, plus que jamais, réclame observation et vigilance!

Toutes les évolutions d'environnement font l'objet d'analyses détaillées par des spécialistes de qualité. Depuis des années déjà, il s'est avéré que l'économie de production a laissé place à une économie d'environnement où le prix de vente ne se calcule plus à partir des coûts internes. Hélas, trop peu de dirigeants s'approprient cette culture majeure d'environnement.

Au mieux, ils la laissent à des spécialistes internes. Ou encore, elle est abordée en séminaires, sans débouchés opérationnels véritables d'ailleurs !

La direction commerciale, ou du marketing, est souvent seule à posséder une part de cette culture externe. D'ailleurs cela suffit amplement à l'opposer aux autres directions. Il est évident que le pilotage stratégique ne peut s'en accommoder. Sans observation structurée de l'environnement par tous les acteurs, les marchés renvoient une image floue absolument inexploitable.

© Editions d'Organisation

Chaque dirigeant, chaque cadre, doit intégrer dans sa pratique le traitement régulier des réalités externes. L'entreprise n'est qu'un système d'échanges et de confrontations aux « autres »: clients, concurrents, fournisseurs, administrations, institutions, groupes de pression, etc. :

- c'est dans ses rapports avec ces « autres » qu'elle se développe,
- c'est à l'extérieur qu'elle réalise ses succès et ses échecs, ses avances et ses retards,
- c'est à l'extérieur encore que se trouve la source des progrès utiles,
- c'est encore, toujours et surtout à l'extérieur que se trouvent les clients et les concurrents.

Dès lors, on comprend que l'analyse de l'environnement soit capitale ; elle représente la base de toute vision stratégique. Elle doit devenir objet d'une pratique continue, support d'un entraînement collectif, à l'anticipation et à la prospective. C'est de l'environnement que partent les réflexions et les choix stratégiques. C'est sur lui que les vérifications et les contrôles aboutissent.

Cette compréhension, cette appropriation *larges et partagées* de l'environnement sont un axe majeur de la réussite. Aptitude *collective* à détecter, comprendre et anticiper, elles conditionnent tout le pilotage stratégique.

2. LA MÉTHODE D'ANALYSE DE L'ENVIRONNEMENT

Les consultants d'Orphis ont constaté que les équipes de direction confrontées à cette analyse rencontraient deux difficultés majeures.

Tout d'abord, l'habitude est forte de se tourner... vers la direction commerciale, « normalement » plus concernée et plus compétente. Pour elle, l'environnement relève d'une compétence spécifique qui n'a que peu de liens avec la performance technique ou administrative. Les liens opérationnels entre ces fonctions « internes » et l'environnement se trouvent sous-estimés.

Rapidement, il semble naturel que la démarche stratégique relève *en priorité* d'acteurs principaux du marketing et des services commerciaux, et *ensuite* seulement, d'acteurs secondaires associés. Cette approche réductrice est erronée.

Erronée, car l'entreprise doit se doter de ressources spécifiques pour cette vigilance externe. Eclaireurs spécialisés dans la recherche des signaux utiles, ils aident les managers à développer leur intelligence collective de l'externe. Dans tous les cas, l'environnement doit devenir partie intégrante de la compétence de direction. Cela nécessite du temps, de la volonté et de la persévérance. Il est certain que l'engagement dans cette voie est urgent et fondamental.

La même persévérance est nécessaire pour parvenir à la réalité d'une *équipe de réflexion* et d'une *compétence collective*, focalisées sur les réponses à apporter aux ruptures du contexte. L'appréciation de l'environnement ne doit plus être vue comme propriété de tel ou tel. Elle s'intègre définitivement dans la compétence de tous, dirigeants, cadres et salariés.

L'autre difficulté réside dans l'idée que la connaissance externe ne relèverait que des études statistiques. Là se trouverait la « bonne information », quasi « scientifique ». Derrière, se profilent vite le procès d'un supposé empirisme, d'un arbitraire de « non-compétence » et d'intuition douteuse. Cela révèle en fait le refus de s'impliquer. Les instituts de sondage seraient seuls compétents en matière d'environnement. Ce n'est pas totalement justifié d'autant qu'une entreprise immergée dans son environnement pousse au plus loin ses racines ; elle vit en osmose avec lui, elle dépend de lui.

Développer une sensibilité collective à l'environnement devient une compétence managériale essentielle. Faire de chaque collaborateur, au plus proche des clients ou des process, un véritable **capteur*** de l'environnement devient la mission prioritaire de l'entreprise apprenante. Ces collaborateurs sont les yeux et les oreilles de l'entreprise et leurs capacités sont encore largement sous-employées. Le management doit pousser chacun à gérer contacts et observations externes les plus utiles à sa fonction, pour les intégrer au fonds commun des connaissances portant sur l'environnement de l'entreprise.

Mieux vaut une assez bonne approximation, analysée régulièrement en équipe et confrontée aux variables adéquates, qu'une superbe étude que personne n'intègre jamais.

Le succès dans la compétitivité mondiale s'appuie sur une véritable **intelligence de l'environnement**, compétence collective et partagée, appuyée aux moments opportuns sur des études spécialisées.

© Editions d'Organisation

3. LE CONTENU DE L'ANALYSE DE L'ENVIRONNEMENT

L'analyse d'environnement doit être structurée de façon légère, mais rigoureuse. Les étages de réflexion se succèdent avec leur objectif précis, pour aboutir au maximum de cohérence et de pertinence.

On examine d'abord les rapports aux métiers de l'entreprise, dans son champ actuel et potentiel. L'équipe de direction identifie dans l'environnement les *tendances* principales d'évolution, inscrites dans une durée significative, et les *ruptures**, beaucoup plus événementielles. Cette analyse est menée sur un plan actuel, où tout est déjà *vérifiable*, mais aussi sur un plan potentiel et futur même si l'observatoire est aléatoire. La réflexion est développée en anticipation sur l'horizon stratégique retenu, selon les espaces temporels inhérents aux métiers. Pour un balayage complet, on approche l'environnement selon des angles de vue qui sont autant « d'univers » complémentaires :

- *l'univers de l'offre*, les concurrents directs ou indirects, actuels ou potentiels,
- *l'univers de la demande*, population des consommateurs finaux et des besoins réels externes, avec tous ses niveaux intermédiaires,
- *l'univers des influences* générales, sociales, politiques, économiques ou technologiques.

Par tendance et rupture externe, on identifie les **menaces** et **opportunités**, actuelles ou potentielles, les impacts sur les métiers de l'entreprise. Ce sont des éventualités significatives de recul ou de progression sur les marchés.

Pour un même métier, une tendance peut être à la fois menace et opportunité dès lors qu'elle suscite un marché nouveau par réaction (marchés de la protection de l'environnement par rapport aux risques écologiques, marchés de la protection de la santé par rapport aux maladies sexuellement transmissibles ou de type Creutzfeldt-Jacob, marchés des services de proximité par rapport au vieillissement de la population, marchés de l'offre de sécurité par rapport à la montée de la délinquance urbaine).

ENVIRONNEMENT INTERNATIONAL, NATIONAL, RÉGIONAL, LOCAL

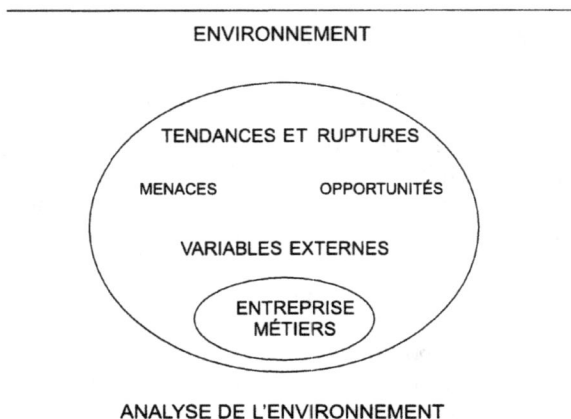

ENVIRONNEMENT

TENDANCES ET RUPTURES

MENACES   OPPORTUNITÉS

VARIABLES EXTERNES

ENTREPRISE
MÉTIERS

ANALYSE DE L'ENVIRONNEMENT

Figure 7 – *Environnement*

Les entreprises publiques (fin des monopoles et des secteurs protégés) comme les entreprises privées sont confrontées aux évolutions de l'environnement. Celles-ci, engendrées par une évolution inéluctable de la société, font que les consommateurs ne réagissent plus comme il y a dix ans... Ainsi, prenons l'exemple d'un petit producteur de meubles traditionnels en bois massif... Jusqu'à il y a quelques années, un meuble représentait une valeur patrimoniale, ce qui n'est plus du tout vrai aujourd'hui.

L'ébéniste du Massif Central s'est trouvé face à une rupture de l'environnement car :

- la cuisine n'est plus une « pièce à vivre »,
- l'architecture et les dimensions deviennent des obstacles infranchissables (ascenseurs, escaliers, plafonds, surfaces au sol, etc..).

4. LA NATURE DES VARIABLES D'ENVIRONNEMENT*

Chaque tendance de l'environnement est obligatoirement couplée à une ou plusieurs **variables externes** d'appréciation. Ce choix s'effectue en posant la question : laquelle permet le mieux, directement ou non, de corréler la tendance ? Cet effort complémentaire concrétise chacune des

© Editions d'Organisation

appréciations portées sur l'environnement. Il fournit des bases et des repères précis aux compétences internes.

Toutes les observations sur l'environnement sont appuyées sur des variables. Elles permettent d'intégrer ces données dans le suivi. C'est l'amorce du système d'informations externes qui fait tant défaut à l'entreprise, et qui est pourtant un gage de sa compétitivité.

L'entreprise doit devenir apprenante. Elle doit apprendre toujours plus de ses clients, de ses concurrents, de ses fournisseurs et de tous les acteurs économiques ou sociaux de son environnement.

Ce patrimoine d'informations externes est à exploiter régulièrement. Sa mise en œuvre doit éviter la tendance forte au cloisonnement avec, d'un côté des « spécialistes » en système d'informations, et de l'autre des utilisateurs passifs mais exigeants. Des procédures transverses, croisant les compétences et les responsabilités s'imposent. Le système d'informations externes n'est pas une fin en soi. Il est pour l'équipe de direction un support de réflexion collective, un outil de développement des compétences collectives de recherche des marchés nouveaux et de reconfiguration astucieuse des processus.

Régulièrement mises à jour et analysées, les variables externes déclenchent vite l'évolution nécessaire des idées, aiguillons pour des analyses de plus en plus pertinentes.

Le système d'informations externes est devenu un véritable facteur clé de succès des organisations.

EXEMPLE DE BASE DE DONNÉES EXTERNES

VARIABLES D'ENVIRONNEMENT
DONNÉES SOCIALES : composition sociologique, CSP, âges, revenus, chômage, etc. PARAMÈTRES D'OBSERVATION : indicateurs d'environnement, variables utiles. DONNÉES D'ENTREPRISES : typologie des entreprises, créations, suppressions, etc. DONNÉES ECONOMIQUES : INSEE, commerce ext., douanes, DGI, URSSAF, etc. DONNÉES PAR TERRITOIRES STRATEGIQUES : potentiel, croissance prévues, etc. DONNÉES D'ORDRE TECHNOLOGIQUE.

VARIABLES CONCURRENTS
STRUCTURE : effectifs, lieux d'implantations, moyens associés, ACTIVITÉ : variables choisies d'exploitation et de bilan, évolutions, PROJETS & INNOVATIONS : étonnements, interrogations, ÉCHOS DU TERRAIN : informations commerciales, technologiques, autres, OFFRES : clients concernés, produits, volumes, prix, conditions, ANALYSE SPÉCIFIQUE : ventilation CA, part des grands clients, etc.

VARIABLES CLIENTS
STRUCTURE : implantations, effectifs, produits et services consommables, ACTIVITÉ : variables choisies d'exploitation et de bilan, évolutions, sujets d'étonnement et de curiosité, sujets à suivre, ÉLÉMENTS D'ACTIVITÉ AVEC LA CONCURRENCE JUGEMENTS DU CLIENT SUR L'ENTREPRISE POTENTIELS DE CONSOMMATION ESTIMÉS

Figure 8 – Base de données externes

Avec des **variables externes pertinentes,** *l'équipe de direction a repéré dans l'environnement ce qu'il y a d'important pour le futur de l'entreprise. Elle doit à présent y repérer les territoires où va se développer l'entreprise, ses* **territoires stratégiques.**

© Editions d'Organisation

SECTION 3. STRUCTURER LE PORTEFEUILLE D'ACTIVITÉS

1. L'IDENTIFICATION DES DOMAINES D'ACTIVITÉS STRATÉGIQUES*

Toute réflexion stratégique débute par l'identification des espaces dans lesquels l'entreprise situe ses activités.

Cette phase, appelée segmentation stratégique, de problématique apparemment simple (« What is my business ? » disent les Anglo-Saxons), se révèle en réalité complexe et lourde de conséquences. Toute erreur de segmentation stratégique provoque en effet une mauvaise identification :

- des clients stratégiques qu'il importe de fidéliser pour satisfaire les finalités du cadre de référence,
- des positions concurrentielles de l'entreprise, donc des adversaires les plus menaçants vis-à-vis desquels il convient de se différencier,
- des facteurs clés de succès, dont la maîtrise ou l'acquisition suscitent des allocations prioritaires de ressources pour asseoir sa compétitivité.

Les Postes mondiales appartiennent-elles à l'espace de l'acheminement et de la distribution du courrier ? À l'espace de la communication entre les hommes et les entreprises (espace alors ouvert au téléphone et à toutes les formes de communication électronique) ? À l'espace de la distribution de proximité (avec le réseau de bureaux et de facteurs, toutes les hypothèses de livraison à domicile des produits et services les plus divers peuvent être alors envisagées) ?

Tel grand concepteur et producteur de lunettes appartient-il à l'espace de l'optique (et ses investissements se concentreront sur les technologies correspondantes) ou à l'espace de la correction de la vue (et rien ne l'empêche alors d'envisager d'investir demain en partenariat avec des chirurgiens compétents, dans des cliniques susceptibles d'opérer les patients sans traumatisme par micro rayons laser) ?

Ces différents exemples, qui pourraient être multipliés à l'infini, montrent que chaque définition possible d'espace stratégique ouvre des perspectives de développement radicalement différentes.

Au regard de ces différentes approches, riches de créativité mais forcément ambiguës, nous proposons une définition de ce que devrait être un espace ou domaine d'activités stratégiques* (DAS) :

Un DAS est un ensemble de couples Marché / Produit* qui relèvent d'une même combinaison de Facteurs Clés de Succès* (FCS).

Cette proposition permet d'harmoniser perception marketing – focalisée sur la segmentation de clientèle – et segmentation stratégique – dont le but final est d'autoriser une pertinente allocation de ressources à long terme (Où faut-il investir ? Où faut-il seulement se maintenir ? Où est-il préférable de se désengager ?).

Elle stipule en effet qu'un DAS est une agrégation de couples type de clients / type d'offres qui présentent des FCS identiques, même si des nuances d'actions commerciales différentes peuvent se dessiner d'un couple à l'autre.

Dans cette perspective de définition d'un DAS, l'un des outils parmi les plus simples et les plus efficaces à utiliser reste le bien connu Triaxe d'ABELL :

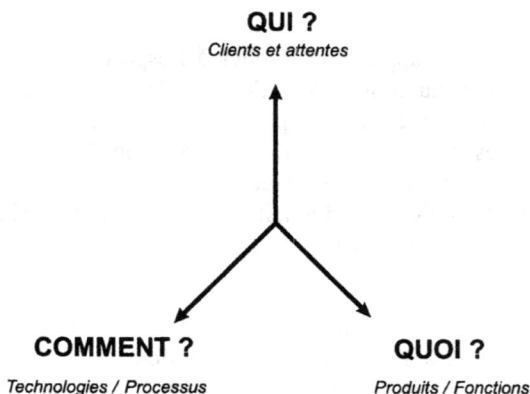

QUI ?
Clients et attentes

COMMENT ?   **QUOI ?**
Technologies / Processus   *Produits / Fonctions*

Figure 9 – Triaxe d'ABELL

Le triaxe d'ABELL définit clairement qu'un espace, ou DAS, peut se définir à partir des trois questions fondamentales suivantes :

➤ Qui vise-t-on en priorité ? Quel client cible manifestant – plus ou moins explicitement – quelles attentes (valeur attendue) ?

© Editions d'Organisation

➤ Avec quoi ? Quels produits / services doit-on proposer à ce type de client cible, avec quelles fonctions offertes (valeur offerte) ?

➤ Comment ? Quels processus – avec quelles technologies – doit-on mettre en œuvre pour offrir ces produits / services ?

Ce triaxe montre aussi clairement que les FCS – qui peuvent être de dimension marketing, financière, technologique ou humaine – peuvent être appréhendés :

- soit en termes de fonctions attendues par le client sur le couple considéré,
- soit en termes de compétences maîtrisées par l'offreur sur l'axe des processus / technologies.

Prenons, pour illustrer ce propos, deux exemples différents

Dans le domaine de l'offre automobile aux jeunes ménages, les facteurs clés de succès peuvent s'exprimer en termes d'aptitude à satisfaire des besoins de : facilités de paiement, réponses rapides au niveau de la vente et du service après-vente, prix bas, fiabilité / longévité du véhicule, sécurité active.

Ces cinq FCS peuvent être aussi formulés en termes convergents de compétences requises : ingénierie financière pour suggérer des formules de crédit astucieuses, réseau de distribution de proximité pour réagir rapidement, automatisation des processus pour réduire les coûts et maintenir les marges tout en offrant des prix compétitifs, maîtrise des traitements de surfaces pour assurer la longévité de véhicules sans garage, maîtrise des technologies de l'ABS pour éviter l'accident.

De la même façon, dans le domaine de l'assurance maladie complémentaire pour familles en milieu rural, peut-on définir les FCS sous l'angle des capacités à satisfaire des attentes : de cotisations au plus juste au regard des possibilités d'épargne, de tiers payant pour éviter toute sortie de trésorerie en cas de maladie, de contact au plus près du domicile.

Satisfaire ces attentes des clients signifie corrélativement, sur l'axe des processus / technologies : posséder un système d'information performant sur les revenus des familles pour connaître leur capacité contributive, maîtriser les techniques d'actuariat pour apprécier les facteurs de risques que représente chaque profil de famille au plan de la santé et calculer ainsi au plus juste la cotisation adaptée, maîtriser les technologies de la monétique pour assurer transferts de fonds entre praticiens, sécurité sociale et assurance complémentaire sans incidence sur le compte en banque du client, et enfin, savoir assumer une force de vente et de conseil à domicile.

Remarquons que, quelle que soit l'expression des FCS, en termes de fonctions attendues par les clients ou de compétences maîtrisées sur l'axe des processus / technologies, ces deux approches sont concomitantes et « tirées » par la clientèle : il ne peut y avoir expression pertinente d'une compétence maîtrisée (« maîtrise de la monétique ») sans identification préalable claire du client visé et de ses attentes spécifiques (« tiers payant »).

Au terme de cette identification précise des facteurs clés de succès par couples marchés / produits et de l'agrégation de ceux-ci en domaines d'activités stratégiques homogènes (familles de couples marchés / produits qui présentent les mêmes FCS), l'entreprise dispose d'une vision claire :

➤ de son portefeuille de domaines d'activités, autorisant ultérieurement une analyse précise de l'attrait (ou attractivité*) de chacun d'entre eux,

➤ des facteurs clés de succès requis pour être compétitive dans chaque domaine, autorisant ensuite une étude comparée de maîtrise de ces FCS par l'entreprise et par ses concurrents les plus menaçants, dans une perspective d'appréciation des positions concurrentielles.

2. L'ATTRAIT STRATÉGIQUE DES COUPLES MARCHÉS/PRODUITS

Pour une vision synthétique des couples marchés/produits, on évalue leur **attrait stratégique**, selon ces critères associés à l'impact faible, moyen, fort :

- le taux de croissance prévisible du marché, à l'horizon stratégique,
- le taux de marge,
- l'intensité concurrentielle sur ce marché : (quasi-monopole, partage des territoires, modus vivendi, guerre des prix),
- le risque de substituts,
- le niveau des barrières à l'entrée :
  - importance de l'investissement à réaliser,
  - temps d'acquisition des savoir-faire,
  - difficulté à constituer un réseau commercial,
  - obtention d'autorisations administratives.

© Editions d'Organisation

- le pouvoir de négociation des clients,
- le pouvoir de négociation des fournisseurs.

À ce stade, l'équipe de direction dispose alors d'une vision claire :

➤ Du portefeuille d'activités : Domaines d'activités stratégiques et couples marché/produit,

➤ Des facteurs clés de succès et attraits stratégiques des marchés,

➤ Des variables externes à choisir pour suivre l'environnement : tendances et ruptures, menaces et opportunités sur les métiers de l'entreprise.

Quelle est la position de l'entreprise sur chacun de ces domaines stratégiques et de ces couples marchés / produits ?

**Voilà posée dans toute sa plénitude
LA QUESTION MÊME DE SA COMPÉTITIVITÉ...**

SECTION 4. DÉTERMINER LA COMPÉTITIVITÉ DE L'ENTREPRISE SUR SES MARCHÉS

1. LE PRINCIPE

Au « hit-parade » des préoccupations des dirigeants d'entreprises, on trouve la question de la compétitivité.

D'ailleurs, son appréciation correcte par les dirigeants est au cœur même du pilotage stratégique. Elle conditionne, en effet, le choix des leviers de progrès à tous les niveaux. Les efforts prioritaires ainsi que la surveillance principale devront se porter là où l'insuffisance de compétitivité empêche la réussite de la stratégie. Alors, bien au-delà d'un classique diagnostic externe, le pilotage stratégique attend de l'équipe de direction une vision claire de la compétitivité sur les marchés, enjeu central pour son efficacité.

Voilà une notion essentielle qui n'existe ni en soi, ni selon des critères internes. Elle se définit essentiellement par rapport aux attentes externes, celles des clients bien sûr, et aux finalités de l'entreprise. Elle consiste à satisfaire les clients, au plus près de leurs attentes réelles, compte tenu des possibilités du moment. Elle consiste à le faire mieux que les concurrents, conformément aux orientations stratégiques.

La compétitivité d'une entreprise se traduit *toujours* dans l'amélioration vérifiée de ses positions de marché. Plus satisfaits des services obtenus, les clients confirment leur préférence et leur fidélité. Là où les marchés ne sont pas concurrentiels, c'est la satisfaction durable et *vérifiée* des attentes réelles externes qui prévaut. Logiquement, on peut formuler la question de savoir si la compétitivité est systématiquement synonyme du meilleur prix ?

Hélas, ce serait trop facile... Quelques métiers concernant la distribution et le commerce notamment, répondent à des attentes externes fondées effectivement sur la notion du meilleur prix. Une analyse fine des marchés devrait maintenir ce type particulier de compétitivité dans ses limites naturelles.

On a constaté que trop souvent il s'agit d'offres erronées ou floues... Celles-ci entretiennent alors l'instabilité des clients dans leur choix. La généralisation de la guerre des remises n'en est qu'un exemple parmi beaucoup d'autres.

Aux premières expériences du pilotage stratégique, il est souvent difficile de définir correctement les attentes externes des marchés. Cette difficulté se réduit avec le temps. Comment ?

- en développant de nouvelles pratiques de dialogue avec les clients,
- en développant les vigilances externes, à tous les niveaux,
- en corrélant la satisfaction externe et les résultats sur les marchés,
- en mesurant l'écart entre la valeur offerte et la valeur perçue.

Analyser les attentes externes, bien discerner les valeurs d'usage, repérer l'attrait que le client attache au produit ou au service... est absolument essentiel.

Savoir repérer l'évolution des attentes du client représente un véritable entraînement pour les dirigeants.

D'autant que ceux-ci n'ont aucune vocation à se substituer aux spécialistes, externes ou internes du type instituts, enquêtes, études marketing, etc. Dès lors, il est évident que c'est toute l'équipe de direction qui doit progressivement s'approprier cette compétence, au moins de façon synthétique. Elle seule est en prise directe avec sa clientèle et cela permet une juste et concrète compréhension des enjeux stratégiques.

© Editions d'Organisation

Avec une réelle pratique d'analyse collective, l'appréciation des réalités externes par les équipes dirigeantes se fait de plus en plus pertinente. Voilà exploré un terrain nouveau de la compétence collective et cette compétence partagée est essentielle à la réussite globale.

2. LA DÉFINITION DES ATTENTES PRIORITAIRES DES CLIENTS

On l'a vu : un couple marché / produit correspond à une nature précise de besoin externe. Et celui-ci est toujours associé à des attentes spécifiques, de la part des clients. L'offre se construit logiquement à partir de ces attentes et, en conséquence. Il faut les identifier avec précision, en évitant les termes trop généraux tels que rapidité, prix, fiabilité ou qualité. On cherche, au contraire, des formulations précises, illustrées, circonstanciées : livraison sous douze heures, dans la semaine, traçage garanti dans telles conditions, zéro erreur de facturation, etc. Il est aisé d'imaginer que la liste n'est pas exhaustive... Pour ce travail, on peut effectivement s'appuyer sur des études de terrain. On peut aussi organiser des entretiens soit avec des clients principaux, soit avec un panel représentatif.

Apprendre ce que le client désire – ou pourrait vouloir réellement – représente le fondement même de la stratégie, mais c'est à l'entreprise d'amener le client à lui dire ce qu'il veut et pourquoi il le veut.

Dans tous les cas, il faut développer, avec les clients, des procédures originales d'échange et de partenariat, de réflexion et d'information. Outre leur apport à la compétence stratégique interne, ce dialogue et cette écoute sont une conception avancée du service aux clients : l'entreprise va au-devant des attentes externes, au-devant de l'opinion des clients. Elle leur communique quelques-unes de ses interrogations et préoccupations, sinon de ses choix... Le champ d'action est immense. Une fois identifiées, ces attentes externes sont à hiérarchiser. Les plus importantes sont isolées par couple marché / produit, toujours d'un point de vue extérieur, à savoir des clients principaux du marché concerné. Critères majeurs du choix d'un fournisseur, ils expliquent 80 % de leurs décisions et donc 80 % des résultats potentiels de l'entreprise ; un pourcentage explicite qui mérite la plus grande considération.

3. L'ÉTUDE DES POSITIONS CONCURRENTIELLES*

Il s'agit d'une étape clé de la construction d'une vision stratégique qui consiste à apprécier la compétitivité sur chaque couple marché / produit. C'est l'entrée dans la démarche des... **concurrents**. Là aussi, on privilégie à la fois le point de vue externe mais aussi le progrès des compétences de l'équipe de direction. Par couple marché / produit, et par attente externe prioritaire, on se pose fatalement la question :

Notre réponse à cette attente, sur ce marché, est-elle perçue par le client comme :

- au-dessus, ou au-dessous de son niveau d'attente ?
- au-dessus, ou au-dessous de la réponse de nos concurrents principaux ?

Ainsi l'*adéquation* de l'offre à chacune des attentes externes est-elle appréciée à la fois pour l'entreprise mais aussi pour ses principaux concurrents sur ce couple marché / produit ? Pratiquement, les classements obtenus répondent aux questions : *quand et comment* répond-on mieux ou moins bien que les concurrents, à cette attente externe ?

« Études terrain », entretiens, enquêtes externes ou « benchmarking » enrichissent souvent la réflexion collective. Des clients choisis peuvent également valider les analyses et les conclusions.

Rien ne peut permettre de faire l'économie d'une analyse et d'une compétence collectives !

La réflexion précédente fait apparaître, par couple marché/produit, des écarts entre les réponses de l'entreprise et celles de ses concurrents, au regard de chaque attente externe prioritaire. Pour une attente donnée, on appelle **atout de compétitivité*** une réponse meilleure que celle des concurrents, et aussi suffisamment proche de l'attente.

On appelle **déficit de compétitivité*** toute réponse moins bonne que celle des principaux concurrents, ou trop éloignée de l'attente client.

De cette façon les **positions concurrentielles*** de l'entreprise sur ses marchés sont évaluées, attente par attente. Les positions constatées, atouts ou déficits, sur chaque attente prioritaire sont alors rassemblées par couples marchés / produits. Cette position concurrentielle, toutes attentes réunies, est enfin qualifiée, forte, moyenne ou faible.

À ce niveau de vision stratégique, retenons que :

© Editions d'Organisation

- la *compétitivité* s'apprécie sur des *critères précis*, par rapport aux *concurrents*. Il n'y a de performance qu'au regard des concurrents,
- ces critères sont déterminés d'un *point de vue externe*, celui du client. Appuyé sur des variables et des analyses précises, le positionnement concurrentiel de l'entreprise est corrélé dans le temps par ses résultats sur ses marchés,
- l'identification des atouts et déficits de compétitivité ouvre la voie à des *axes de réflexion, des choix et des orientations*.

Par la richesse des débats en équipe de direction, l'évaluation collective de la compétitivité fait progresser les cultures et les compétences. La vocation commune à chacun est alors réaffirmée : le meilleur service au client, toujours vu en termes de confrontation concurrentielle.

Rien ne pouvant être parfait, des *zones de risques externes* émergent pour l'entreprise. Il s'agit là, des espaces importants entre le niveau des attentes et l'offre réelle, même si celle-ci est meilleure que celle des concurrents. Ces zones d'insatisfaction externe, déficits de compétitivité, sont, il est vrai, des menaces concurrentielles.

ATTRACTIVITÉ
Potentialités du marché / Métier – DAS :...

Couples Marchés / Produits	Taux de croissance prévisible de la demande			Éléments de preuve des potentialités du marché	Conséquence sur l'attractivité		
	F	M	f	Mettre en évidence les opportunités de développement	F	M	f

F = fort   M = moyen   f = faible

Figure 10 – Attractivité/ potentialités du marché

© Editions d'Organisation

ATTRACTIVITÉ
Intensité concurrentielle / Métier – DAS : ...

Couples Marchés / Produits	Intensité concurrentielle			Éléments de preuve de l'intensité concurrentielle du marché	Conséquence sur l'attractivité		
	F	M	f	*Caractériser l'intensité concurrentielle par zone géographique, concurrents exceptionnels....*	F	M	f

F = fort   M = moyen   f = faible

Figure 11 – Attractivité/ intensité concurrentielle

MÉTIER

Synthèse de l'attractivité du couple marché / produit : ...

DAS	Couples marchés / produits	Taux de croissance prévisible de la demande			Taux de marge			Intensité concurrentielle			Risques de substituts			Pouvoir de négociation des clients			Synthèse attractivité (1)		
		F	M	f	F	M	f	F	M	f	F	M	f	F	M	f	F	M	f

F = fort   M = moyen   f = faible

Figure 12 – Synthèse attractivité

Commentaires :

(1) Nous évaluons l'attractivité du couple M/P dans sa globalité.

C'est la synthèse des critères constituants (éventuellement enrichis de tout autre critère qui semble déterminant).

À noter le caractère prépondérant du taux de croissance de la demande et du taux de marge.

© Editions d'Organisation

POSITION CONCURRENTIELLE
Atouts et déficits
de compétitivité sur les attentes clients

DAS : couple marché/produit

(1) Attentes prioritaires Critères essentiels de choix pour le client	(2) Position concurrentielle			(4) Quel est le jugement du client sur l'entreprise ?			
	Forte	Moyenne	Faible	ATOUTS MAJEURS	DÉFICITS MAJEURS	Maîtrisables	
						OUI	NON
1-							
2-							
3-							

(3) Synthèse position concurrentielle (faible/moyen/fort)

(5) Principaux concurrents de référence :

Figure 13 – Position concurrentielle/ atouts et déficits de compétitivité

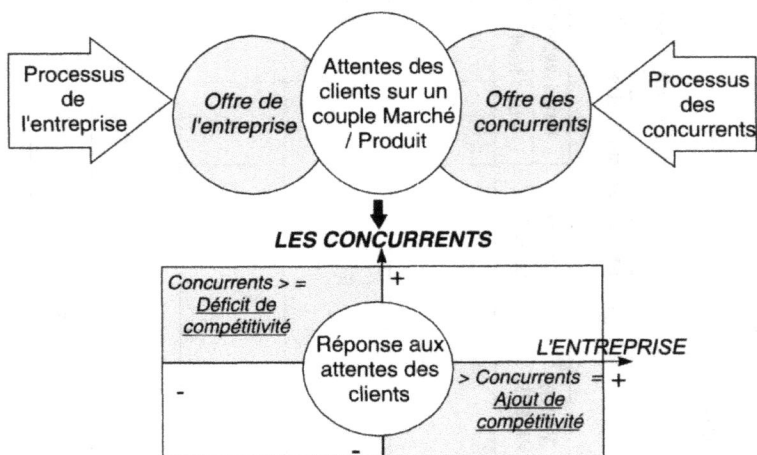

Figure 14 – *Atouts et déficits de compétitivité*

4. LA CARTE DE POSITIONNEMENT STRATÉGIQUE

Jusqu'à présent, la réflexion a porté sur les domaines d'activité stratégique, et les couples marchés / produits pris séparément.

À présent, pour installer une vision synthétique du portefeuille d'activités stratégiques, il importe d'établir, par domaine d'activité, la carte de positionnement. Celle-ci s'établit par domaine d'activité stratégique avec ses couples marchés / produits prioritaires.

Le pilotage stratégique en fait un outil pour l'équipe de direction toute entière et l'intègre aux compétences individuelles. Véritable outil de synthèse dans une logique de prospective, elle se nourrit des réflexions majeures en équipe de direction : allocation des ressources, restructuration du portefeuille, priorités stratégiques, etc.

En fait, par une lecture directe et pratique, elle permet d'opter pour un choix affiné de **scénarios** stratégiques qui prennent en compte :

➤ les concurrents,
➤ les attentes clients,
➤ le chiffre d'affaires.

© Editions d'Organisation

Position concurrentielle

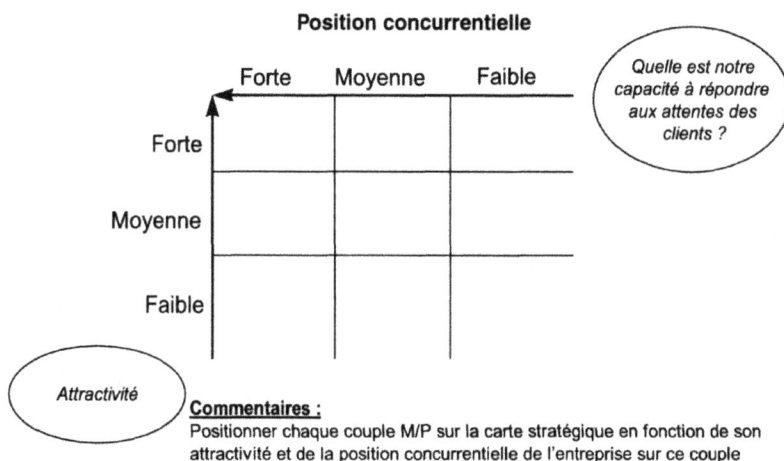

Commentaires :
Positionner chaque couple M/P sur la carte stratégique en fonction de son attractivité et de la position concurrentielle de l'entreprise sur ce couple

Figure 15 – Carte de positionnement stratégique

SECTION 5. ORGANISER LE PORTEFEUILLE D'ACTIVITÉS

1. LA HIÉRARCHISATION DES COUPLES MARCHÉS/PRODUITS

Le pilotage stratégique réclame à tous les niveaux, une vision large de l'entreprise sur ses marchés. Le regroupement d'activités en un petit nombre de domaines n'est pas un nouveau cloisonnement puisque chaque domaine stratégique se veut étranger aux autres, voire concurrent.

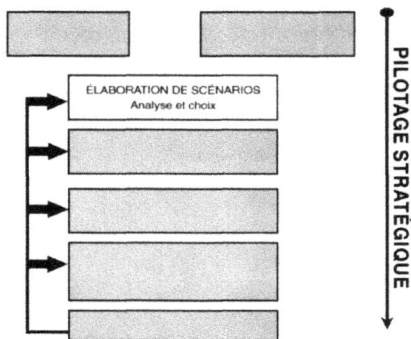

Une synthèse des cartes stratégiques permet de « voir » ces domaines stratégiques les uns par rapport aux autres, dans leur évolution extérieure et compte tenu de leurs synergies.

À cette occasion, il faut repérer les liaisons transverses qui existent entre les domaines d'activités stratégiques. Ils utilisent des ressources communes. Des complémentarités naturelles sont à développer entre eux, au gré des opportunités extérieures. Des options stratégiques communes à plusieurs domaines peuvent voir le jour, dans l'intérêt de l'entreprise (concept de base stratégique).

Cette synthèse des domaines d'activités stratégiques sert de point d'entrée dans l'analyse à venir des scénarios de développement.

L'équipe de direction sélectionne, par domaine stratégique, les couples marchés / produits les plus importants au regard de sa stratégie. Ce sont les plus denses en termes économiques ou financiers, les plus lourds de risques et d'enjeux, les plus décisifs pour le futur. Plutôt que de se disperser au gré des priorités du moment, ou d'espérer traiter tous les sujets sous la contrainte de leur nombre, l'équipe de direction fixe les priorités pour l'avenir. Elle oriente son pilotage sur les seules *priorités stratégiques.*

2. L'ANALYSE DES SCÉNARIOS POSSIBLES

On a identifié les variables clés de l'environnement qui influencent le plus le développement de l'entreprise, dans ses métiers comme dans ses résultats. Dans cet environnement, on a ensuite structuré les domaines stratégiques où s'effectue ce développement.

Enfin, on a identifié la compétitivité de l'entreprise sur chaque domaine d'activité stratégique et apprécié l'attractivité de chaque DAS. Le diagnostic étant posé, quel scénario de développement va-t-on à présent retenir pour l'entreprise ? La question concerne absolument toute l'équipe de direction car, loin d'être un luxe méthodologique, elle approfondit explicitement toutes les analyses stratégiques sur les :

- risques et enjeux, seuils et limites,
- ruptures et évolutions,
- contraintes et choix,
- besoins de vigilance et de surveillance externe.

À partir de ces constats, on repart des *seules* variables externes qui sont *essentielles* pour l'entreprise dans son ensemble. Pour chacune, on identifie ses évolutions probables ou possibles, à l'horizon pertinent pour la stratégie. On détermine ainsi un champ objectif d'hypothèses possibles,

© Editions d'Organisation

lequel est à examiner du point de vue stratégique pour l'entreprise, en structurant la réflexion sur des axes précis. Face aux évolutions possibles de l'environnement, marchés, technologies, concurrents, sont abordées alors, les questions suivantes :

- Comment, et jusqu'où, pourrait évoluer chacun de nos métiers actuels ?
- Quelles autres activités exercées aujourd'hui pourrions-nous exercer demain ?
- À quels autres types de besoins externes pourrions-nous répondre ?
- Quelles variantes majeures devons-nous intégrer pour nos organisations ?

Il ne s'agit pas d'entrer dans une logique de plans d'actions, sans objet à ce stade. Il importe de formuler précisément quelles réponses stratégiques pourrait apporter l'entreprise aux évolutions traduites par ces variables. Pour chaque réponse, il faut formaliser ses impacts à long terme et ce, sur chaque domaine d'activité stratégique.

Selon chaque hypothèse, il faut aussi éclairer l'option stratégique de comportement sur chaque domaine : renforcement, désengagement, alliance, etc. C'est toute la question de l'équilibre global du portefeuille d'activités qui est alors posée :

- À quels facteurs clés de succès accorder la priorité ?
- Avec quelles ressources ? Seront-elles suffisantes ?
- Quels niveaux de capacités sont requis ?
- Dans quelle hypothèse d'évolution externe ?
- Quelles ouvertures ou alliances extérieures faut-il envisager, pour accroître ces capacités ? Etc.

Cette vision des réponses stratégiques se complète aussi bien de la description des orientations marketing majeures et des hypothèses sur les concurrents que de l'évolution possible des processus internes. Elle aide à définir les deux ou trois scénarios distincts que l'entreprise pourrait envisager pour son développement.

Chacun d'eux est apprécié du double point de vue de sa *faisabilité* et de son *intérêt*. La faisabilité s'apprécie aux plans technique, économique, commercial, financier et humain, mais aussi du point de vue culturel pour l'entreprise, de son histoire et de ses valeurs. Le passage au crible du cadre de référence (finalités et éthique) est à ce niveau un bon apport pour la réflexion. On peut même considérer que l'exercice est particulièrement stimulant. Par scénario, les risques sont évalués sur des critères bien dissociés : identité et image de marque, opportunité dans la vie de l'entreprise, marges d'erreur sur l'appréciation des concurrents, capacités de changement du corps social de l'entreprise, etc.

3. LE CHOIX DU SCÉNARIO STRATÉGIQUE

Au terme de cette réflexion, l'équipe de direction dégage clairement le **scénario le plus pertinent** pour l'entreprise. Elle nourrit cette réflexion de toutes les spécifications stratégiques : avantages et limites, grandes conditions de réussite et d'échec, risques et enjeux essentiels... Elle la complète enfin des variables externes qu'il lui faut suivre impérativement :

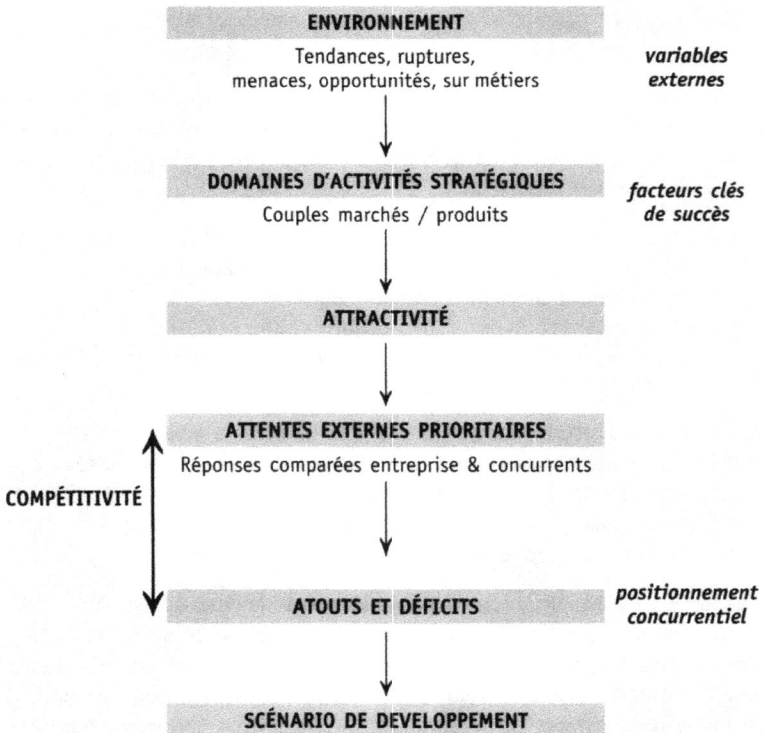

Figure 16 – *Choix du scénario stratégique*

© Editions d'Organisation

Tous les champs extérieurs à l'entreprise ont été étudiés: environnement, domaines d'activité, attractivité, attentes clients, concurrents, priorités de positionnement concurrentiel.

Le scénario de développement de l'entreprise est arrêté avec toutes ses caractéristiques stratégiques.

*Le moment est donc venu de se tourner vers l'entreprise, en vision interne, cette fois. L'analyse de la **performance interne** est maintenant abordée.*

CHAPITRE 3

Conduire la performance

La **performance** d'entreprise se définit le plus souvent par l'amélioration de sa compétitivité, donc de ses résultats. Si la vision est juste, elle n'en est pas moins incomplète. En effet, la performance d'entreprise se réalise avant tout par rapport à ses ambitions déterminées dans ses propres objectifs stratégiques. Elle se vérifie ensuite sur ses marchés. La performance d'une entreprise est, avant tout, d'être compétitive sur ses marchés, conformément à ses choix stratégiques. Il ne peut pas y avoir d'autre performance d'entreprise hors de sa réussite stratégique. Cette réussite passe par l'adéquation *durable* de l'offre, de ses produits et de ses services, aux attentes des marchés, en intégrant dans la réflexion, l'omniprésence des concurrents principaux.

SECTION 1. DÉCLINER LA STRATÉGIE SUR LES PROCESSUS

En vision interne, la performance est en fait la « traduction » de sa compétitivité sur ses marchés. Aujourd'hui, la performance se définit plus communément comme la capacité à améliorer le rapport général : valeurs reconnues par le client / coûts des moyens nécessaires à cette création de valeur.

Il est des considérations qui sont plus souvent motivées par une approche philosophique traditionnelle de l'entreprise, plutôt que par l'aboutissement d'un raisonnement plus conforme aux principes de l'économie moderne. Tout, ou à peu près tout ce qui concerne la rentabilité, est régi ainsi.

En effet, la rentabilité, pertinence d'emploi des ressources, est encore trop souvent opposée à la satisfaction externe des clients, donc à la performance définie plus haut. Le pilotage stratégique dépasse cette contradiction, toute apparente. Le prix est l'expression monétaire des valeurs perçues par le client, compte tenu du contexte concurrentiel.

Au terme de l'ensemble de ses processus la performance d'ensemble de l'entreprise intègre les moindres coûts (« les juste utiles et nécessaires ») mais aussi, à travers la compétitivité, la satisfaction et le prix, c'est-à-dire l'ensemble des valeurs perçues par le client. La problématique fondamentale de l'entreprise repose sur l'adéquation de son offre avec ses marchés, dans la perspective de rentabilité des ressources engagées.

La compétitivité dépend de sa performance globale :

- la première, en vision externe à partir des marchés,
- la seconde, en vision interne à partir de la maîtrise des processus et des activités.

Il peut être dangereux de systématiquement mettre en avant la performance « interne » au mépris de la réalité extérieure des marchés. En n'observant que la compétitivité de l'entreprise, on développe d'une part des efforts inutiles, et d'autre part des oppositions entre managers.

L'accentuation de ces travers conduirait, très rapidement, à une vision trop exclusivement endogène. Il faut donc avoir conscience que ce processus poussé à son paroxysme, enclenche bien souvent une spirale d'échec.

Performance interne ↔ Compétitivité ↔ Réussite sur les marchés

---

Cette mise en perspective de la performance de l'entreprise sur les marchés installe la cohérence entre les nombreuses facettes qu'on lui connaît aujourd'hui : efficacité interne, créativité ou suggestions, productivité ateliers ou administrative, rentabilité, qualité certifiée ou non, organisation des systèmes et des procédures, communication ou formation des hommes.

Les résultats concrétisent la valeur *perçue et payée par le client*, toujours élaborée en coût-cible. Tous doivent améliorer *et* les positions externes

© Editions d'Organisation

sur les marchés principaux *et* les résultats généraux de l'entreprise, bilan et valeur ajoutée compris.

Combien voit-on de programmes d'actions, utiles et efficaces seulement sur tel aspect particulier de la performance ? Ils mobilisent des énergies, coûtent beaucoup d'argent, mais leur effet sur les résultats est la plupart du temps ignoré, voire mal perçu. Doute et découragement, c'est inévitable, prennent alors le relais des motivations, même chez les dirigeants !

Or, ces actions concernent toujours la performance de l'entreprise, en vision opérationnelle et interne. Toutes doivent donc se rattacher explicitement à sa compétitivité et à ses résultats : une démarche de certification qualité, un plan d'actions sur l'organisation et les équipements, une campagne de formation, etc. Aucun plan d'action majeur n'échappe à cette règle. Cette vision, propre au pilotage stratégique, dépasse tous les calculs de rentabilité.

La performance dans l'entreprise est la notion capitale qu'il nous faut creuser encore et toujours. Elle passe par :

* la performance et l'organisation,
* la performance et les processus*,
* la performance, dans ses composantes internes (qualité, coûts et délais).

SECTION 2. PERFORMANCE ET ORGANISATION

Pour répondre aux besoins et attentes des marchés, l'entreprise élabore des produits et des services adaptés. Aux yeux du client, un « produit final » réunit un ensemble de *valeurs*, reflet des capacités et des choix de l'entreprise. Valeurs produites et valeurs perçues prennent ainsi tout leur sens. Produits et services sont les réponses de l'entreprise, issues de l'ensemble des hommes et des moyens, toutes fonctions confondues. Cet ensemble est structuré selon le choix du management (le vocable « service » n'est-il pas inhérent à toute structure ?).

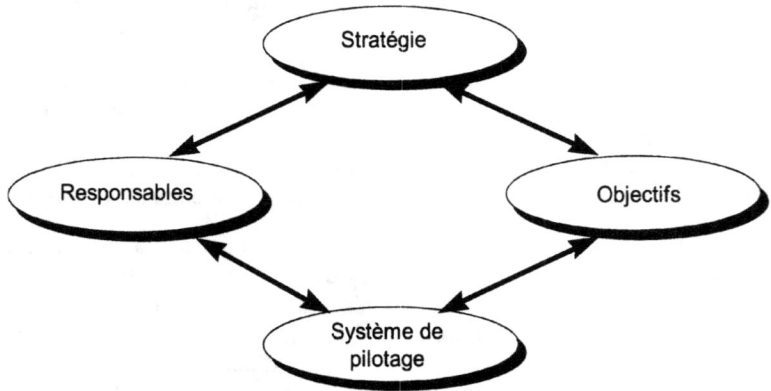

Figure 17 – *Interactivité des principes fondamentaux de performance*

La performance d'entreprise, vision interne et cloisonnée oblige, a long-temps été vue *par rapport* à la structure. Celle-ci est plus performante que celle-là, etc. Avec ce point de vue, la performance n'existe que par rapport à une structure X ou Y. Elle en dépend donc nécessairement.

Cette surestimation de la structure et ce mauvais positionnement de la performance n'ont pas servi l'entreprise. Bien au contraire ! La perfor-mance s'est même alourdie d'une forte vulnérabilité vis-à-vis des orga-nisations et de leur évolution. On *attend* de connaître la nouvelle structure... on *attend* qu'elle finisse de se mettre en place... on *attend* l'annonce de la suivante, etc.

Tandis que les directions s'évertuent à chercher la « bonne organisa-tion », la performance n'en finit pas d'attendre, au rythme des restruc-turations. De ce fait elle est toujours provisoire et perpétuellement en attente !

Avec le pilotage stratégique, la performance ne s'évalue que par rapport à la compétitivité sur les marchés. Elle représente l'aptitude interne à répondre au plus près aux attentes externes prioritaires. Elle s'évalue ainsi de façon indépendante de la structure en place. L'organisation des processus et activités, comme celle des responsabilités, l'organigramme, sont, enfin, *au service* de la performance.

© Editions d'Organisation

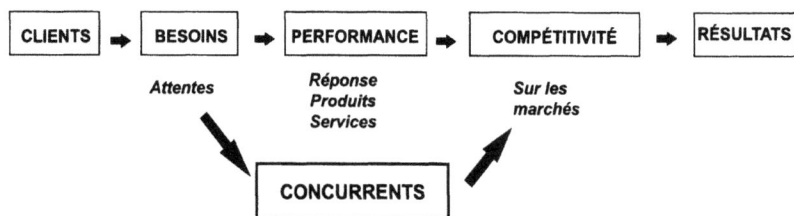

Figure 18 – *Performance / compétitivité*

SECTION 3. PERFORMANCE ET PROCESSUS

Les produits et services de l'entreprise sont élaborés, développés et issus des activités composant les divers *processus**. Voilà une notion connue sur laquelle il a été dit beaucoup de choses. Aujourd'hui, le terme de processus couvre un vaste champ d'applications. Toute évolution inscrite dans la durée est un processus. Une série de travaux, structurée dans le temps, ou un programme de travail peuvent être désignés comme tels.

Le pilotage stratégique s'appuie sur les *processus opérationnels*, enchaînements d'activités que l'on qualifie encore souvent d'administratives, de commerciales ou de production. Elles sont associées en processus, de façon à répondre *complètement* à un besoin externe avec ses attentes. La vocation d'un processus opérationnel est de *produire une satisfaction clients vérifiée,* à la hauteur des choix de l'entreprise.

Un processus se définit toujours indépendamment de la structure en place

Une activité est un ensemble de tâches homogènes. C'est aussi un maillon nécessaire dans le traitement opérationnel du besoin externe. Une activité n'est surtout pas un « service » de l'entreprise puisqu'elle peut être sous-traitée, en tout ou partie. Elle peut être exercée par un même service de la structure ou par plusieurs. Une activité est souvent commune à plusieurs processus, telles les activités administratives.

Finalement, on réalise que toutes les combinaisons sont possibles... Il ne saurait y avoir une règle figée dans un déterminisme contraignant qui pourrait se calquer sur n'importe quelle entreprise. Une fois pour toutes, admettons que chaque entreprise est une entité, un cas particulier qui possède ses propres critères, ses propres savoirs, ses propres techniques et qu'à tous les stades du pilotage stratégique, il faut raisonner en terme de « sur-mesure » et non pas de « prêt-à-porter ».

PROCESSUS

- Enchaînement d'activités coordonnées et successives concourant à fournir un ou plusieurs produits/services/ informations aptes à satisfaire les attentes des clients.

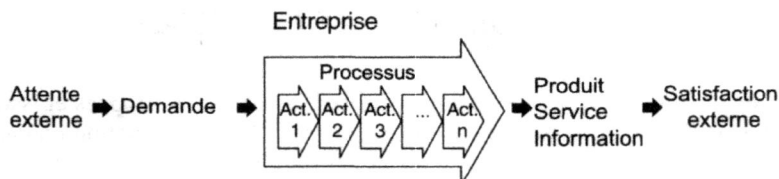

- Combinaison de faire et de savoir-faire distincts permettant une prestation matérielle ou immatérielle.

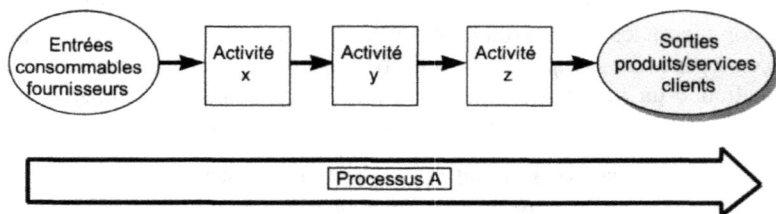

Figure 19 – *Processus, définition générale et principes*

© Editions d'Organisation

Deux types de processus contribuent à la performance globale de l'entreprise :
■Les processus fonctionnels : DRH, Marketing, ...
■Les processus principaux :　Production ...

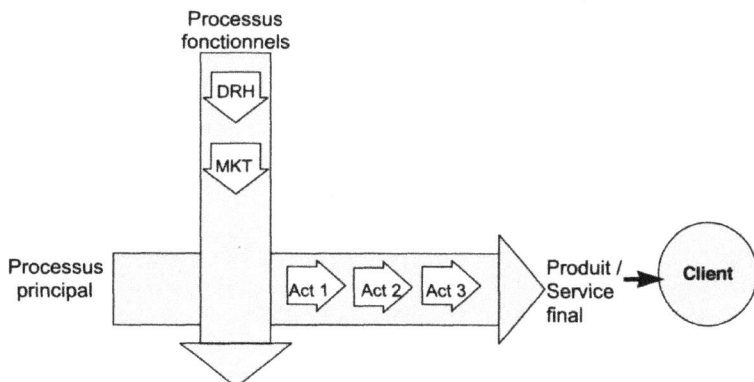

Figure 20 – *Processus, interactions*

La performance d'un processus s'exprime d'abord par ses résultats, à son aboutissement. Ceux-ci relèvent toujours du triptyque : *qualité, délais, coûts,* exprimés en termes spécifiques aux métiers, aux marchés et aux processus concernés. Examinons-les séparément.

SECTION 4. LA PERFORMANCE DANS SES COMPOSANTES INTERNES

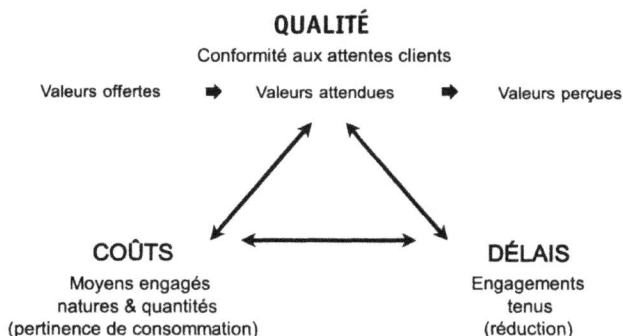

Figure 21 – *Performance-composantes internes*

1. PERFORMANCE ET QUALITÉ

Désormais, la qualité est largement connue au sein de l'entreprise. D'importants progrès ont été réalisés pour sa prise en compte toujours plus vaste. Ceci à tous les niveaux de la structure et jusqu'au client. Les démarches spécialisées, et notamment la certification, ont été d'un apport essentiel. Le pilotage stratégique dépasse les tendances installées dans l'entreprise à ce sujet.

Le pilotage stratégique considère la qualité selon les *deux principes* suivants :

* La qualité, composante de la performance d'un processus ou d'une activité, n'est jamais dissociable de ses deux autres facettes, la maîtrise des coûts et la maîtrise des délais. Faire mieux ou plus vite ? Mieux ou moins cher ? Ces débats classiques trouvent une réponse cohérente avec le pilotage stratégique. On n'oppose plus, explicitement ou non, la qualité et les coûts. On n'oppose plus la productivité à la qualité, etc. L'offre finale de l'entreprise, produit ou service, intègre dans la valeur perçue par le client, implicitement ou pas, les trois facettes : coûts, qualité et délais.

* La qualité des prestations offertes au client final est la seule des trois facettes de la performance qui procède d'une vision purement externe, indépendante de la structure. À cette qualité peut s'attacher une notion de délais. Conformité vérifiée aux attentes externes, selon les positions concurrentielles visées par l'entreprise, elle n'est plus seulement « procédures internes ». Elle n'est plus simple réponse aux attentes primaires du client, le plus souvent implicites, comme par exemple un produit « techniquement conforme ».

Elle est adaptation complète aux attentes des marchés, selon les choix stratégiques de l'entreprise : à quelles attentes externes voulons-nous répondre ? à quelle hauteur concurrentielle ? *Qualité* ➡ *valeurs perçues, au plus près des valeurs attendues!*

2. PERFORMANCE ET COÛTS

Facette « interne » de la performance, elle pose la question de la compétence économique dans l'entreprise, à développer à tous niveaux.

La fonction financière doit servir ce professionnalisme nouveau de contrôle des coûts, en l'intégrant aux objectifs de chacun. Les entreprises ont besoin d'un tout autre niveau de culture économique, en priorité pour tous les cadres.

© Editions d'Organisation

Maîtriser les coûts est d'abord affaire de compréhension juste de ce coût et de l'utilité des moyens engagés, au regard des résultats et des priorités. Les coûts excessifs sont toujours des coûts inutiles par rapport aux résultats visés, à la valeur produite et perçue, à l'attente externe.

En rapportant à la satisfaction externe tous les coûts internes, le pilotage stratégique développe ce professionnalisme économique. Défi innovant pour les directeurs financiers et les contrôleurs de gestion, il suscite une double vision :

- La définition des coûts cibles à ne pas dépasser, compte tenu des contraintes de marché et de rentabilité globale. Définitivement, n'oublions pas que :

> **coût de revient = prix de marché – marge nécessaire !**

- La vérification permanente de cohérence entre les composantes du coût cible et les valeurs réellement apportées aux clients. Le graphique ci-après illustre à ce sujet l'approche par le coût des activités et des processus (démarches ABC / ABM).

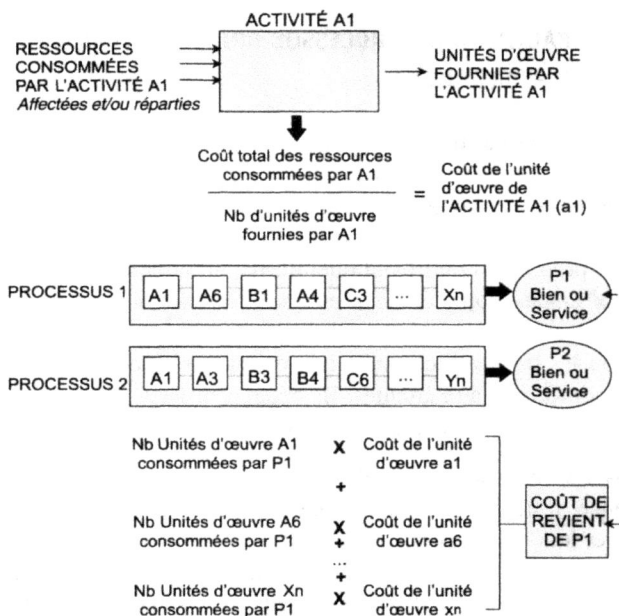

Figure 22 – Performance et coûts

3. Performance et délais

C'est la facette « mixte » de la performance, interne pour sa plus grande part, externe pour la partie visible par le client. À son propos, il s'agit moins d'accélération systématique et plus ou moins apparente, au gré de pointages minutieux. C'est la maîtrise professionnelle globale des temps et des délais qui est à développer. La performance est de prévoir, prendre et respecter des engagements précis, internes ou externes. Elle est aussi de savoir isoler les étapes intermédiaires qui ne servent ni le client ni ses attentes spécifiques (stockages intermédiaires, les « refaisages », les retraitements administratifs, ...).

SECTION 5. L'EFFICIENCE DES PROCESSUS PRINCIPAUX

1. Les capacités d'un processus principal à dispenser de la performance

Le vocable **« production »** s'applique à toute activité manuelle ou intellectuelle, dès lors qu'on en mesure les résultats. En entreprise, il est temps de traiter comme telle chaque activité technique, industrielle, commerciale ou administrative. Pour un processus comme une activité, pour toute production ou travail quel qu'il soit, la performance s'exprime sous deux angles complémentaires : ses résultats « à la sortie » d'une part, les capacités disponibles, d'autre part. Les résultats se mesurent donc selon les trois aspects : maîtrise des délais, économie des consommations, conformité aux attentes. Ils dépendent aussi des capacités générales et disponibles qu'il faut à présent mieux identifier.

Ces capacités ne sont pas figées et elles évoluent avec le temps. En permanence, il convient de les maintenir au niveau requis, d'anticiper et de préparer leur progression, voire leur réorientation. Ces capacités générales sont employées de façon plus ou moins partielle dans une activité. Pour expliquer les résultats du processus, une seule chose s'ajoute aux capacités disponibles et à leur taux d'emploi : les circonstances particulières de la production, les conditions ambiantes et les facteurs extérieurs.

© Editions d'Organisation

On reviendra sur cet aspect dans l'analyse des résultats, en préparation du pilotage.

La performance se mesure par des *résultats précis* qui dépendent de deux critères :

- Les *capacités disponibles* au moment de la production,
- Les *conditions externes* au moment de la production.

D'où un processus, une activité et le travail en général, tirent-ils leur performance ?

Jusque-là, divers éléments de réponse ont été fournis. Qui n'a pas entendu parler, en effet, de la motivation ou de la formation des hommes, des organisations, de l'importance des moyens techniques ou financiers ?... Qui n'a jamais entendu parler de « capacités industrielles », de « capacités financières », de « potentiels humains », de « puissance des organisations » ?...

À tous ces apports, il manquait une vision de synthèse pour mieux discerner les mécanismes internes de la performance professionnelle, dans l'entreprise. Le pilotage stratégique développe cette vision synthétique de la performance, ses résultats d'une part, les capacités dont elle dispose d'autre part.

2. ENTREPRISES ET RESSOURCES

Toute entreprise combine **quatre types de ressources** : les ressources humaines, les ressources techniques (ou technologiques), les ressources commerciales, les ressources financières. Quels que soient le statut juridique, la finalité ou le secteur d'activité, de la SA à l'entreprise caritative, de l'association 1901 à l'entreprise publique, sans aucune exception, *toutes* répondent à cette réalité.

Remarquons que l'évolution future verra probablement les ressources techniques se rapprocher toujours plus des ressources commerciales pour donner jour à une nouvelle catégorie de ressources : les métiers de l'entreprise, visions interne et externe intégrées. L'entreprise se construirait alors sur le triptyque : hommes, métiers, argent. Mais on n'en est pas encore là !

Les ressources d'entreprise se jugent par leur *niveau de maîtrise*. En évolution permanente, il est impératif de mesurer ces variations selon des critères spécifiques à chaque ressource. Aucune entreprise n'a de finalité qui soit étrangère au progrès de ces capacités financières, si l'on n'oublie pas que le progrès revêt mille et une formes distinctes. Et précisément, le *management* a pour objectif d'assurer l'efficience des moyens économiques, conformément aux stratégies mises en œuvre.

Ce chapitre du management gagnera à s'éclairer et à se concrétiser, dans les années à venir. La difficulté est dans sa propre récurrence interne puisque le management agit sur les comportements et les décisions, individuelles et collectives. Lui-même est une somme de comportements et de décisions, en vision hiérarchique.

À tous les niveaux, le manager est toujours, lui aussi, un managé ! D'aucuns prétendront peut-être qu'il s'agit d'une lapalissade...

Quoiqu'il en soit, le management induit les ressources de l'entreprise, leur niveau de développement, à travers **cinq grands axes** d'action, propres à toute entreprise comme au travail en général :

- *L'information* des groupes et des individus ; information interne et externe sur la stratégie, les enjeux, les objectifs, la vie interne...
- *La formation des hommes*, de base ou complémentaire, générale et spécialisée (expérience + concepts). Elle débouche sur des niveaux de compétences qui, complétés de l'expérience professionnelle, se traduisent par un degré de maîtrise professionnelle adaptée aux besoins baptisé tout simplement « le professionnalisme »...
- *Le management* des hommes. Il inclut bien d'autres fonctions que celles évoquées ici, y compris le pilotage stratégique lui-même. On extrait, à ce stade, pour la seule performance des processus, sa fonction spécifique vis-à-vis des hommes : développer leur motivation, leurs envies de s'impliquer, leur adhésion, leur satisfaction.
- *L'organisation* des tâches, activités et processus. C'est, d'une part, tout ce qui touche aux moyens et équipements, procédés, méthodes et procédures et, d'autre part, ce qui concerne le travail des hommes, organisation des rôles et des responsabilités notamment.
- *La gestion des ressources* (hommes, moyens, marchés). C'est leur maîtrise économique, allocation et affectation, mesure des quantités et des coûts, diffusion et pédagogie.

Ces cinq axes du développement des ressources sont toujours imbriqués et interdépendants. Actions de base, avec d'autres, au cœur du *management,* elles agissent sur le niveau de capacité des ressources, sur leur niveau de développement à un moment donné.

© Editions d'Organisation

3. La performance des processus principaux et activités

Nous ne détaillons pas cette approche nouvelle des ressources et des capacités, de leur développement, et du management qui le conduit. Cela nous éloignerait de notre objet, le pilotage stratégique. Toutefois, nous en retenons les seules composantes qui expliquent le plus la performance et ses résultats à tous les niveaux de l'entreprise. Elles, plus que les autres, sont en rapport avec les progrès à développer.

Il faut clairement avoir à l'esprit deux niveaux contributifs à la performance finale de l'entreprise :

- L'efficience des processus fonctionnels (DRH, Méthode, ...) qui contribue à l'efficacité des processus principaux (Production, Distribution, ...) dans le cadre d'une performance globale de l'entreprise.
- Les ressources ou potentialités, mises en œuvre partiellement ou totalement, qui se situent en aval et en amont des processus principaux. Pour mémoire, citons-les :

Les *ressources commerciales*, le potentiel commercial, les marchés, les clients et les offres de l'entreprise, sont bien connus. Leur management spécifique est déjà installé dans l'entreprise, à travers le marketing et la gestion commerciale notamment.

Les *ressources techniques* sont constituées des équipements et des organisations. Capacités théoriques peut-être, mais aussi taux d'emploi, accessibilité ou disponibilité... Voilà les premiers critères de leur niveau de développement.

En ce qui concerne les *ressources financières*, leur capacité est exprimée par des valeurs maintenant bien connues : fonds propres et endettement, rentabilité et autofinancement.

Les *ressources humaines* sont les plus récentes à avoir été reconnues comme telles. Leur niveau de développement, leur capacité, s'articulent sur deux axes :

- les qualifications : ensemble de compétences *et* de professionnalisme,
- les motivations : équilibre sensible d'adhésion, d'implication et de satisfaction.

À partir de la réalité de l'entreprise, s'ouvre une approche des capacités opérationnelles les plus en rapport avec la performance des processus. D'autres pistes s'ouvriront, à coup sûr, dans les prochaines décennies.

4. Performance et pilotage stratégique

Au cours des dernières années, la performance a fortement fluctué dans les entreprises. De la productivité à la compétence des hommes, de l'efficacité des organisations à la gestion des coûts, des efforts nombreux ont permis de mieux gérer, de mieux mesurer et d'améliorer cette performance.

La performance globale d'entreprise reste cependant une question centrale dans son pilotage. Le pilotage stratégique permet à cet égard deux progrès significatifs :

➤ Le premier est de **relier concrètement la performance interne aux marchés**.

Ce lien permanent entre performance interne et résultats externes éclaire mieux :

- Les impacts à tous les niveaux de la performance sur les enjeux de l'entreprise et ses marchés. On renforce ainsi la raison d'être et les finalités de cette performance.
- Les priorités dans les efforts. Combien de bonnes volontés sont en butte à ce manque de hiérarchisation claire des enjeux ? Qui n'a jamais entendu : « je ne sais plus où donner de la tête », « je ne sais plus par quel bout commencer » ?...Vision externe et horizon clair aident incontestablement à mieux répartir dans l'entreprise les moyens et les efforts.

➤ Le second progrès est l'**amélioration du management de la performance**. La performance est vue au niveau du processus, dans sa totalité. Elle ne dépend plus exclusivement des évolutions de l'organisation et des restructurations. La performance collective des équipes l'emporte de plus en plus sur la seule performance individuelle.

5. Les processus clés

5.1. La description

Pour piloter la performance globale au regard des marchés, il faut désigner dans l'entreprise ses **processus clés** déclinés de la stratégie. Ces processus sont associés aux priorités externes de la stratégie. Ce sont

© Editions d'Organisation

ceux qui servent les couples marchés / produits prioritaires où se trouvent les positions concurrentielles les plus significatives pour la stratégie d'entreprise. Ces positions majeures sont des déficits externes de compétitivité qu'il faut résorber, ou des atouts externes de compétitivité qu'il faut développer.

À partir des couples marchés / produits où se situent ces enjeux majeurs de positionnement externe, déficits ou atouts, on repère les processus clés.

- Quels produits et services sont offerts sur ce couple marché/produit ?
- De quels processus internes sont-ils l'aboutissement, le terme ?

Une fois repérés les processus clés, leurs activités majeures sont identifiées. Cette description des activités ignore totalement l'organisation hiérarchique et fonctionnelle existante. Les activités sont les étapes d'élaboration de la réponse d'entreprise, nécessaires au besoin externe et attentes prioritaires.

5.2. La performance

Il faut identifier et définir la **performance spécifique** de chaque processus-clé, en termes précis et adaptés, la nature et les caractéristiques de ses *résultats* nécessaires, les coûts, les délais et la qualité, et les *capacités* qu'elle réclame.

Et justement, la performance d'un processus traduit dans ses résultats, en termes internes de coûts, délais et qualité, les attentes externes du marché qu'il vise. Elle se formule précisément en partant des décalages concurrentiels, atouts ou déficits de réponse à ces attentes. Elle doit être mesurable par des variables disponibles dans l'entreprise. La perspective est séduisante.

5.3. Les activités majeures

Nous ne retenons comme processus que des processus opérationnels. Ils permettent de produire au quotidien la satisfaction des attentes externes. Ils sont à cet égard dotés d'une performance spécifique qui est la réponse aux attentes externes au moindre coût. Les processus opérationnels sont constitués d'activités maillons, véritables sources et acteurs de cette performance.

À ce stade, il est utile de préciser que la performance d'un processus est souvent limitée par celle du maillon le moins performant. Le maillon le plus faible explique souvent l'essentiel de la performance d'ensemble du processus. Activité et performance sont vues à un rang supérieur. Ce ne sont ni les « services internes », ni les hommes de l'entreprise qui sont évalués à ce stade. On définit les termes précis de la performance propre à chaque activité du processus.

La performance d'activité et la performance de processus ne doivent pas se confondre. On appelle activités majeures d'un processus, celles dont la performance spécifique explique l'essentiel de la performance du processus, mesurée à son terme. Elles sont le plus étroitement liées au positionnement externe, déficit ou atout de compétitivité. Par leur performance propre, elles expliquent une part significative de la position concurrentielle majeure. Indépendamment de sa structure, l'entreprise repère les activités qui sont le plus en rapport avec ses choix stratégiques de réponses concurrentielles sur ses marchés.

D'une manière simplificatrice, on estime que 20 % des activités d'un processus impactent sur 80 % des performances.

Il faut à présent définir les performances spécifiques de chacun des processus clés repérés dans l'entreprise.

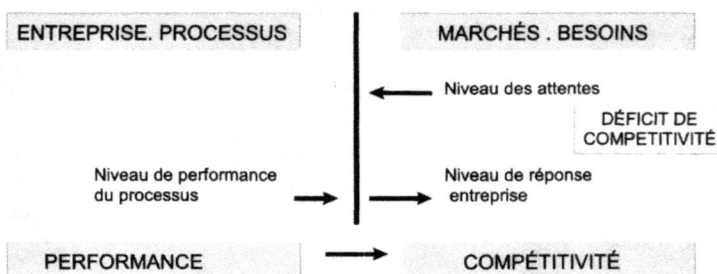

Figure 23 – Performance des processus clés

© Editions d'Organisation

CHAPITRE 4

Définir les objectifs stratégiques

La définition de la trajectoire stratégique est primordiale. L'horizon stratégique se définit par :

- un environnement suivi avec un système d'informations adapté,
- des espaces stratégiques qualifiés : facteurs clés de succès et attraits stratégiques,
- une compétitivité où attentes clients, positions concurrentielles et enjeux stratégiques sont hiérarchisés,
- un scénario de développement cohérent et justifié,
- une performance identifiée dans les processus clés et leurs activités majeures, résultats et capacités nécessaires.

L'horizon stratégique de l'entreprise est désormais clair.

Charge maintenant à l'équipe de direction de déterminer la trajectoire pour y conduire toute l'entreprise.

L'horizon stratégique de l'entreprise repéré et, après le diagnostic effectué, reste à définir la trajectoire de développement souhaitée.

Pour réaliser ses ambitions à cet horizon stratégique, on choisit la courbe et le parcours de progrès... À cette trajectoire correspond, de toute évidence, un portefeuille d'objectifs que l'entreprise se fixe, ensemble défini en fonction de ses finalités et de ses capacités. C'est l'objet même de la définition des objectifs stratégiques, véritable clé de voûte du plan de développement.

SECTION 1. LES PRINCIPES DE LA DÉFINITION DES OBJECTIFS* STRATÉGIQUES

1. LES REMARQUES PRÉLIMINAIRES

Avec la montée des incertitudes et la correction permanente des trajectoires, l'entreprise vit réellement et quotidiennement sous le règne de l'action multiforme et débordante. On ne compte plus les plans d'actions prioritaires, les plans de progrès, les programmes et les projets.

Les plans d'actions se succèdent, tous chargés d'ambitions légitimes et suivis... d'autres plans d'actions tout autant chargés de promesses. Si le sujet n'était pas aussi grave, on pourrait presque évoquer, certes avec un brin d'ironie, les « prometteuses promesses »... Bref, tous les plans sont plus importants que les précédents et se veulent essentiels ou stratégiques.

On ne peut déboucher que sur un doute croissant... L'asphyxie est aux portes des états-majors. À vouloir trop faire, l'infarctus de l'action menace les structures. Il n'est plus une seule réunion dont l'ordre du jour ne soit justement « la mise au point des actions en cours » et qui ne se termine immanquablement par le relevé des actions décidées, à commencer par la prochaine réunion ! Evidemment, tout comme les finalités et la stratégie, les objectifs pâtissent du manque de clarté de la définition, donc de leur qualité. Dissout en effet dans la logique de l'action, leur niveau de précision s'abaisse inexorablement. Ils sont souvent confondus avec les actions elles-mêmes. On appelle alors pompeusement « objectif » une simple action prévue : faire ceci ou cela, dans telles ou telles conditions. Obsédés par le « quoi faire d'autre ? quoi refaire ? » Oubliant même quelquefois qu'on l'a déjà fait... En réalité, l'habitude de se poser la question essentielle : « pourquoi, dans quel but ? » s'est perdue.

Le pilotage stratégique pousse l'équipe de direction à impulser par son exemple :

- un développement sensible de la qualité des objectifs ; résultats attendus et mesurés, avant le choix des actions prévues,
- la reconquête des temps nécessaires à l'anticipation, dans des agendas saturés de réunions,
- une focalisation sur l'essentiel,

© Editions d'Organisation

- un coup d'arrêt sérieux à l'avalanche des projets boulimiques, aux résultats souvent peu mesurables et à la pertinence peu vérifiable.

En préalable à toute action prévue, des questions s'imposent :

- Pourquoi ? Quelle amélioration voulons-nous, une fois terminée l'action ?
- Comment pourrons-nous la mesurer et en vérifier le résultat ?
- En quoi cette action est-elle la plus pertinente ?

Une action peut être en soi un objectif, mais à deux conditions précises :

- ses résultats ne sont pas connus ou identifiables ;
- ils ne sont pas mesurables, dans des conditions raisonnables. L'aboutissement heureux de l'action est alors le seul but à atteindre. Par défaut, c'est l'objectif en soi. Ainsi, escalader le Mont-Blanc peut être un objectif ! Cela pourrait n'être tout aussi bien qu'une simple action, au service d'un objectif sportif ou commercial, par exemple.

Le niveau de définition d'un objectif est qualifié « minimum » quand ce dernier n'est que simple action prévue. Dans cette hypothèse, il est assorti des critères spécifiques d'une planification classique.

2. Les caractéristiques des objectifs

2.1. Les sept caractéristiques fondamentales

Il n'en va pas de même de tous les objectifs de l'entreprise.

Ces dernières années, l'entreprise a dépassé l'ancienne logique des moyens évoqués indépendamment de leur efficacité. Elle a progressé avec la logique de l'action, gérée et planifiée. Le « pour quoi faire ? » a pris le dessus sur tous les « il nous faudrait faire... ». Certes, cela a fait avancer la gestion des projets, des programmes et des plans d'actions. Avec le pilotage stratégique, un autre pas déterminant est franchi : promouvoir dans l'entreprise une *logique prioritaire de résultats attendus et choisis*.

C'est la logique des finalités de l'action, des buts à atteindre, des horizons éclairés. En langage plus imagé, on pourrait choisir « priorité aux "que veut-on" ? sur les "que fait-on" ? », à la maîtrise des résultats à tous les niveaux. Composée d'anticipation, de mesure, de compréhension et d'amélioration, il s'agit d'une clé pour un nouveau professionnalisme dans tous les métiers. Avec cette logique, le pilotage stratégique améliore considérablement la qualité et le niveau des objectifs ainsi que leur pertinence et leur contrôle.

- Un objectif est un *résultat attendu et choisi.*
- Un objectif se définit toujours avec un *indicateur disponible et mesurable,* une valeur précise à un horizon daté, des paliers prévus de réalisation, des procédures de suivi et de contrôle.
- Un objectif, externe ou interne, est toujours lié à des hypothèses d'environnement, associées à des variables, *paramètres déterminés et suivis.*

Dès lors, objectifs « qualitatifs » et « quantitatifs » se confondent dans une même logique de *formalisation.*

Comment s'apprécie cette qualité ? Qu'est-ce qui permet de distinguer le moins bon du meilleur ? Les objectifs se définissent par **sept caractéristiques fondamentales :**

- Ils sont négociés par rapport à la base de référence.
- Ils sont quantifiés et planifiés.
- Ils sont hiérarchisés et limités.
- Ils sont ambitieux mais réalistes.
- Ils sont rédigés en termes précis et explicites.
- Ils sont compatibles avec la zone d'autonomie d'action et les moyens dont le titulaire du poste dispose.
- Ils sont cohérents verticalement et horizontalement.

Il est capital qu'un objectif soit précis dans *sa formulation.* Il est tout aussi capital qu'il soit associé à un *indicateur* disponible. Intentions, orientations, volontés ne sont que synonymes apparents d'un véritable objectif. Il faut traquer ces contrefaçons d'objectifs, souvent exprimées en forme de vœux pieux, du style : « accroître la motivation des hommes par le développement des synergies » !

2.2. Objectifs et responsabilités

Un objectif est toujours associé à un champ de responsabilité précis. Il doit être affecté sans ambiguïté aucune à un *responsable désigné.* Hélas, là encore, cette règle de bon sens n'est pas toujours respectée en entreprise. On y trouve toujours des objectifs collectifs, partagés sur plusieurs individus qui, de surcroît, sont plus ou moins clairement désignés. Alors, l'objectif de tout le monde devient vite... l'objectif de personne.

© Editions d'Organisation

N'oublions pas non plus l'immense « savoir justifier » acquis dans les entreprises. Il permet de tout démontrer, tout mettre en équation... y compris que la non-réussite d'un objectif est toujours du fait... de l'autre.

Les objectifs stratégiques, notamment, sont ceux de toute l'entreprise. Ils sont aussi les objectifs individuels de son président ou directeur général. À tous les autres niveaux de responsabilité, cette nécessaire affectation individuelle des objectifs doit se vérifier.

Toutefois, l'objectif doit être réalisable dans le domaine qu'il concerne. Il doit pour cela être adapté aux capacités disponibles dans ce champ de responsabilité. C'est alors son niveau de définition qui s'apprécie, par rapport à ce champ de responsabilité et de capacité. Celui-ci ne doit être ni excessif, extérieur au domaine, ni insuffisant, au-dessous d'autres résultats dans ce domaine.

Cette adéquation entre enjeux et ambitions, capacités et objectifs reste primordiale. Un objectif est d'un niveau inférieur quand le résultat visé n'est que préalable à un autre résultat, disponible dans le même champ de responsabilité. L'objectif représente alors un progrès *au-dessous* d'autres résultats plus significatifs, réalisables mais plus utiles. Tel est justement le cas de ces actions baptisées « objectifs » et qui débouchent sur des résultats toujours supposés, promis, sous-entendus, mais jamais désignés ni mesurés.

Que choisir alors ?

- Un objectif d'informatisation ou réduire tel délai de traitement d'un jour ?
- Un objectif de rémunération des vendeurs ou augmenter de 10 % la pénétration sur un marché ?
- Un objectif d'organisation des ateliers ou réduire les coûts d'une activité de 5 % ?
- Mais aussi, améliorer l'image de marque, ou gagner des parts de marché ?
- ...

Prenons l'exemple d'un nombre de contacts, en prospection. Le « volume de prospection » est-il le bon niveau de définition du *résultat attendu* ? N'est-ce pas plutôt le nombre de contacts utiles ou, mieux encore, de commandes enregistrées ? Dans un autre registre, la formation n'est en fait qu'une simple action, dont il faut éclairer les résultats attendus plus efficacement.

Le meilleur objectif d'une formation technique est-il le volume de formation ou celui d'aboutir à la réduction d'un taux d'erreurs spécifiques ?

En revanche, un objectif est toujours de **niveau excessif** quand :

- Il n'est pas réalisable, dans des conditions raisonnables, humaines et économiques.
- Il déborde le champ concerné, celui des capacités et des responsabilités.
- Il n'est pas mesurable par un indicateur, disponible et suffisant.

Citons quelques exemples de ces objectifs dits de niveau excessif :

- La marge, en pourcentage, pour un vendeur ne maîtrisant pas les coûts de production.
- La satisfaction clients, pour des vendeurs.
- Mais aussi, devenir leader pour une entreprise qui n'en a pas les moyens.

2.3. La pertinence d'un objectif

Un objectif débouche toujours sur un autre objectif, situé ou non sur un autre champ de responsabilité. En cela, il est toujours contribution à un autre résultat à venir, connu ou pas. C'est le palier d'un autre progrès, à un niveau supérieur ou pas, de nature différente ou pas, mais toujours plus éloigné dans le temps... Là, on va droit dans le mur !

Un objectif n'est pertinent que si on peut le relier clairement aux autres objectifs, à un moment donné. La cohérence entre objectifs, la clarté de leurs liens horizontaux et verticaux dans le temps et dans l'entreprise, sont essentielles à leur pertinence. C'est une condition majeure d'adhésion pour ceux chargés d'en rendre compte, les « responsables », mais pour ceux aussi chargés de les réaliser ! **Cohérence** et convergence... Tel doit être le principe de base de toute évolution au sein de l'entreprise... Des objectifs, précis, clairs, définis, spécifiques...

3. LES INDICATEURS D'OBJECTIFS*

La recherche et l'amélioration des indicateurs d'objectifs seront toujours des questions importantes. La qualification d'un indicateur et l'appréciation de sa pertinence, sont un art difficile. C'est le domaine type de l'instable et du changeant.

Très logiquement, la pertinence d'un indicateur n'est jamais que momentanée et partielle, une solution palliative « à défaut de meilleur indicateur ». Elle s'use avec le temps, et finit par disparaître au gré des évolutions ambiantes. Un indicateur perd de sa pertinence au fil du temps, du fait même des hommes qui s'y adaptent, du fait aussi des objets mesurés qui changent sans lui. En outre, sa pertinence est liée à la précision dans la vision directe des objectifs. C'est donc simultanément la clairvoyance et la compétence stratégiques qui s'expriment dans le choix des indicateurs.

Cette étape de détermination des indicateurs d'objectifs doit être également le moment essentiel de « toiletter », de compléter le système d'informations externes et internes.

4. QUALIFIER ET QUANTIFIER LES OBJECTIFS

La lecture du tableau ci-après intègre, et cela est important, les éléments contenus dans les colonnes et qui se complètent. Les informations constituent une chaîne, un ensemble. La rupture d'un des maillons compromettrait l'atteinte de l'objectif final fixé dans cette qualification et quantification d'indicateurs d'objectifs.

Libellé	Ambitieux mais réaliste, il est décrit en termes précis et explicites, compatibles avec la zone d'autonomie d'action et les moyens dont dispose le titulaire du poste.
Indicateurs*	Ils sont la mesure de l'objectif, la plus pertinente possible.
Quantification/ planification	Il s'agit d'un chiffrage, dans un espace temps donné.
Périodicité de contrôle*	Elle est fixée en fonction des besoins du responsable afin de lui permettre une bonne anticipation et des actions correctives pertinentes.
Base de référence*	C'est la quantification à partir d'une périodicité effective et dont les écarts se mesureront.
Variables clés de l'environnement*	La nature et la valeur de ces capteurs de l'environnement seront déterminées par les éléments à suivre. Ils sont autant de clignotants externes indispensables à l'analyse.
Où trouver l'information ?	Il est important de trouver la source la plus fiable dans le domaine concerné.
Qui détient l'information ?	L'information est très souvent détenue par une personne, d'où la nécessité d'identifier formellement cette dernière.
Qui met à jour l'indicateur ?	Un responsable est désigné.
PREMIÈRE ÉTAPE DE LA STRUCTURATION DE L'INFORMATION	

© Editions d'Organisation

Objectif	Indicateur d'objectif	Quantification/ planification (unité de mesure)	Périodicité de contrôle	Base de référence	Variables clés de l'environnement	Où trouver l'info ? (source)	Qui détient l'info ? (nom)	Qui met à jour l'indicateur ? (nom)
Libellé de l'objectif	*Libellé des indicateurs d'objectif*	Quantification et planification de l'objectif	Périodicité de contrôle/réalisation de l'objectif. Déterminée en fonction de la capacité de mise en œuvre d'actions correctives pour revenir sur la trajectoire fixée en cas de non atteinte de l'objectif pour une période	Cible à atteindre pour la périodicité de contrôle	Paramètres de l'environnement qui ont été pris en compte pour élaborer la base de référence / Peuvent influer la réalisation de l'objectif	Système d'information	Nom du responsable	Nom du responsable
Exemple : Augmenter le chiffre d'affaires	% augment. CA *ou* chiffre d'affaires	CA = + 12 % d'ici 1 an *ou* CA = 112 Mdf d'ici 1 an (CA = 100 Mdf à ce jour)	mensuelle / mensuelle	+1 % par mois / Cible à atteindre pour chaque mois				

Figure 24 – Qualification et quantification des indicateurs d'objectifs

En conclusion, un objectif exprime toujours un effort et un progrès :

➤ significatif, ni excessif ni insuffisant,
➤ vérifiable, avec une suffisante précision,
➤ adapté aux conditions du moment, enjeux et environnement,

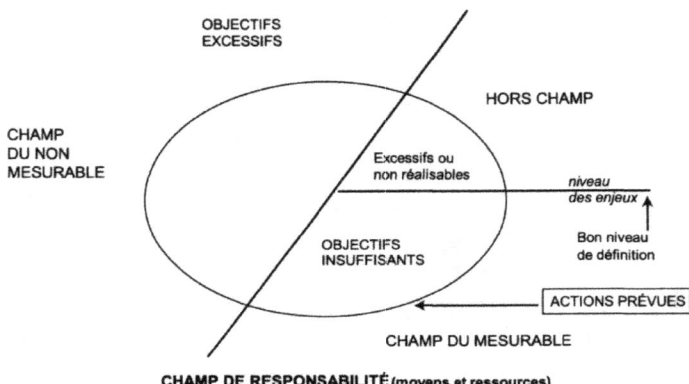

Figure 25 – *Schéma de définition d'un objectif*

SECTION 2. DÉFINIR LES OBJECTIFS STRATÉGIQUES

Le portefeuille des objectifs stratégiques de l'entreprise est structuré en trois niveaux complémentaires :

- le *positionnement* sur les marchés, par domaine d'activité stratégique,
- la *performance* des processus clés,
- la *contribution* des processus fonctionnels.

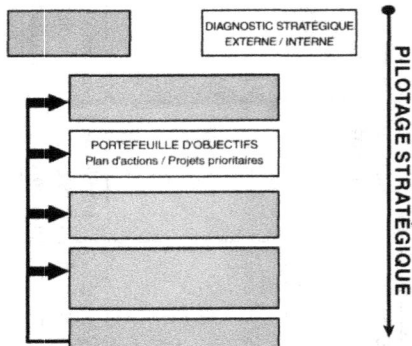

© Editions d'Organisation

Examinons à présent de plus près le contenu de ce portefeuille d'objectifs stratégiques.

1. LES OBJECTIFS SUR LES MARCHÉS

Ce sont en priorité des objectifs de parts de marché arrêtés à partir de la carte stratégique. Ils obligent à conserver, mieux qu'avec le seul volume d'activité, un œil sur le marché et les concurrents. Le chiffre d'affaires, objectif encore très fréquent, est d'un niveau insuffisant. C'est une variable interne qui ne reflète rien du comportement réel des marchés. Souvent, en équipe de direction, la méconnaissance des parts de marché de l'entreprise est invoquée. Et d'évoquer là encore les « spécialistes » extérieurs. Pourtant, quelques informations pertinentes sur les clients principaux, et/ou sur les concurrents principaux, sur le couple marché / produit reflètent assez bien le marché total : les 20 % de clients, et /ou de fournisseurs qui représentent les 80 % de la consommation externe, c'est-à-dire du marché.

Il est important aussi, pour l'entreprise qui envisage de nouvelles positions de marché, d'appréhender non seulement les ripostes que cela va provoquer, mais aussi sa propre vulnérabilité. Savoir apprécier dans le jeu des acteurs économiques les nouveaux rapports de force et le pouvoir de négociation de l'entreprise est un enjeu essentiel de la démarche prospective sur les marchés.

Pour cette raison, l'expression des objectifs en parts de marché, implique le futur pouvoir de négociation de l'entreprise, dans ses différents domaines d'activité stratégique. Avant de les valider, l'équipe de direction doit se poser les questions suivantes :

- En quoi, vis-à-vis de quels acteurs, la nouvelle part de marché va-t-elle modifier nos pouvoirs de négociation ?
- Comment rendre notre offre irremplaçable ?
- Quels types d'avantages concurrentiels faut-il développer pour conforter nos futures positions ?
- Comment s'attacher tel type de distributeur ou tel allié potentiel ?

Les réponses à ces questions dépendent beaucoup de l'univers stratégique des activités concernées, univers de type « volume – prix – banalisation de l'offre », ou univers de type « savoir-faire différenciateur ».

Dans le premier cas, les indicateurs de part de marché, volumes absolus ou relatifs à un concurrent majeur, suffisent à suivre la progression du couple marché / produit concerné.

Dans le second, l'entreprise doit orienter beaucoup plus sa vigilance sur les attentes spécifiques qu'elle prétend satisfaire, sur les comportements des clients. La **fidélisation clients**, satisfaction concurrentielle de ses attentes, devient alors déterminante, pour suivre le couple marché/produit.

Elle réclame des indicateurs suffisamment *précoces,* les plus en amont possible dans le cycle externe de consommation. Le bon indicateur alerte *par avance,* prévient le *plus tôt possible*, et laisse une marge de temps maximum pour la *réactivité* bien comprise : réagir en anticipant, réagir par avance, et non pas rattraper un retard ! On préférera un indicateur du rythme ou de l'importance des commandes, plutôt que les trop tardives statistiques annuelles de vente qui ont pour effet, la plupart du temps, de provoquer des remords et des migraines ! On peut aussi sélectionner des indicateurs spécifiques de **satisfaction clients**, appréhendés par sondages ciblés. Ils mesurent la différentiation perçue par les clients, compte tenu des concurrents principaux.

Dans les deux types d'univers stratégiques, toujours pour améliorer son pouvoir de négociation sur ses marchés, l'entreprise peut se focaliser sur des objectifs de restructuration du **portefeuille clients**. Accroître le nombre de clients qui « font » l'essentiel du volume ou du résultat, réduire une clientèle atomisée, dissocier des grands comptes au pouvoir de négociation trop fort...

Dans cette vision, la conduite de l'entreprise est très au-dessus du passif « suivi des résultats ». Outre le fait que l'horizon à plusieurs années prend un sens précis et mesuré, on ne se borne plus à suivre les marchés avec les seules statistiques de vente, si détaillées soient-elles !

Le pilotage s'appuie d'abord sur des variables externes, porteuses de compétences et de décisions :

- *variables d'environnement, pour suivre les tendances, les ruptures et le scénario retenu,*
- *indicateurs externes de résultats, en rapport avec les objectifs de marché,*
- *paramètres externes liés aux hypothèses sur les marchés et les clients.*

© Editions d'Organisation

2. LES OBJECTIFS SUR LES PROCESSUS PRINCIPAUX ET LES ACTIVITÉS MAJEURES

On a vu que la performance d'entreprise conditionnait, par les valeurs offertes aux clients, sa compétitivité externe et, donc, ses ambitions sur les marchés. Cette performance se localise dans un petit nombre de processus clés. Tout en améliorant leur performance, ils doivent permettre l'amélioration des positions sur les marchés.

Leur performance particulière a été spécifiée, en rapport étroit avec les attentes clients. Il faut en fixer le progrès attendu, sous forme d'objectifs précis.

Il ne peut s'agir ici d'actions de progrès, mais de niveaux de performance à atteindre, niveaux de résultats au terme du processus, indicateurs spécifiques mais toujours en rapport avec la qualité, les coûts et les délais. Ces objectifs de performance sont fixés à l'horizon stratégique, puis en paliers intermédiaires de réalisation, annuels le plus souvent. On dessine ainsi une trajectoire de progrès internes au service des ambitions de marché.

Associée à ces ambitions internes de performance, la question se pose, implicitement au moins, des performances internes de l'entreprise : insuffisances, besoins et progrès nécessaires. Cette réflexion sera reprise et développée plus loin.

Comment assurer les gains de performance, au terme des processus clés ? Par des gains adaptés de performance pour leurs activités majeures.

Attention, la tentation est forte d'améliorer la performance d'une activité par... un plan d'actions toujours judicieux. On passe vite, en effet, de l'insuffisance constatée... à l'*action* utile pour la résorber. Ce faisant, on oublie de déterminer quelle est la non-performance constatée, ou son insuffisance, quelle est la performance attendue, sa nature et ses valeurs, et à quelle échéance!

Il faut exprimer le **niveau à atteindre pour la performance** spécifique de l'activité, en rapport avec la performance visée au terme du processus.

Prenons l'exemple d'une activité d'accueil clients. L'objectif de performance ne peut être tel plan de formation, d'équipement ou d'organisation, mais plutôt un délai d'attente, de traitement ou de réponse sur tel type de transaction.

DIAGNOSTIC

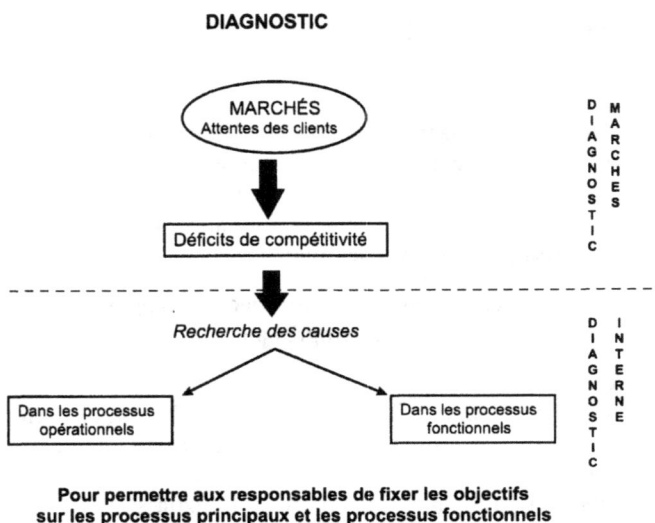

**Pour permettre aux responsables de fixer les objectifs
sur les processus principaux et les processus fonctionnels**

Figure 26 – *Diagnostic de fixation d'objectifs sur les processus*

*Le pilotage stratégique fait progresser l'identification des performances
internes, partout dans l'entreprise, tant au niveau des processus que des
activités majeures.*

3. LES OBJECTIFS DES FONCTIONS SUPPORTS

La performance des processus dépend des compétences et moyens dont
ils disposent, et du niveau de développement des ressources employées,
mais surtout de l'emploi de ces dernières.

Cette question des capacités de l'entreprise s'est posée d'abord avec
l'examen des *facteurs clés de succès,* puis tout au long de la réflexion
sur la *performance* interne des processus et leurs activités majeures.
Sous-emplois, insuffisances, réorientations nécessaires de ces capacités
sont apparus dans les réflexions sur les hommes, les moyens, les finances, l'organisation et l'automatisation, etc.

À ce point de la démarche, il faut identifier avec précision les compétences et moyens nécessaires aux processus clés, aux activités qui les
composent, pour atteindre les performances attendues.

Deux remarques s'imposent à propos des objectifs de capacité :

1. Comme tous les objectifs stratégiques, ils sont indépendants de la

© Editions d'Organisation

structure. Les hommes, directeur financier ou des ressources humaines par exemple, s'effacent. Seuls comptent les niveaux de compétences et moyens disponibles pour les processus et activités, compte tenu des facteurs clés de succès et des résultats attendus des processus.

2. Plus nouveaux que les autres, ces objectifs de fonctions sont encore difficiles à situer au-dessus de simples plans d'actions. Une autre habitude, fréquente elle aussi, amène à confondre objectif de compétence et résultats opérationnels. Les objectifs s'identifient alors avec l'objectif de performance au terme du processus ou de l'activité.

L'important est d'apprécier de façon pertinente les capacités théoriques, les *potentiels* de performance dont doivent disposer processus et activités. Le management s'en est approprié certains aspects, mais de façon encore trop fragmentée à ce jour.

Pour les ressources techniques, la mesure des capacités théoriques des *équipements* ne présente aucune difficulté. Quant aux organisations, elles sont le plus souvent chargées d'une performance spécifique, performance de la méthode en elle-même. Elles sont mises en œuvre à travers la plupart des *projets** de l'entreprise. Et ces projets d'organisation doivent être rattachés explicitement aux objectifs de performance attendue, en résultat des processus ou des activités.

Le management doit définitivement intégrer ce principe que l'organisation est *au service* de la performance attendue. Le temps est révolu de la « religion des méthodes » dont personne ne mesurait jamais l'impact sur les résultats. Ce dogmatisme des organisations et des méthodes doit laisser place à un autre professionnalisme, une autre compétence de management.

Pour les ressources humaines, il convient d'en définir et mesurer les *compétences*, avant la *maîtrise professionnelle,* autre aspect majeur de leurs capacités « théoriques ».

Il faut cesser de confondre compétence et formation qui n'est que simple action. Il est temps de dépasser les traditionnels volumes, nombre d'heures ou de jours, pour aborder la mesure des résultats véritables. La finalité de toute formation est de développer les compétences, dans un domaine précis et dans un but précis. Alors, à quand des contrôles de compétences dans l'entreprise ?

Quand les compétences nécessaires aux activités et aux processus seront-elles définies par le management ?

Depuis des années, la *motivation* des hommes est une composante reconnue de toute performance. Et pourtant, tout est à inventer à ce sujet.

L'adhésion, l'implication et la satisfaction des hommes sont des paramètres encore trop largement inexplorés par le management dans l'entreprise. Il faut là aussi dépasser les nombres de suggestions et autres... taux d'absentéisme !

La voie est libre pour des initiatives hardies, innovantes, modernes, dynamiques, pour des expérimentations « condamnées » au succès ! Enquêtes internes, dispositifs d'expression interne sont des mécanismes nouveaux à inventer. Des réflexions nouvelles doivent s'ouvrir sur ce sujet. Quoiqu'il en soit, les compétences opérationnelles, celles des hommes et des équipements techniques, nécessitent d'être mieux définies pour être mieux mesurées, par des démarches spécifiques qui restent à inventer. Le pilotage stratégique en permet une approche synthétique qui favorise des développements importants. C'est un champ d'innovation pour le management, demain ! Il ne faut pas manquer ce rendez-vous déterminant.

4. Exemple de constitution d'un portefeuille d'objectifs pour un organisme de crédit immobilier

Analyse de l'environnement / Tendances et Ruptures ①
Attentes clients ②
Scénarios stratégiques / Positionnement concurrentiel ③
Attractivité ④
Grille de positionnement concurrentiel ⑤
Établissement du portefeuille d'objectifs/ Recherche des déficits ⑥
Fixation des objectifs / Correction des déficits ⑦

Le pilotage stratégique établit des relations entre l'entreprise et son environnement ; la première démarche forcément anticipative doit capter le plus finement possible les tendances et ruptures du second afin de les analyser et de les intégrer.

L'exemple cité, celui d'une grande banque de crédit, illustre parfaitement ce que recouvre cette action. Des critères qui sont autant de variables de l'environnement sont listés ; ils représentent des menaces et opportunités pour l'organisme.

© Editions d'Organisation

① ANALYSE DE L'ENVIRONNEMENT

Tendances et ruptures	MENACE		OPPORTUNITÉ
■ Baisse des Taux des crédits offerts			X
■ Aides de l'état *Exemples :* • Défiscalisation des travaux d'aménagement ou amélioration • Déductibilité de l'impôt sur le revenu des intérêts d'emprunts • Facilités d'accession à la propriété (APL..)			X
■ Vitalité démographique de la zone diagnostiquée	X	*ou*	X
■ Taux de natalité de la zone diagnostiquée (X % des ménages changeant de domicile dans les X mois qui suivent une naissance)	X	*ou*	X
■ Absence de plus values dans le temps sur l'immobilier, voire chute des prix	X		
■ Coûts de construction stabilisés, voire en baisse « on investira plus tard »	X		
■ Une forte mobilité géographique, notamment chez les jeunes (« plusieurs métiers dans ma vie dans des régions différentes »)	X		
■ Un recul de l'envie d'être propriétaire et de bâtir la maison de famille qui sera transmise de génération en génération	X		
■ Pour les jeunes, des comportements de « jouisseurs » (voyages, loisirs) plus que « d'investisseurs » (patrimoine)	X		
■ Incertitude économique et financière entraînant des craintes quant à la stabilité des revenus des ménages sur une longue période et donc des possibilités de remboursement (temps de travail et de non travail / chômage, formation)	X		
■ De nombreuses ruptures familiales (divorces, séparations)	X		
■ Baisse de la rentabilité d'autres types de placements (livret A)			X
■ Recours à la location et au temps partagé (recherche de flexibilité) surtout pour la résidence secondaire : (lourdeurs des charges de copropriété pour un taux d'occupation faible ; baisse des tarifs proposés par les voyagistes)	X		
■ Une offre européenne de crédit en développement « nouveaux entrants »	X		
■ Envie de constituer un patrimoine de sécurité pour faire face à un avenir incertain			

② ATTENTES CLIENTS

> À la suite de l'analyse de ces tendances et ruptures d'environne-
> ment, l'organisme doit cerner au plus juste les attentes réelles du
> client. Elles s'étendent à plusieurs domaines :

Hiérarchisation

■ Taux (montant des mensualités)	
■ Frais de dossier	
■ Interlocuteur unique	
■ Simplicité des formalités de constitution du dossier	
■ Rapidité de réponse (délais)	
■ Disponibilité du Conseiller financier pour la prise de rendez-vous (heures tardives, samedi, à domicile,...)	
■ Modularité des montants des remboursements mensuels en fonction de la situation financière du client	
■ Montant des assurances décès, chômage,...	
■ Niveau des garanties demandées (cautions personnelles, réelles)	
■ Intégration de services (accompagnement du client jusqu'à la signature chez le notaire)	
■ Remboursement anticipé du capital de l'emprunt sans frais (en cas de vente par exemple)	
■ Prêt transférable sur d'autres produits immobiliers	
■ Montant de l'apport personnel demandé	
■ Pouvoir de décision de l'interlocuteur	
■ Possibilité de renégociation du taux d'intérêt en situation de baisse des taux	
■ Exigence d'une épargne préalable (PEL, CEL ?)	
■ Niveau d'expertise du conseiller (aide au conseil en fonction de la situation patrimoniale et familiale du client, taux fixe ou variable, prêt *in fine*,...)	
■ Marge de négociation avec l'organisme bancaire (taux encadrés ou non ?)	
■ Un service « Expertise » (« Est-ce que j'achète dans le bon quartier et au bon prix ? / accompagnement en amont du prêt pour une aide à la décision...)	

© Editions d'Organisation

③ ÉTABLISSEMENT DES SCÉNARIOS STRATÉGIQUES
Position concurrentielle

La démarche se poursuit par l'analyse de la position concurrentielle qui s'effectue par la lecture croisée d'un tableau.

Elle prend en compte les attentes énumérées par ordre d'importance, auxquelles un indice est affecté :

-1	Une réponse aux attentes clients inférieure à la réponse qu'apportent les concurrents,
0	Une réponse aux attentes clients égale à la réponse des concurrents,
+1	Une réponse aux attentes clients supérieure à celle des concurrents.

Le jugement s'arrête par la balance entre les atouts et déficits. Dans le cas évoqué ci-après, la synthèse conclut à une position concurrentielle moyenne.

	Jugement du client sur l'entreprise				
	-1	**0**	**+1**	**ATOUTS**	**DÉFICITS**
Attente N°1 Taux (montant des mensualités)			X		
Attente N°2		X			
Attente N°3		X			
Attente : Rapidité de réponse	X				*Délai de réponse trop long*
Attente n :					
Synthèse	*Moyenne*				

④ ATTRACTIVITÉ

Après avoir établi la position concurrentielle, il reste à déterminer l'attractivité du marché à partir de l'appréciation des critères présentés dans le tableau.

Le poids de ces critères peut être Fort - Moyen- faible.

Toujours dans ce même exemple, la synthèse de l'attractivité est moyenne.

CRITÈRES	ATTRACTIVITÉ	Commentaires
■ Taux de croissance	M	*(F, M, f, en fonction des tendances)*
■ Taux de marge	M	
■ Intensité concurrentielle	f	*(L'ensemble du réseau bancaire offre ce type de produit)*
■ Risques de substituts	M	*(Location, temps partagé)*
■ Pouvoir de négociation des clients	F M	⇨ Si jeunes ménages ⇨ Si bonne surface financière du client
■ Barrières d'entrée	f	
■ Synthèse attractivité	***Moyenne***	

© Editions d'Organisation

⑤ GRILLE DE POSITIONNEMENT CONCURRENTIEL

La grille de positionnement concurrentiel sert à :

■ Favoriser le choix des objectifs sur les marchés et préparer l'évolution du portefeuille d'activités,
■ Orienter le diagnostic sur les déficits à combler en priorité,
■ Définir les cibles prioritaires d'allocation de ressources.

Dans le cas présent, la position concurrentielle est moyenne.

Position concurrentielle

	F	M	f
F			
M		*Crédit immobilier ménage*	
f			

Attractivité

PROCESSUS D'OCTROI D'UN CRÉDIT

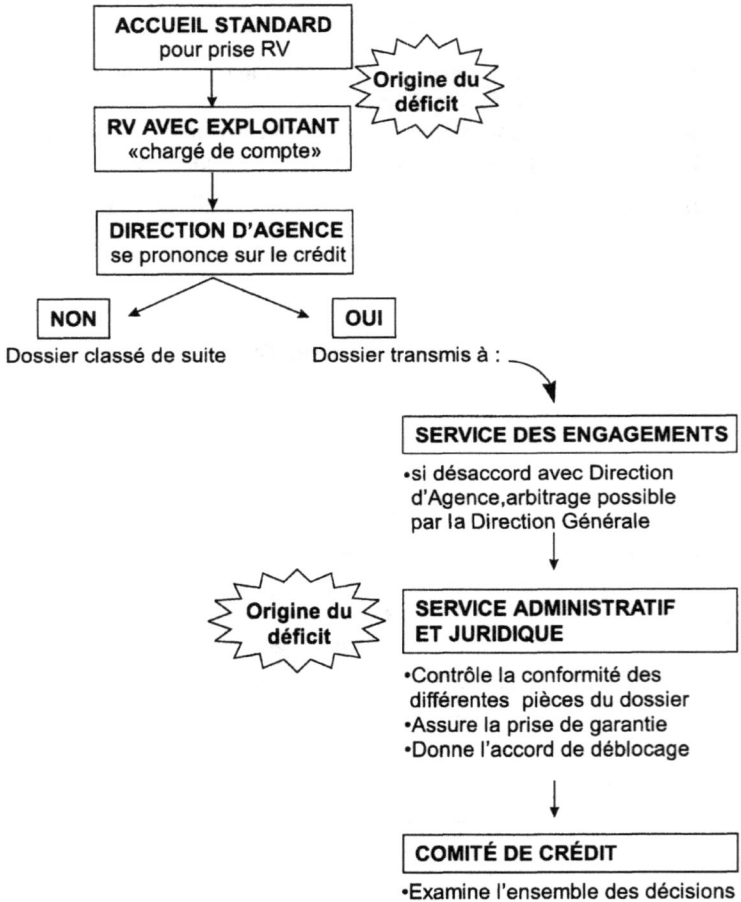

ACCUEIL STANDARD
pour prise RV

Origine du déficit

RV AVEC EXPLOITANT
«chargé de compte»

DIRECTION D'AGENCE
se prononce sur le crédit

NON
Dossier classé de suite

OUI
Dossier transmis à :

SERVICE DES ENGAGEMENTS

•si désaccord avec Direction
d'Agence, arbitrage possible
par la Direction Générale

Origine du déficit

**SERVICE ADMINISTRATIF
ET JURIDIQUE**

•Contrôle la conformité des
différentes pièces du dossier
•Assure la prise de garantie
•Donne l'accord de déblocage

COMITÉ DE CRÉDIT

•Examine l'ensemble des décisions

© Editions d'Organisation

⑥ ÉTABLISSEMENT DU PORTEFEUILLE D'OBJECTIFS
Origine et cause des déficits

Ce premier déroulement a mis en relief un déficit : les délais de réponse aux demandes des clients sont trop longs.

L'organisme prêteur doit engager la deuxième étape de son analyse en recherchant :

■ L'origine du déficit dans les activités du processus et/ou dans les fonctions d'appui,
■ Les causes du déficit.

Dans l'exemple de processus d'octroi d'un crédit dans l'organisme étudié, les origines du déficit trouvent leur source dans l'interface accueil / exploitant (4 jours), le manque d'efficacité du service administratif et juridique.

À partir de cette analyse, les causes du déficit émergent :

■ Accueil / Exploitant	⇨ Manque de disponibilité de l'exploitant (conseiller financier) dû à une surcharge de tâches administratives.
■ Direction Agence	⇨ Manque d'exercice du pouvoir de délégation pour les dossiers < 50KF.
■ Service Administratif et Juridique	⇨ Trop de dossiers incomplets (manque de pièces au dossier et/ou non conformité)

⑦ FIXATION DES OBJECTIFS
Correction des déficits

Tout naturellement, la dernière phase consiste à fixer des objectifs qui viennent corriger cette situation.

Cette correction passe par une fixation d'objectifs marchés, d'objectifs moyens opérationnels.

Indicateurs

OBJECTIF MARCHÉ	⇨ Accroître les réalisations	• Collecte des Crédits Immo. • Part de marché

OBJECTIFS MOYENS OPÉRATIONNELS	⇨ Réduire le délai entre la prise de contact téléphonique et le RV avec l'exploitant ⇨ Réduire le nombre de dossiers < 50KF transmis par le Directeur d'Agence du Service Engagements ⇨ Améliorer le taux de dossiers immédiatement acceptables par le Service Administratif et Juridique	• Nbre de jours entre fiche contact et RV • Nbre de dossiers <50KF transmis au Sce Engagements • Taux de dossiers immédiatement acceptables

© Editions d'Organisation

SECTION 3. PRIORISER LES PLANS D'ACTION

1. LES CRITÈRES DE PRIORISATION

En dernière partie, ce chapitre traite du pilotage stratégique appliqué aux grands projets. Ne sont décrits ici que le lien nécessaire entre ces grands projets, existant ou à venir, et le portefeuille des objectifs stratégiques de l'entreprise.

Rappelons les principes de base :

* les projets, comme les actions, sont définitivement au service d'objectifs explicites, externes sur les marchés, ou internes sur les processus et activités majeures.

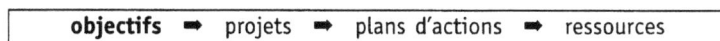

objectifs ➡ projets ➡ plans d'actions ➡ ressources

et non pas :

ressources ➡ projets ➡ objectifs ➡ plan d'actions

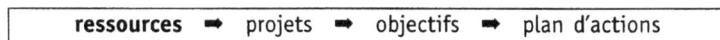

Soit il s'agit de projets déjà connus, en cours même de réalisation, soit il s'agit simplement de prévisions. Une analyse croisée de ces projets par leur capacité à améliorer les coûts d'une part, et à résorber les déficits externes d'autre part, en fait ressortir les prioritaires. Un classement par délai de réalisation filtre encore cette sélection. Seuls sont en définitive retenus les projets à impact le plus fort et à délai le plus court.

Chacun de ces projets ou programmes d'actions est rattaché explicitement à des objectifs de marché, de performance ou de capacité. La sélection se trouve encore à ce stade :

* en hiérarchisation des enjeux : on sélectionne les seuls projets et plans d'actions qui concourent le plus aux objectifs stratégiques,
* au-dessus de la structure en place : la vision stratégique détermine, seule, le choix des projets rattachés. Leur impact repose sur un ou plusieurs processus, une ou plusieurs activités.

La priorité des projets s'effectue finalement sur les critères suivants : degré de contribution à la stratégie, délais de réalisation, degré de réversibilité et de contribution à la réduction des coûts et faisabilité financière.

Les plans et les projets ainsi retenus sont mis sous le projecteur de la réflexion stratégique collective, par l'équipe de direction toute entière. Les autres projets et programmes restent gérés de façon classique.

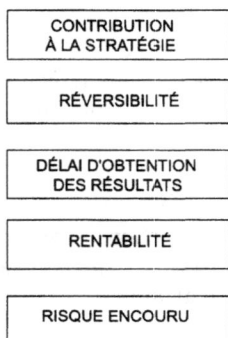

CONTRIBUTION À LA STRATÉGIE

RÉVERSIBILITÉ

DÉLAI D'OBTENTION DES RÉSULTATS

RENTABILITÉ

RISQUE ENCOURU

Figure 27 – *Critères de priorisation des projets*

Légende :
Cette première analyse ne suffit cependant pas à arrêter la décision de hiérarchisation des projets car tous ne peuvent pas être retenus.
Dès lors, un projet doit nécessairement s'inscrire dans la stratégie définie par l'équipe de direction, en cohérence avec les finalités et plus généralement avec le cadre de référence.
L'indispensable souplesse est introduite dans la notion de réversibilité partielle ou totale d'un projet afin que, dans un portefeuille, l'éventuel retard d'une des composantes ne vienne pas hypothéquer l'ensemble.

2. LES INDICATEURS D'ACTIONS

Par projet rattaché au portefeuille stratégique, on désigne les indicateurs les plus pertinents. Ils sont en rapport avec les enjeux stratégiques, les objectifs stratégiques eux-mêmes. Un bon niveau de ces indicateurs d'actions se place entre deux limites :

- Une limite basse, niveau plancher ; indicateurs de stricte gestion de planning, avance ou retard du projet, conformité du déroulement prévu, etc.
- Une limite haute, niveau plafond ; un niveau de résultat ou d'impact, aussi proche que possible de l'objectif stratégique servi, mais distinct de celui-ci.

© Editions d'Organisation

Au-delà du classique degré d'avancement, on repère les indicateurs d'impact du projet, au fil de son déroulement prévu. L'important, du point de vue de l'objectif servi, se trouve dans les retombées du projet à chacun de ses stades significatifs, dans les changements repérables et dans les progrès obtenus.

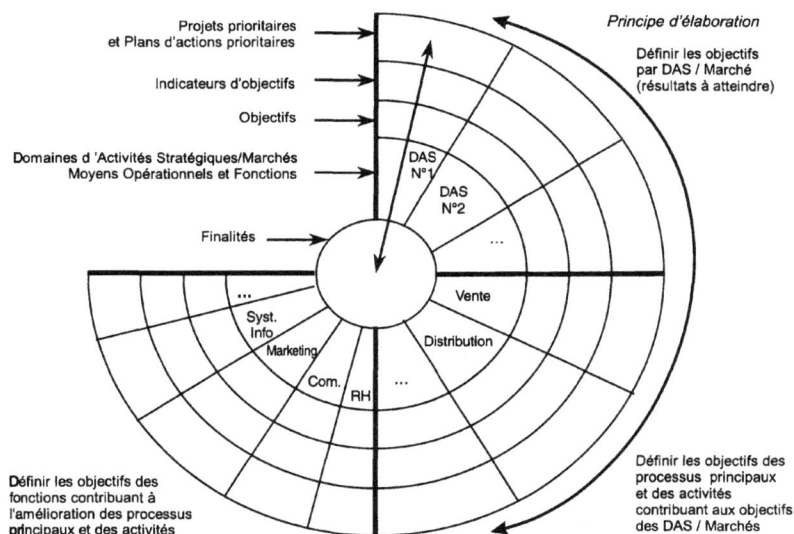

Figure 28 – *Vision globale portefeuille d'objectifs*

Légende :
La cohérence d'ensemble d'un portefeuille d'objectifs apparaît clairement sur ce plan stratégique mis à plat avec les finalités /objectifs /projet et plan d'action.
La lecture horizontale dans le sens des aiguilles d'une montre met en relief la cohérence entre objectifs marchés/ moyens opérationnels/ fonctions du centre vers l'extérieur.
La vision du centre vers l'extérieur met en évidence la cohérence entre la finalité d'une entreprise, ses couples marchés / produits, ses objectifs, ses plans d'action ou projets (du court au long terme).

L'équipe de direction dispose maintenant du portefeuille complet des objectifs, à l'horizon stratégique. Elle a structuré une trajectoire de progrès. Les objectifs stratégiques sont définis avec une fiabilité et une qualité jamais atteintes jusqu'alors dans l'entreprise.

Pour chacun dans l'entreprise, les horizons sont clairs en termes de priorités, d'enjeux et de buts à atteindre.

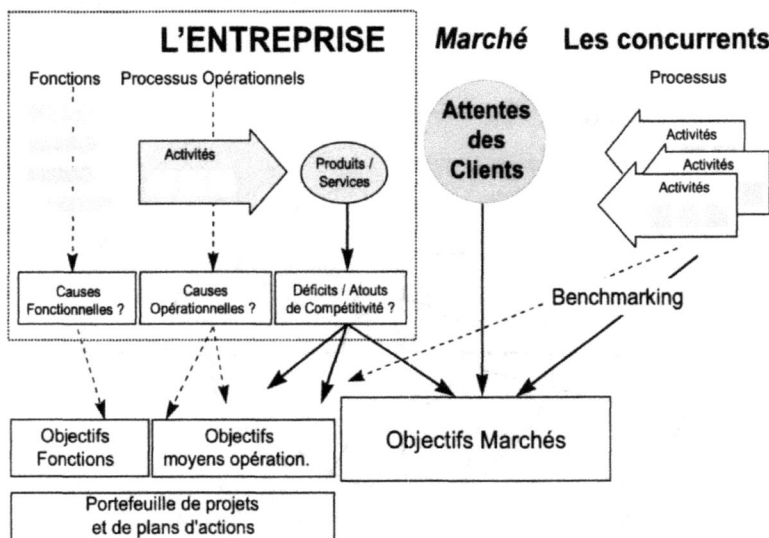

Figure 29 – *Portefeuille d'objectifs*

Légende :
Comme le souligne le schéma ci-dessus, la détermination du portefeuille d'objectifs revient à bien cerner trois types d'objectifs :

1. Les objectifs marchés qui se déterminent en fonction de l'attente réelle des clients, des atouts et déficits de compétitivité des produits ou services,

2. Les objectifs sur les processus et activités (moyens opérationnels) visent à résorber les déficits et à renforcer les atouts de l'entreprise qui ont leur origine dans les activités (qualité, coûts, délais),

3. Les objectifs sur les fonctions tendent à apporter des contributions en termes de compétences, information, procédures... aux responsables des activités des processus principaux.

© Editions d'Organisation

SECTION 4. VALIDER LA VISION STRATÉGIQUE ET LE PORTEFEUILLE ASSOCIÉ

Une itération complète devient possible sur la vision stratégique de l'entreprise. Avant de devenir plan de marche pour l'entreprise toute entière, elle est soumise à plusieurs types de validation :

- une validation de cohérence financière,
- une validation technique, humaine, commerciale,
- une validation de cohérence stratégique.
  l'une n'allant évidemment pas sans l'autre...

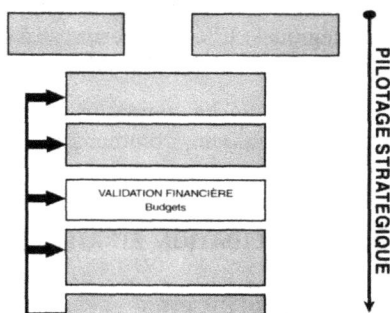

1. LA VALIDATION FINANCIÈRE

La direction financière doit vérifier la cohérence de l'ensemble du portefeuille stratégique avec les orientations financières générales.

À partir du cadre financier, une lecture globale des ambitions stratégiques permet de vérifier la cohérence avec les politiques financières de l'entreprise, ses capacités et ses exigences dans le cadre des budgets annuels de l'entreprise.

Pour cette validation en rapport avec le montage des budgets annuels, la direction financière s'appuie sur :

- les objectifs de marché, en rapport avec les produits d'exploitation, le chiffre d'affaires global et la rentabilité globale de l'entreprise,
- les grands projets et plans d'actions, reliés aux objectifs stratégiques et chiffrés aux différents budgets de l'entreprise.

On voit que la dimension budgétaire reste bien intégrée à toute la démarche stratégique d'ensemble. *A posteriori,* elle en est une clé de validation.

Plusieurs situations peuvent se présenter dans cette validation financière :

- La direction financière n'est pas assez informée pour chiffrer un projet par exemple, ou pour mesurer l'impact financier de tel objectif. Elle demande aux responsables des services concernés, les précisions nécessaires, avant de produire ses conclusions.

- La direction financière détecte des zones de divergence, certaines ou probables, entre les contraintes financières et les objectifs stratégiques. Elle en informe aussitôt l'équipe de direction. La direction générale décide des arbitrages nécessaires.

Une démarche de validation similaire est à mener dans les domaines technique, humain, commercial.

2. LA VALIDATION STRATÉGIQUE

2.1. Les principes

Une fois validé du point de vue financier, le portefeuille stratégique est soumis alors, à une dernière lecture. Avant l'adoption définitive, cette ultime validation porte sur plusieurs aspects :

- La *cohérence générale* à tous les niveaux du portefeuille :
  - ⇨ entre les finalités de l'entreprise et ses ambitions stratégiques,
  - ⇨ entre l'analyse de l'environnement et les ambitions,
  - ⇨ entre les divers objectifs du portefeuille,
  - ⇨ entre les objectifs et les projets mis sous pilotage.
- La *qualité d'ensemble* des objectifs, des indicateurs et des contributions.
  C'est une relecture complète de la vision stratégique pour une ultime amélioration des formulations, des précisions, des pertinences et des cohérences. C'est le moment d'une dernière appropriation par l'équipe de direction. Normalement à ce stade, n'apparaissent que des améliorations de détail, plus sur la forme que sur le fond.

Ainsi validé, le portefeuille d'objectifs complètement pris en charge par la hiérarchie et par la structure, complété des projets et actions les plus en rapport avec les objectifs, devient le véritable *plan global d'entreprise*.

© Editions d'Organisation

COHÉRENCE STRATÉGIQUE

CLIENTS x ATTENTES :
la segmentation marketing est-elle pertinente ? Y a-t-il une bonne perception des attentes, par types de clients ? Une bonne hiérarchisation des attentes ?

ATTENTES x RÉPONSES :
la cohérence réponses attendues et réponses offertes existe-t-elle ? En adéquation ? En décalage ? Y a-t-il différences de valeurs, en natures et en niveaux ?

ATTENTES x PRODUITS :
la gamme de produits est-elle adaptée aux réponses nécessaires ? En fonction de la concurrence ? En fonction des évolutions d'environnement à venir ?

RÉPONSES x PROCESSUS :
Quelle est la part de la contribution de chaque processus par rapport aux priorités externes, en fonction du classement des enjeux stratégiques ?

RÉPONSES x ACTIVITÉS :
Quelle est la contribution des processus clés et des activités à la compétitivité externe ?

PROCESSUS x TECHNOLOGIES :
Quelle est l'incidence de la pertinence des technologies engagées ? Quelle est l'incidence de la pertinence, aussi, de l'apport des technologies émergentes ? Quelles configurations (technologies x processus) seront les plus performantes ? Quelles sont les technologies à abandonner, à développer, à conquérir ?

TECHNOLOGIES x BESOINS FINANCIERS :
À terme, quels seront les besoins d'investissements ?

BESOINS DE FINANCEMENT x FINANCEMENTS :
Il faut apporter un souhait tout particulier à l'élaboration des plans de financement et des choix de politique financière.

RÉPONSES x FINANCEMENTS x PROCESSUS :
Dispose-t-on jusqu'à présent des processus à coût inadapté à la hiérarchisation des attentes externes ? À moins que les moyens soient insuffisants ou excessifs ?

RÉPONSES x FINANCEMENTS x ACTIVITÉS :
Où les distorsions entre coûts des activités et réponses offertes aux clients sont-elles quantifiables ? Quelle performance économique des activités, au regard des enjeux externes, peut-on espérer ? Les analyses ABC ou ABM permettront d'apporter une réponse à ces délicates questions.

UNE COHÉRENCE EN BOUCLE :

Clients ⇦ ⇨ attentes ⇦ ⇨ réponses ⇦ ⇨ produits ⇦ ⇨ processus ⇦ ⇨
⇦ ⇨ technologies ⇦ ⇨ besoins financiers ⇦ ⇨ financements

2.2. L'analyse des risques

Les risques stratégiques, déjà détectés à l'analyse des scénarios, peuvent s'enrichir des risques internes liés aux contributions : hommes, organisations, systèmes de données, équipements.

Chaque responsable vérifie que ses indicateurs de surveillance sont suffisamment pertinents pour réagir dès que les facteurs d'échec apparaissent, c'est-à-dire le plus tôt possible. Un travail particulier est à accomplir pour identifier et cerner avec précision les *zones d'incertitude* stratégique, dans le scénario et le plan stratégiques retenus. Une zone d'incertitude recouvre l'inventaire des questions clés dont on ne maîtrise pas suffisamment les réponses.

Cela concerne aussi les risques de mauvaise évaluation ou de non-détection anticipée. Ces risques sont d'abord évalués séparément, puis, par groupes homogènes. On balaie ainsi l'environnement et ses évolutions, les marchés et les facteurs clés de succès, la segmentation stratégique et les attentes, le positionnement concurrentiel, les concurrents et leur stratégie, les capacités internes et les performances. L'expérience prouve, hélas, que le champ des risques est toujours plus vaste que souhaité. Fort heureusement, il est le même pour tous, concurrents y compris.

Une fois ces zones d'incertitude bien identifiées et classées par niveau d'enjeu, l'objectif consiste à les réduire selon des démarches appropriées.

2.3. La conduite du changement

Dans la mise en œuvre stratégique, d'importants changements sont nécessaires à tous les niveaux. Certains de ces changements sont liés aux grands projets sous pilotage. D'autres résultent de la stratégie elle-même et des principes de pilotage : comportements, compétences, motivations, management...

Tous ces changements sont à apprécier avec précision. L'équipe de direction, bien sûr, doit les prendre en compte, au regard des indicateurs d'objectifs et d'actions. Là encore, c'est l'ensemble du système d'informations de pilotage qui doit être minutieusement considéré : les indicateurs d'objectifs et d'actions, les variables d'environnement. Autant d'actions qui permettent l'instauration d'un dispositif efficace d'alerte et de vigilance, pour chacune des composantes de l'équipe de direction.

© Editions d'Organisation

3. L'ÉVALUATION DE LA COHÉRENCE ENTRE LA STRATÉGIE, LES OBJECTIFS, LES PLANS D'ACTION ET LES BUDGETS

Piloter l'entreprise, c'est aussi devoir concilier et mettre en cohérence des logiques antagonistes, portées par des « tribus » différentes : analyse stratégique, logique marketing, logique budgétaire, approche qualité, etc. Au-delà des impératifs économiques, des arguments techniques, les débats sont biaisés, obscurcis par la difficulté à communiquer d'une culture de métier à l'autre, et par quelques luttes de pouvoir au sein des sièges d'entreprise.

Et pourtant, il faut diriger, c'est-à-dire fédérer ces énergies vers un enjeu commun : comment développer ses positions de marché dans des conditions profitables ? On se situe ici au cœur du métier de dirigeant.

Les quatre schémas suivants illustrent comment cette intégration a évolué au cours des dernières années. Il s'agit là d'une tendance générale, car on peut observer aujourd'hui des représentants dans chaque catégorie, avec, il est vrai des pronostics très différenciés au regard de la capacité à survivre à terme.

① Pilotage par la vision interne / logique budgétaire

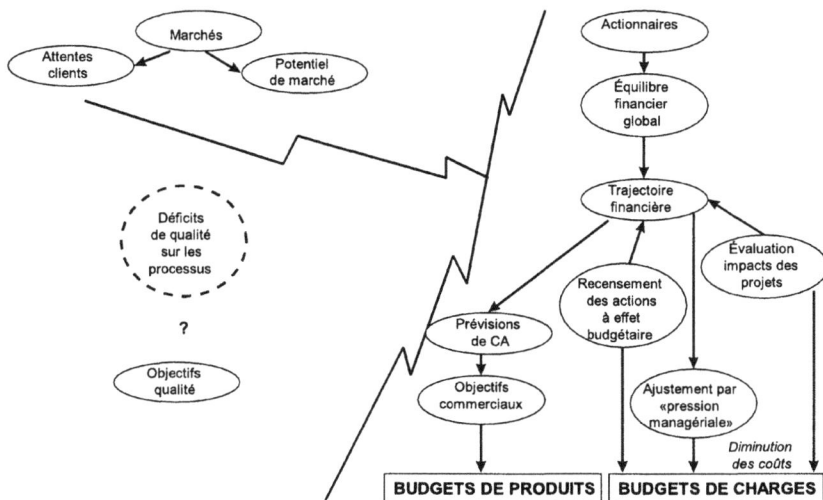

Figure 30 – *Pilotage par vision interne*

Ce premier schéma reflète la situation d'une entreprise évoluant dans une **économie de production** et donc dominant le client final.

Dans cette situation largement révolue aujourd'hui, la logique interne prédomine. La compréhension de l'environnement est diffuse ; les objectifs de qualité ne sont pas prioritaires dans la gestion des processus et sont sélectionnés à partir d'une logique de production : les clients sont peu sollicités pour exprimer leurs attentes et leur niveau de satisfaction.

Piloter consiste d'abord, à partir des objectifs fixés par l'actionnaire, à déterminer les budgets de produits et de charges au travers d'un déploiement de techniques et de procédures de gestion budgétaire.

L'élaboration de la trajectoire financière est le point de départ de cette procédure. Elle définit des prévisions de chiffres d'affaires, qui cadrent les objectifs commerciaux et dimensionnent des « budgets de produits ». Les budgets de charges résultent eux d'une évaluation de l'impact des projets et des actions à effets budgétaires recensés. Si ces prévisions ne suffisent pas à atteindre l'objectif de marge, on procède à un ajustement à l'estime, pudiquement qualifié de « pression managériale ».

Dans ce contexte, les « négociations budgétaires » qui intègrent le dimensionnement des objectifs commerciaux, traduisent largement les rapports de force internes : ce qui compte avant tout dans cet exercice de style est d'obtenir la meilleure part du budget final, en matière d'emplois, de consommations intermédiaires et d'investissements.

© Editions d'Organisation

② **Coexistence stratégie / Budget**

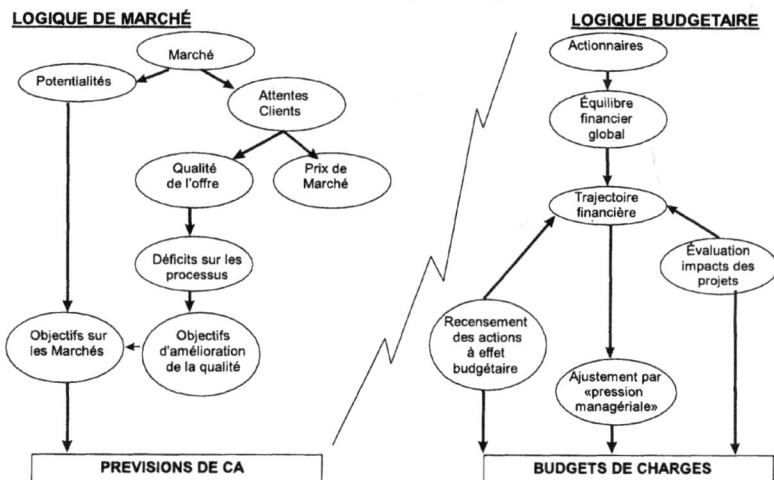

Figure 31 – *Coexistence Stratégie / Budget*

Ce schéma est significatif d'une entreprise en **économie de marché.**

Dans cette logique, les prévisions de CA relèvent d'une prise en compte des potentialités des segments stratégiques de l'entreprise, combinées à un diagnostic de la capacité de celle-ci à satisfaire les clients. Les objectifs de qualité sont clairement perçus comme un enjeu majeur de développement, définis à partir des attentes des clients et des déficits détectés dans les processus clés.

Mais parallèlement, les prévisions de charges et les allocations de ressources obéissent à une logique budgétaire intacte, avec les mêmes mécanismes de négociation et d'ajustement que dans le cas précédent.

Dans cette situation de transition les antagonismes sont les plus exacerbés, les équipes peuvent se trouver divisées lors des allocations de ressources. En effet, la mise en place du pilotage stratégique correspond alors à une modification profonde des enjeux de pouvoir au sein de l'entreprise et à une exigence de transformation des cultures de métier.

C'est à ce moment que le dirigeant, pour éviter un retour en arrière vers une vision interne qui peut se révéler suicidaire dans un environnement difficile, doit faire le plus preuve de pédagogie et de fermeté, bref de leadership.

③ **Cohérence Stratégie - Objectifs - Budget**
(à court-moyen terme)

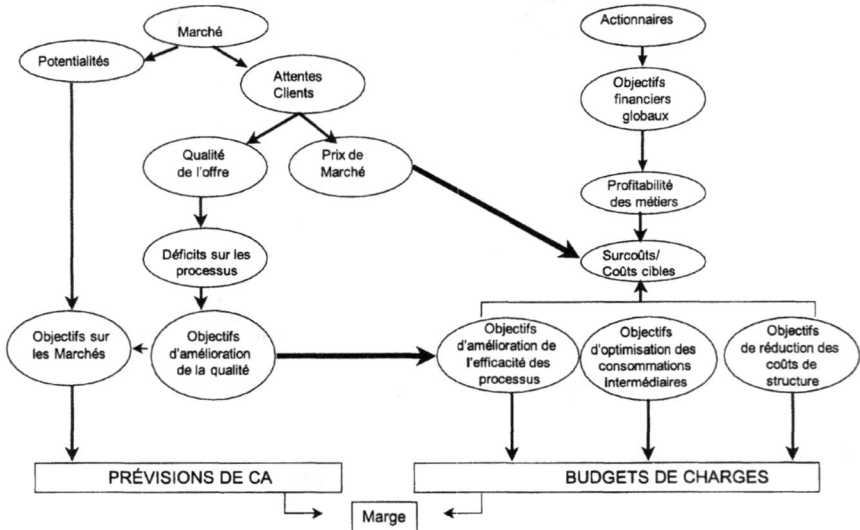

Figure 32 – Cohérence Stratégie-Objectifs-Budget

Ce troisième schéma illustre la compréhension et l'acceptation par l'entreprise de son insertion dans une **économie d'environnement**. Le pilotage acquiert sa dimension stratégique, car il intègre, dans une vision transversale, la logique de marché et la profitabilité des métiers.

Ce décloisonnement repose sur le principe fondamental suivant : en économie d'environnement, face à un prix de vente déterminé par les forces du marché, la seule possibilité d'assurer la marge est de faire tendre les coûts vers les coûts cibles. Identifier les surcoûts de l'entreprise au regard des coûts cibles, quantifier et organiser la résorption de ces surcoûts sans dégrader la qualité servie aux clients, deviennent les enjeux majeurs du pilotage des charges.

Les budgets de charges expriment la valorisation consolidée d'objectifs d'amélioration de l'efficacité des processus, d'optimisation des consommations intermédiaires et de réduction des coûts de structure. Ils per-

© Editions d'Organisation

mettent de vérifier que ces objectifs sont suffisamment ambitieux pour assurer la marge de l'entreprise compte tenu du contexte du marché, et garantissent la satisfaction des actionnaires.

La mobilisation qui s'organise nécessite une compréhension intime des rapports valeur fournie/coûts induits par chaque processus et une évaluation argumentée des principaux ratios de performance de chaque activité. Peu à peu, les barrières culturelles s'estompent, des zones de coopération apparaissent là où chacun campait sur son territoire en échangeant le minimum d'informations pertinentes.

Ainsi s'amorce un mouvement de reconfiguration des processus qui trouvera son plein développement dans un second temps, comme le met en évidence le dernier schéma.

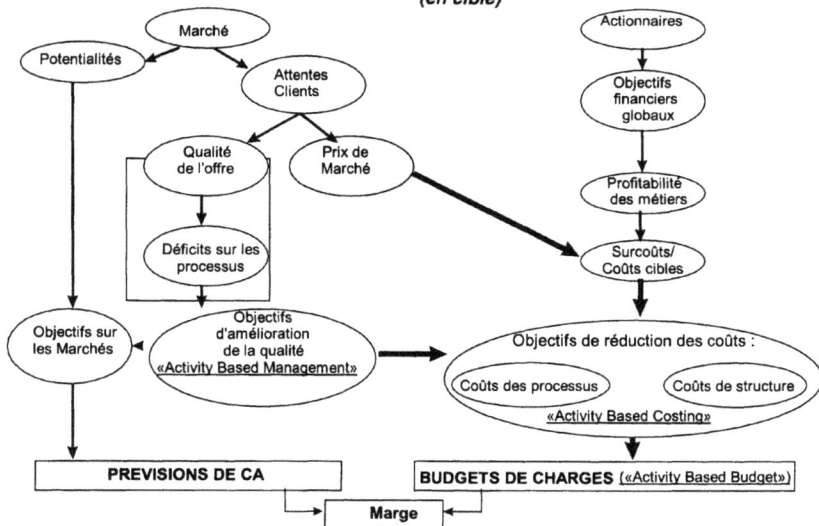

Figure 33 – *Cohérence Stratégie-Objectifs-Budget (en cible)*

Ce dernier schéma reflète une vision aboutie du pilotage d'entreprise en économie d'environnement.

Par rapport à l'étape précédente deux outils apparaissent :

- l'ABM (Activity Based Management) : cette méthode systématise le déploiement des objectifs de maîtrise des processus,
- l'ABC (Activity Based Costing) : cette méthode devient l'outil indispensable de maîtrise des coûts par activités et non plus par sections homogènes.

Insistons sur le fait que ces outils, pour performants qu'ils soient, n'ont d'utilité que si la logique de pilotage et de gestion qui les sous-tend a bien été recadrée par le dirigeant et assumée par l'équipe.

Ainsi la cohérence entre la stratégie, les objectifs et les budgets est assurée par :

- une vision externe précise,
- une détermination des marges de confrontation/conciliation d'une stratégie de marché et d'une stratégie d'amélioration de la performance des processus, à partir de la notion centrale de coûts cibles,
- une attitude d'anticipation et de réactivité,
- un recentrage des débats internes sur les conditions de viabilité et de développement de l'entreprise.

Dans ce contexte, le déploiement de la stratégie peut être pris sous les meilleures auspices.

© Editions d'Organisation

CHAPITRE 5

Organiser le déploiement de la stratégie

L'entreprise s'est dotée d'un portefeuille d'objectifs qui est la traduction chiffrée de sa vision stratégique à moyen terme. Il exprime :

- ses choix et ses ambitions vis-à-vis de son environnement,
- les performances et les capacités nécessaires pour s'inscrire dans ses ambitions.

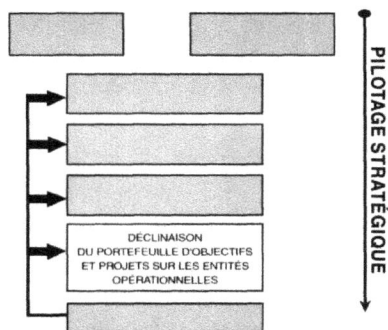

DÉCLINAISON DU PORTEFEUILLE D'OBJECTIFS ET PROJETS SUR LES ENTITÉS OPÉRATIONNELLES

PILOTAGE STRATÉGIQUE

Il décrit les enjeux les plus importants pour l'entreprise. À tous les niveaux de celle-ci, le management doit affirmer cette valeur de référence supérieure, nouvelle culture stratégique à promouvoir. Il s'oppose à l'idée que d'autres priorités pourraient coexister, ici ou là, au gré des circonstances.

SECTION 1. OBJECTIFS ET RESPONSABILITÉS

Jusqu'à présent, les analyses stratégiques ont toutes été menées indépendamment de la structure. Les responsabilités et les rôles particuliers sont restés à l'arrière-plan. Maintenant, la question se pose des rôles individuels joués au sein de l'équipe de direction. Par qui et comment va s'effectuer la prise en charge des objectifs stratégiques de l'entreprise ?

La représentation actuelle des responsabilités appelle deux remarques :

- Les contenus de la responsabilité professionnelle ne sont pas toujours très clairement identifiés ni partagés,
- Responsabilités individuelles et collectives sont trop souvent confondues, opposées ou différenciées... Là aussi au gré des circonstances.

Le pilotage stratégique replace la responsabilité professionnelle dans une vision plus cohérente et plus précise.

La responsabilité individuelle dans l'entreprise ne doit plus s'opposer à la responsabilité collective. Elle la complète nécessairement. Les deux notions ne sont plus indépendantes, mais complémentaires et indissociables.

À ce stade de la démarche, prenons l'exemple des objectifs stratégiques. Ils sont les objectifs de l'entreprise toute entière, à tous les niveaux, mais ils relèvent pourtant bien d'une double responsabilité :

- La responsabilité *individuelle* du n°1 de l'entité. Sous son impulsion et son contrôle, la vision stratégique est définie, retenue et mise en œuvre. Il est alors individuellement responsable de leur élaboration jusqu'à leur réussite. Il s'engage sur ces objectifs, dans sa fonction, et en rend compte personnellement à sa hiérarchie, à sa tutelle ou ses actionnaires.
- La responsabilité *collective* de l'équipe de direction toute entière. Dans cette équipe, chacun a été étroitement associé à l'élaboration des objectifs. Aucun ne peut s'en dissocier, quelle que soit sa fonction. L'adhésion de chacun à ces objectifs généraux relève d'un véritable contrat collectif : le succès d'une vision stratégique, commune et partagée.

Cette double vision de la responsabilité, individuelle et collective, a déjà été avancée par le management en d'autres occasions. Dans les faits, combien de décisions sont fondées sur une responsabilité collective,

© Editions d'Organisation

même non formalisée ? Combien de plans d'actions « multiservices » justifient déjà cette responsabilité collective ?

Cette double responsabilité concerne tous les niveaux, au-delà des seules instances de direction. Elle renforce partout l'efficacité de véritables « équipes de décision ». Un manager, un dirigeant ou un cadre, *partage* toujours avec d'*autres* la responsabilité d'objectifs, à l'extérieur même de sa fonction. Sa responsabilité professionnelle couvre toujours deux niveaux hiérarchiques au moins, et trois le plus souvent :

- son niveau supérieur, dans la hiérarchie, pour les objectifs auxquels il est collectivement associé,
- son niveau personnel, pour les objectifs qui lui sont personnellement affectés, au titre de sa fonction et de ses moyens spécifiques,
- le niveau inférieur dans la hiérarchie, son « équipe de collaborateurs », pour la réussite et la mise en œuvre.

SECTION 2. OBJECTIFS ET CONTRIBUTIONS

Comment formaliser cette double responsabilité ? Individuelle au niveau du responsable ? Collective au niveau supérieur ? C'est la contribution qui exprime ces deux facettes de la responsabilité dans l'entreprise.

Aucun objectif d'entreprise ne se réalise sans contributions, objectifs définis au niveau immédiatement inférieur. De même, un objectif est toujours lui-même contribution nécessaire à un autre résultat, à un autre objectif, de niveau supérieur. Les objectifs généraux de l'entreprise sont, eux-mêmes, des contributions à ses finalités, à travers les commandes des actionnaires. Dans l'entreprise, tous les objectifs ont ce double aspect : objectif en propre et contribution à un autre objectif.

Cette vision de l'objectif sous deux formes indissociables, traduit la double forme de toute *responsabilité* d'entreprise :

- responsabilité individuelle pour le manager, « en charge » de l'objectif,
- responsabilité collective pour le manager, vis-à-vis de ses subordonnés comme de son supérieur hiérarchique.

Cette vision n'oppose plus individus et équipes, responsabilités ou performances individuelles et collectives.

L'essentiel résulte bien des contributions de chacun à leur pleine réussite des ambitions stratégiques de l'entreprise.

La prise en charge de la vision stratégique par la structure de l'entreprise se fonde totalement sur ce principe de contribution.

Cet éclairage nouveau de la **responsabilité professionnelle** est un fantastique appel d'innovations pour définir les objectifs individuels, pour mesurer les performances tout aussi individuelles, pour développer compétences et motivation des hommes.

Pour mieux éclairer la rupture avec les pratiques actuelles, examinons quelques caractéristiques de ces objectifs de contribution.

1. Objectifs à part entière

Une contribution, avec son objectif, n'est pas forcément la reproduction de l'objectif supérieur, ni un partage nécessaire. Le pilotage stratégique dépasse les pratiques « d'arrosage descendant », transportant l'objectif du sommet jusqu'au terrain ! La contribution appelle une toute autre démarche.

Prenons un exemple : augmenter le chiffre d'affaires de 20 %. N'y a-t-il jamais mieux à faire que de le répartir sur les niveaux inférieurs, même divisé « équitablement » ? La réalité est que cet objectif supérieur se réalisera, s'il peut se réaliser, selon des formes distinctes, spécifiques chacune de la zone de contribution :

1. Par ajustement des valeurs à atteindre. C'est quelquefois le cas... C'est rare et idéal ! C'est plus souvent celui auquel on se rallie par habitude et facilité. Cela suppose en effet que l'objectif est réalisable sous la même forme, avec le même indicateur, à chacun des niveaux concernés !

2. Par d'autres formulations et d'autres indicateurs :
   - Un objectif de volume, si le responsable concerné ne maîtrise pas le prix,
   - Un objectif de productivité commerciale, si c'est la priorité de progrès au niveau concerné,
   - Un objectif de réorientation du portefeuille clients, si l'objectif est

© Editions d'Organisation

déjà atteint, mais avec des catégories clients non conformes aux choix stratégiques (un « bon CA », mais pas avec les « meilleurs » clients !).

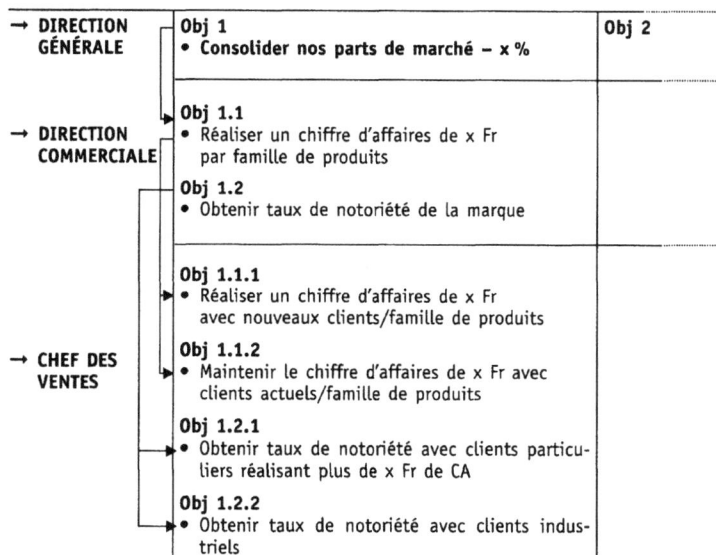

→ **DIRECTION** **GÉNÉRALE**	**Obj 1** • **Consolider nos parts de marché – x %**	**Obj 2**
→ **DIRECTION** **COMMERCIALE**	**Obj 1.1** • Réaliser un chiffre d'affaires de x Fr par famille de produits **Obj 1.2** • Obtenir taux de notoriété de la marque	

→ **CHEF DES**
VENTES
	Obj 1.1.1
	• Réaliser un chiffre d'affaires de x Fr
	  avec nouveaux clients/famille de produits
	
	Obj 1.1.2
	• Maintenir le chiffre d'affaires de x Fr avec
	  clients actuels/famille de produits
	
	Obj 1.2.1
	• Obtenir taux de notoriété avec clients particu-
	  liers réalisant plus de x Fr de CA
	
	Obj 1.2.2
	• Obtenir taux de notoriété avec clients indus-
	  triels	

***Figure 34** – Exemple de déploiement des objectifs*

Examinons un autre exemple, encore plus fréquent aujourd'hui : les coûts d'exploitation. Tous les responsables opérationnels sont dotés d'objectifs de réduction des coûts. Or, les plus nombreux d'entre eux ne gèrent ni les salaires, ni la plupart des coûts internes, en valeur : coûts d'achat, coûts des consommations, coûts de cession, coûts indirects, coûts financiers, etc. Ils ne gèrent, le plus souvent, que les seuls effectifs employés et les seules quantités consommées. Est-il alors imaginable d'espérer les impliquer efficacement sur une réduction des coûts, quand ils n'en maîtrisent même pas le calcul ? (Exemple : les fameux taux horaires de production déterminés dans une logique de coûts complets ou calculs après de multiples répartitions et sous-répartitions).

Ces exemples montrent, s'il en est besoin, qu'un objectif de contribution doit être spécifique au responsable concerné, à ses capacités personnelles et aux moyens dont il dispose, à ses besoins de progrès. Il doit épouser sa performance réelle et le progrès le plus en rapport avec l'objectif supérieur. Formuler une contribution, c'est répondre aux questions : en quoi le résultat supérieur dépend-il de *ma* fonction et de *mes* responsabilités ? Quel *progrès* dois-je viser pour obtenir, dans ma fonction, un *résultat* utile et nécessaire à celui qui est attendu au niveau supérieur ?

Un objectif de contribution exprime la meilleure façon pour un responsable d'aider à la réalisation de l'objectif supérieur. C'est un levier puissant de progrès internes pour l'entreprise. Il nécessite un engagement de résultats de tous les acteurs, au regard des objectifs supérieurs. C'est la fin des « je sais bien mais, qu'est-ce que j'y peux ? » ! La contribution tire vers le haut tous les responsables, dans l'entreprise. Elle développe, à tous niveaux, la capacité de diagnostic des situations internes, les connaissances externes à la fonction exercée et la vision globale, les compétences, enfin. À tous niveaux, elle enrichit la mesure de la performance et la maîtrise des cohérences d'ensemble. Elle enrichit enfin, pour une large part, la vision stratégique des dirigeants eux-mêmes !

2. CONTRIBUTION ET MANAGEMENT

La contribution est *la seule façon* d'atteindre les objectifs généraux de l'entreprise et tous ses résultats. Il ne s'agit donc pas d'objectifs secondaires ou annexes. Dans les faits, les objectifs de contribution représentent l'essentiel des objectifs dans l'entreprise. Et ce sont des objectifs à part entière...

Objectifs... Objectifs... Objectifs... Si les répétitions sont le signe d'une écriture approximative, sommaire et qui n'a rien à voir avec la littérature, elles sont ici le moyen le plus sûr de frapper les esprits afin de les convaincre... En tout cas, c'est notre objectif ! Donc, disions-nous, un objectif de contribution est essentiellement ascendant, dans son élaboration et dans sa conception. Il exprime d'abord l'engagement et la compétence du responsable de contribution. Selon les entreprises, il peut prendre la forme d'un engagement contractuel écrit et servir de base d'appréciation au manager.

Arbitrages et capacités d'analyse du cadre supérieur jouent ici un rôle décisif. Avec la contribution, on dépasse enfin les anciens débats entre objectifs ou quotas descendants, imposés ou parachutés, et objectifs ascendants ou négociés. On installe dans les faits une vision d'ensemble où chacun tient sa place, une vision d'équipes pluri-responsables et

© Editions d'Organisation

convergentes. Cela aboutit à des résultats plus souvent collectifs qu'individuels et c'est tout à fait bénéfique. Ces associations de responsabilités – qui se développent aussi bien au niveau vertical, n et n -1, ou n et n +1 qu'au niveau horizontal – sont l'expression évidente d'une équipe où chacun participe à la responsabilité collective de l'objectif supérieur.

Le management dispose là d'un levier pour développer complémentarités des métiers, intelligence collective et efficacité globale des organisations. La démarche de contribution fait un appel important aux compétences professionnelles, au dialogue entre niveaux hiérarchiques et aussi entre cadres d'un même niveau.

Formuler au mieux les contributions :

- c'est instaurer le dialogue transversal et favoriser l'apprentissage collectif,
- c'est approfondir la spécificité des rôles dans l'entreprise,
- c'est exprimer clairement leur diversité, pour des évaluations adaptées de la performance individuelle,
- c'est aussi faciliter à tous les niveaux les progrès attendus !

Dans toute entreprise, on attend des gains de performance et des économies importantes. Ces exigences ne sont pas toujours bien comprises des responsables de contributions, n -1 et au-dessous, dont pourtant elles dépendent entièrement ! *Le pilotage stratégique, faut-il encore le préciser, apporte des chances supplémentaires pour satisfaire ces ambitions.*

Avec la contribution, plusieurs pratiques du management sont mises en mouvement :

- la gestion budgétaire, où les moyens ne sont souvent identifiés que par leurs seuls coûts, indépendamment des résultats dont ils devraient dépendre,
- la gestion des performances et des responsabilités individuelles, où les objectifs manquent souvent de pertinence. Par reproduction verticale, ils ignorent la spécificité des métiers et des situations. Et tous les coûts supplémentaires de communication ou de « négociation » ne suffisent pas à compenser ce handicap naturel.

Une vision claire des contributions à la stratégie fait évoluer une autre représentation forte du management actuel : le rôle et la place des fonctionnels dans l'entreprise.

3. CONTRIBUTION DES FONCTIONNELS

Fonctionnels et opérationnels... Ces deux catégories de cadres qui coha-
bitent dans l'entreprise ont des statuts qui sont loin d'être aussi clairs
qu'ils le devraient. En effet, la situation des **opérationnels** est assez
limpide. Ils sont chargés des responsabilités précises de la performance,
réduite le plus souvent encore à l'amélioration de la productivité ou à
l'augmentation du chiffre d'affaires. Ils ont ainsi la charge, quelquefois
à leur insu, de satisfaire des attentes externes précises, au terme des
processus où ils interviennent.

La situation spécifique des **fonctionnels**, elle, se révèle plus floue. Placés
auprès de la direction générale, de la direction financière, de la direction
des ressources humaines ou de la direction de l'organisation, ils font
l'essentiel de l'équipe de direction. Le besoin de mieux éclairer leur rôle
et leur responsabilité spécifiques est apparu avec le progrès de diverses
démarches de management. On observe à ce propos, deux situations
particulières :

1. Tantôt, les fonctionnels prennent en charge des objectifs opérationnels. C'est le cas par exemple pour la qualité de production ou le
   volume des ventes qui n'ont jamais rien eu de fonctionnel ! Bien
   souvent, le directeur commercial se charge des objectifs de vente,
   même quand les moyens et le processus lui échappent totalement.
   Dans ce schéma, les vendeurs sont placés sous l'autorité d'un responsable opérationnel ! Le directeur commercial, au siège, est
   « responsable » de résultats... mais il n'a pas produit ! On peut faire
   la même remarque pour les objectifs de production, volumes qualité, productivité, etc. pris en charge par le directeur de la production au siège, alors que ce sont des unités de production
   décentralisées qui se chargent de les atteindre...
2. Tantôt les fonctionnels n'ont... pas d'objectifs. Par nature, leur activité débouche sur des résultats non mesurables ! Ils ne peuvent
   alors s'engager que... sur des plans d'actions, programmes ou projets ! Tel est souvent le cas des directions de ressources humaines,
   de la communication, de l'organisation ou, encore, du management.

On voit, à travers les objectifs notamment, que le statut des fonctionnels
doit être mieux éclairé dans l'entreprise. Soit ils ont les objectifs des
opérationnels, soit ils n'en ont pas !

Fort heureusement ces dernières années, des efforts ont été accomplis
afin d'améliorer la vision spécifique du rôle et de la contribution des

© Editions d'Organisation

fonctionnels. Il serait vain de le nier... Dans cet esprit, la notion de « processus fonctionnels* » leur est appliquée. D'autres mettent en avant les fonctions d'appui ou support, vis-à-vis des opérationnels. On cite en vrac, des fonctions et domaines de compétences, sans établir entre eux une cohérence suffisante : contrôle, organisation, ressources humaines, communication, logistique, budget, etc. Cela n'éclaire en rien ce qui est spécifique du fonctionnel ou de l'opérationnel, ni les fonctions et rôles distinctifs des uns et des autres et surtout les résultats spécifiques ! Le pilotage stratégique au contraire clarifie ce sujet.

Les fonctionnels sont les experts dont l'entreprise a besoin pour développer la capacité de ses ressources. Dès l'origine, ils ont été installés par domaine de compétence dans les directions des ressources humaines, financières, techniques et commerciales.

Sans ironie aucune, on peut dire que les fonctionnels sont les « experts ressources » de l'entreprise. Leur rôle spécifique est d'agir sur la capacité de ces ressources pour en accroître le niveau de développement, à la hauteur des besoins stratégiques et des ambitions du futur. Pour cela ils agissent, chacun dans leur domaine de compétence, sur ces capacités opérationnelles. Ces fonctions particulières ont déjà été citées : l'*information*, la *formation*, le *management des hommes*, l'*organisation* des *processus, activités et tâches, la gestion économique des ressources*.

À partir de cette vision, les fonctionnels sont (et doivent être) impliqués étroitement dans la performance opérationnelle. Les résultats étant mesurés au terme des processus et des activités. Ils doivent pour cela s'engager sur des objectifs précis de capacités opérationnelles : objectifs de compétences, objectifs de qualité d'information, objectifs de motivations, objectifs de capacités techniques, etc.

Dans leur domaine, les fonctionnels sont les garants des moyens dont disposent les activités et les processus. Ils en sont aussi les garants au niveau de toute l'entreprise.

En revanche, les résultats opérationnels, résultats de la performance, doivent tous être replacés sous la responsabilité directe des opérationnels. Selon les différentes structures organisationnelles, les directeurs fonctionnels (commercial, production...) peuvent exercer :

⇨ des responsabilités seulement fonctionnelles,
⇨ des responsabilités à la fois fonctionnelles et opérationnelles.

- Un directeur commercial fonctionnel n'est pas responsable des résultats de vente ! Il est responsable des potentiels commerciaux externes et internes, des capacités commerciales de l'entreprise, des « organisations commerciales » et des « hommes commerciaux » :
  ⇨ objectif de compétence des vendeurs, à telle date (adéquation de la force de vente aux exigences des marchés),
  ⇨ objectif d'informations, ou de compétence, sur les positions concurrentielles et sur les marchés,
  ⇨ objectif de motivation commerciale (mesures internes), pour la force de vente comme pour d'autres acteurs dans l'entreprise.

- Un directeur de production, ou de métier, est un fonctionnel si, auprès de la direction générale, il est au-dessus des structures de production décentralisées. Il est chargé de la capacité technique des processus, des hommes, des organisations et des équipements concernés. Exemple : par la reconversion technologique de telle activité ou de tel processus, il est possible de s'engager sur un *objectif de capacité technologique*, disponible à telle date, capacité théorique mesurée par des tests ou des simulations.

- Un directeur des ressources humaines est responsable des compétences et des motivations générales dans l'entreprise. Expert le plus avancé dans ce domaine, il partage cette responsabilité avec les autres fonctionnels de l'équipe de direction.
  Il aide la direction générale dans l'adéquation des objectifs stratégiques avec les ressources humaines de l'entreprise (compétences, maîtrises professionnelles, implications et satisfactions, etc.).

- Le directeur financier est responsable des capacités financières, celles du bilan mais aussi celles des hommes de l'entreprise, c'est-à-dire leur compétence économique. Pour que les opérationnels améliorent les coûts, il leur faut la capacité d'y parvenir : compréhensions et compétences, adéquation des systèmes d'informations internes... L'amélioration des crédits clients ou des stocks en sont des illustrations les plus fortes.

Ainsi, le pilotage stratégique donne aux directions fonctionnelles un champ nouveau de compétences et d'attributions, sans double emploi ni recouvrement avec les opérationnels, sans ambiguïté ni confusion. Ne sont fonctionnels que des services à effectif restreint, des équipes de « consultants internes » dirigés par les experts directeurs fonctionnels, lesquels n'ont aucune autorité hiérarchique sur les opérationnels. Ils déploient des activités dont les résultats se situent à un niveau de rang supérieur aux processus, celui des capacités générales de ressources. Ces résultats n'ont pas de rapport nécessaire à la satisfaction quotidienne des

© Editions d'Organisation

clients. Leur définition est toujours en vision à moyen terme. Pour des équipes de formation, de communication ou d'organisation, cette nature fonctionnelle se perçoit aisément.

En revanche, on peut se demander si des activités purement administratives, de caractère permanent et inscrites dans la structure, nécessaires aux résultats immédiats des processus, méritent bien de demeurer fonctionnelles. Cette évolution a déjà été admise pour l'administration des ventes notamment, facturation ou recouvrement. Ne peut-elle pas concerner aussi un service de paie, un service méthode, un bureau d'études, un service comptable ? Administration ou maintenance des ressources humaines ou financières, elles sont intégrées aux processus qui les partagent.

Une telle vision devrait resserrer la population des fonctionnels. Ceux-ci n'ont pas vocation à se greffer, au plus bas possible, dans la structure opérationnelle, en se reproduisant à tous les niveaux de l'organisation hiérarchique et territoriale. Pour l'essentiel, ils doivent demeurer au niveau de l'équipe de direction, avec des relais et des correspondants aux niveaux inférieurs : organisateurs, chargés de mission, auditeurs, etc. Ces fonctionnels, ainsi détachés, doivent être sous la responsabilité directe des directions fonctionnelles.

Une fois éclairé le champ spécifique des fonctionnels, on peut définir leurs objectifs. Le diagnostic stratégique a repéré les facteurs clés de succès par domaine d'activité stratégique. Avec la performance des processus clés, il a détecté des progrès nécessaires dans les capacités des hommes et des organisations. Ces progrès impliquent des objectifs propres à chaque fonctionnel, dans son domaine de compétence.

Dans le cadre du pilotage stratégique, l'équipe fonctionnelle au service des opérationnels a pour objectifs de :

- faire vivre le système de contrôle,
- s'assurer des boucles de retour (stratégie, objectifs, action),
- aider les opérationnels dans leur fonction de contrôle,
- diffuser la culture de gestion auprès des responsables,
- rendre compte à la direction,
- améliorer l'outil et le fiabiliser,
- préparer et animer les réunions de contrôle.

Les opérationnels, directeurs ou chefs de services, ne sont pas en condition idéale de vision, de compréhension et d'analyse stratégiques. Les directeurs fonctionnels, tous ensemble, ont la responsabilité de cette compétence stratégique. Chacun apporte l'éclairage propre à son domaine de compétence, pour faire progresser toute l'entreprise vers une plus grande maîtrise stratégique.

- L'efficience stratégique (compétences et qualité de mise en œuvre) est certainement la contribution fonctionnelle la plus significative. Elle concerne tout d'abord l'équipe de direction, puis toute l'entreprise, en commençant par son encadrement.
- L'évolution générale et anticipée des ressources et des processus, est l'autre contribution spécifique attendue des fonctionnels.

Nous proposons ci-dessous quelques indicateurs de cette compétence stratégique, indicateurs de résultats à atteindre et non pas de plans d'actions :

- la qualité des données externes, collecte et taux d'emploi à tous niveaux,
- la qualité globale du pilotage, ses pratiques et son évolution,
- l'appropriation de la stratégie par toute la structure : les compréhensions, les adhésions, etc.

SECTION 3. LA PRISE EN CHARGE DU PORTEFEUILLE D'OBJECTIFS STRATÉGIQUES PAR L'ÉQUIPE DE DIRECTION

1. LES PRINCIPES

Les objectifs stratégiques sont présentés par couples marchés / produits – ou DAS – sur la première colonne d'un tableau de prise en charge. Les autres colonnes sont affectées à chaque n -1 de l'équipe de direction, sans exception.

Prendre en charge la stratégie de l'entreprise revient, pour chaque objectif du portefeuille, à répondre aux questions suivantes : de quelles *contributions nécessaires*, au sein de l'équipe de direction, dépend l'objectif stratégique ? Qui, dans l'équipe de direction, par sa fonction et ses compétences, *doit* contribuer à cet objectif pour en garantir la réalisation ?

En repérant par une croix les contributions nécessaires, on visualise

© Editions d'Organisation

l'appropriation du portefeuille stratégique par l'équipe de direction. Tous les n -1 sont concernés.

Chacun est *collectivement* responsable du portefeuille d'objectifs dans son ensemble. Chacun se pose aussi la question de sa contribution individuelle, nécessaire et significative, à ces objectifs.

2. La représentation graphique

Le tableau suivant permet de visualiser les contributions des fonctionnels et des opérationnels.

Objectifs Stratégiques	PDG	FONCTIONNELS				OPÉRATIONNELS				
		RH	Commu-nication	Fin.	...	PROD 1	PROD 2	COMMER. ZONE 1	COMMER. ZONE 2	...
Couples Marché/Produits	■									
Objectif 1 :	■					X	X	X	X	
....	■					X	X	X	X	
Moyens opérationnels										
Objectif 8 :		X				■		X	X	
....										
Fonctions										
Objectif 10 :		■				X	X	X	X	X
....										

■ Surveillant de l'objectif pour le compte du responsable :
PDG ou équipe de direction

X Contributeurs

Figure 35 – *Prise en charge des objectifs N-1*

Voici quelques principes généraux d'interprétation du tableau de prise en charge.

2.1. Colonne vide ou trop remplie

Sur le tableau de prise en charge, l'équilibre des contributions entre les n −1 est un indicateur d'équilibre des rôles et des missions, de leur répartition équilibrée sur les divers acteurs. Une colonne remplie de contributions significatives exprime une fonction trop vaste, où la performance est difficile à mesurer. La saturation du responsable est alors probable.

Cette boulimie de contributions illustre souvent une dilution des responsabilités, dysfonctionnement dans l'équipe de direction. À l'inverse, des contributions peu nombreuses peuvent indiquer un mauvais équilibre des fonctions, au sein de l'équipe de direction.

2.2. Ligne vide

Cette situation est inacceptable, elle témoigne d'un refus de s'engager dans une culture de résultat. Chaque objectif stratégique doit, sans exception, avoir sa ou ses contributions. Il n'y a pas d'autre moyen d'atteindre un objectif quelconque, au niveau n, que d'y contribuer au niveau n -1. Cette règle n'a que deux exceptions :

- l'objectif est au niveau le plus bas (plus de cadres responsables au-dessous, ou la démarche s'arrête à ce niveau),
- l'objectif est exclusif du responsable concerné, strictement personnel ou confidentiel, objectif portant sur le domaine réservé d'un seul spécialiste. Tel n'est pas le cas des objectifs stratégiques.

2.3. Validation

La prise en charge peut, au choix du n°1, être entièrement définie en équipe de direction ou, au contraire, partir de sa proposition.

Dans tous les cas, elle doit être validée en comité complet de direction.

Comment valider la qualité des contributions ? Comme pour tout objectif : précision, niveau et pertinence.

Précision de la définition : une formulation non ambiguë et un indicateur, au moins, disponible et pertinent.

Niveau de la définition : la contribution est entièrement dans le champ du responsable de contribution. Elle représente bien un résultat à obtenir, un progrès maximum mais réalisable.

Pertinence : la contribution est bien nécessaire à l'objectif supérieur.

On valide ensuite leur cohérence globale. À partir des objectifs stratégiques, au niveau général de l'entreprise, on se pose la question : l'objectif supérieur a-t-il *toutes les chances* d'être atteint, si tous ses objectifs

© Editions d'Organisation

de contribution le sont ? Les réponses négatives à cette question ne portent normalement que sur des aléas non maîtrisables par l'entreprise, ruptures externes ou internes : facteurs sociaux, technologiques, externes, etc. Une grève, une panne informatique ou un défaut d'approvisionnement peuvent faire échouer un objectif. On peut aussi détecter des facteurs de dépassement des objectifs : abandon concurrentiel ou performance supérieure des équipements par exemple.

C'est la pertinence du système d'informations externes que l'on valide à cette occasion. Dispose-t-on des bons paramètres de détection, ni excessifs, ni trop coûteux, ni insuffisants ? Sont-ils assez précoces pour alerter et réagir ? Sont-ils les mieux adaptés aux risques et aux enjeux ?

La validation se termine après l'amélioration de tout ce qui pouvait l'être, pertinence des contributions et des informations externes.

Le portefeuille des objectifs stratégiques est pris en charge par l'équipe de direction toute entière.

Contributions et surveillance concrétisent cette prise en charge. On pourrait à présent organiser les séances de pilotage et s'en tenir là, dans le déploiement de la stratégie de l'entreprise. Elle serait alors mise en œuvre par la seule équipe de direction, libre à elle de s'organiser à son gré avec les autres niveaux de la structure.

Dans une grande entreprise, la complexité des enjeux stratégiques réclame de déployer plus avant la mise en œuvre stratégique, jusqu'aux niveaux n-2 ou n-3 au moins, et de la décliner aussi dans les structures territoriales, géographiquement distinctes : établissements, filiales, agences, etc.

*Voyons comment s'effectue le **déploiement de la stratégie**.*

SECTION 4. LA PRISE EN CHARGE DU PORTEFEUILLE D'OBJECTIFS PAR LA STRUCTURE

Une des forces du pilotage stratégique est de pouvoir décliner la stratégie à tous les niveaux de l'entreprise, d'une seule et unique façon. Ce déploiement s'effectue aussi bien dans la structure verticale que géographique.

1. LA PRISE EN CHARGE PAR LA STRUCTURE VERTICALE

Chaque n -1 de l'entreprise, responsable d'objectifs de contribution, en définit avec ses n -2 les meilleures conditions possibles de réalisation. Il dispose alors de la réflexion stratégique établie jusque-là et des possibilités importantes de formation et d'implication de ses collaborateurs.

Compte tenu des métiers et des responsabilités, il choisit évidemment les meilleures formes. Aucune performance spécifique n -2 ne saurait demeurer étrangère aux objectifs n -1, et finalement à la réussite stratégique.

> *À tous les niveaux, la performance, en définitive,*
> *se rapporte toujours à la réussite stratégique.*

Chaque responsable peut compléter ses objectifs de contribution stratégique par des objectifs qui lui sont totalement spécifiques. On observe justement, que ces objectifs « spécifiques », non rattachés en contribution explicite au portefeuille stratégique, anticipent *en fait* sur des progrès de performance non encore soulignés par l'analyse stratégique. À l'initiative du responsable, ils sont toujours en rapport, direct ou pas, avec sa performance, avant que n'apparaissent des déficits stratégiques. Deux verbes illustrent le double rôle d'un cadre :

1. **Contribuer**, avec ses moyens et sa compétence, à la réussite stratégique globale (objectifs de contribution),
2. **Anticiper** sur la performance des processus auxquels il participe (objectifs spécifiques).

2. LA PRISE EN CHARGE PAR LA STRUCTURE GÉOGRAPHIQUE

Pour les structures géographiquement distinctes, la prise en charge de la stratégie s'effectue de la même façon. Dans ce cas, son appropriation est tout aussi importante. On peut reprendre, dans le contexte local, l'ensemble de la démarche.

© Editions d'Organisation

SECTION 5. LA SURVEILLANCE DES OBJECTIFS

1. LES LOGIQUES DE LA SURVEILLANCE

1.1. Les principes de la surveillance

Avec les contributions nécessaires à la réussite stratégique, toutes les conditions sont réunies pour la mise en œuvre, c'est-à-dire le pilotage. La réussite des contributions, ajoutée à une bonne vigilance sur les variables d'environnement, sera suffisante pour garantir le succès stratégique.

Pour organiser le pilotage, une dernière notion intervient : **la surveillance** des objectifs. Chaque objectif stratégique va être surveillé en continu par un membre de l'équipe de direction, n°1 y compris. Celui-ci est ainsi chargé de suivre *et* l'objectif global *et* toutes ses contributions. Tous les objectifs du portefeuille sont donc mis sous surveillance.

L'idée prévaut aujourd'hui que *chacun* surveille *ses* résultats, les réunions servant à faire la synthèse, « faire le point ». Cette pratique a deux inconvénients.

1. *Le premier :* la vision spécifique des fonctions s'impose dans l'exercice quotidien des responsabilités. Le cloisonnement des compétences s'en trouve renforcé. Chacun, cantonné dans *son* domaine de responsabilité, considère *ses* seuls résultats comme essentiels à *ses* yeux. Il est ainsi au-dessous d'une vision globale (contributions + objectif supérieur). Cela réduit fortement l'utilité des réunions, censées développer cette vision collective. Insuffisantes, on ne peut que les multiplier, jusqu'au débordement des agendas.
2. *Le second :* la vision globale et de synthèse, pourtant fonction haute du management, est dévolue à la seule hiérarchie. C'est elle qui, en réunions, arbitre et tranche, au détriment de l'appropriation collective. Entre deux réunions, chaque n-1 revient dans *son* domaine de responsabilité, en se focalisant sur une vision réductrice de la performance.

1.2. La surveillance : une fonction nouvelle

À l'opposé, le pilotage stratégique propose que chaque n -1 suive *personnellement* un ou plusieurs objectifs de niveau n, avec ses contributions n -1.

Le surveillant garde ainsi un œil sur les *autres responsables* de contribution et leurs métiers. Il s'ouvre à leurs points de vue et à leurs compétences, jusque-là « étrangères » à son domaine. Il en retient les appréciations sur les résultats de contribution, l'évaluation des risques ou des chances pour l'objectif global et les propositions d'amélioration. Il en prépare des synthèses pour le pilotage.

Ce rôle nouveau *ajoute du sens* à la responsabilité d'équipe, à son engagement collectif sur un ensemble de résultats pour des résultats supérieurs précis. Il développe des compétences nouvelles. Au fil du temps, le surveillant capitalise une compétence au-delà de sa fonction quotidienne. C'est un apport de fond à l'efficacité collective, à l'apprentissage collectif.

1.3. Les logiques de surveillance

Comment désigner les surveillants des objectifs du portefeuille ? Sur quels critères ? Plusieurs logiques sont disponibles, à cet égard.

Surveillance par le n° 1 lui-même ? C'est tout à fait possible... Mais alors, il doit suivre personnellement quelques objectifs stratégiques du portefeuille :

- ceux qu'il considère comme les plus porteurs de risques,
- ceux qu'il considère comme représentatifs des enjeux essentiels.

2. LES DIFFÉRENTS NIVEAUX DE SURVEILLANCE

Trois logiques de surveillance coexistent pour désigner les n - 1, surveillants des objectifs stratégiques.

2.1. La surveillance par les n - 1

Il s'agit d'une surveillance essentiellement fonctionnelle.

Chaque n - 1 suit les objectifs généraux les plus proches de sa fonction. Cette logique a l'avantage de s'appuyer sur les compétences installées, selon la structure. La direction commerciale suit les objectifs de marché et leurs contributions n - 1. La direction de production suit les objectifs de performance sur les processus. Les directeurs financiers et des ressources humaines suivent les objectifs de capacités qui les concernent le plus.

© Editions d'Organisation

Des risques existent dans cette logique de surveillance :

- Ils procèdent de la répartition installée des compétences et des responsabilités conduisant à une surcharge de travail, pénalisante à terme pour la qualité de surveillance. En outre, l'apprentissage collectif risque ainsi de s'appauvrir.
- Ils découlent d'une vision interne des fonctions et de la structure et mettent de ce fait la vision stratégique sous la lunette des fonctions en place.

2.2. La surveillance par les problématiques

Le portefeuille stratégique doit être vu avec d'autres lunettes que celles qui permettent de voir la structure d'entreprise, dont il est indépendant. Une lecture globale en dégage les quelques **problématiques stratégiques** du succès. Ces sous-ensembles cohérents d'objectifs stratégiques regroupent le portefeuille sur un petit nombre de pôles de cohérence.

> ➤ Une première méthode repère les ambitions de marché les plus décisives pour le développement. Autour d'elles, on regroupe les autres objectifs stratégiques. Ces ambitions externes tirent tous les objectifs de processus et de capacités qui les appuient. De la sorte, les ambitions sur les marchés sont à l'avant du développement de l'entreprise. Les autres objectifs sont, implicitement, à leur service.

> ➤ La seconde définit autrement les problématiques stratégiques. On repère, *à côté* de l'ambition globale sur les marchés, les grandes mutations que doit accomplir l'entreprise pour assurer sa stratégie. Ces thèmes transformateurs *s'ajoutent* aux ambitions de marchés. Ces axes stratégiques de progrès l'amènent, avec sa réussite stratégique, à un palier nouveau de compétences.

De cette façon, l'ambition sur les marchés peut être une problématique parmi d'autres. Toutes sont stratégiquement *au même niveau* d'importance. Aucune n'est « secondaire », ou au service des autres. Seule leur réussite *globale* assure la stratégie de l'entreprise. Un nouveau positionnement sur les marchés, par exemple, peut s'ajouter à une autre performance économique, un autre management des hommes, une autre qualité des produits et services, une innovation structurelle ou technologique, un autre niveau d'apprentissage collectif, etc.

Dans l'une ou l'autre définition, on répartit la surveillance par problématiques. Le surveillant suit, pour une même problématique, tous les objectifs concernés avec leurs contributions. Cette logique par problématique stratégique est indépendante des attributions fonctionnelles. L'évolution des compétences y trouve alors une autre impulsion, en rupture avec les habitudes quotidiennes. On peut y voir un choix d'évolution de l'équipe de direction et de ses capacités stratégiques. Innovation dans le management des hommes, cette approche décloisonne compétences et enjeux, hors des cadres quotidiens d'activité. Elle développe esprit d'ouverture, capacité de synthèse et de réflexion collective.

2.3. La surveillance mixte

On peut mêler plusieurs logiques dans une même organisation de surveillance stratégique. De façon transitoire, on peut isoler une problématique stratégique et suivre les autres objectifs selon un mode plutôt fonctionnel.

Quelle que soit la logique retenue, la surveillance stratégique est une fonction nouvelle pour les responsabilités de direction. Le management doit l'intégrer dans l'évolution des hommes, de leurs compétences et de leurs missions.

© Editions d'Organisation

Problématique de marché	1	
Problématique de marché	2	
Problématique de marché	3	**HORIZON**
Problématique de marché	4	**STRATÉGIQUE**
Problématique de marché	5	

Vision « marchés » des problématiques stratégiques

DEUX VISIONS DES PROBLÉMATIQUES STRATÉGIQUES

Vision « progrès » des problématiques stratégiques

Problématique de marché	
Compétence des hommes	
Qualité des services	**HORIZON**
Rentabilité financière	**STRATÉGIQUE**
Grands projets innovants	

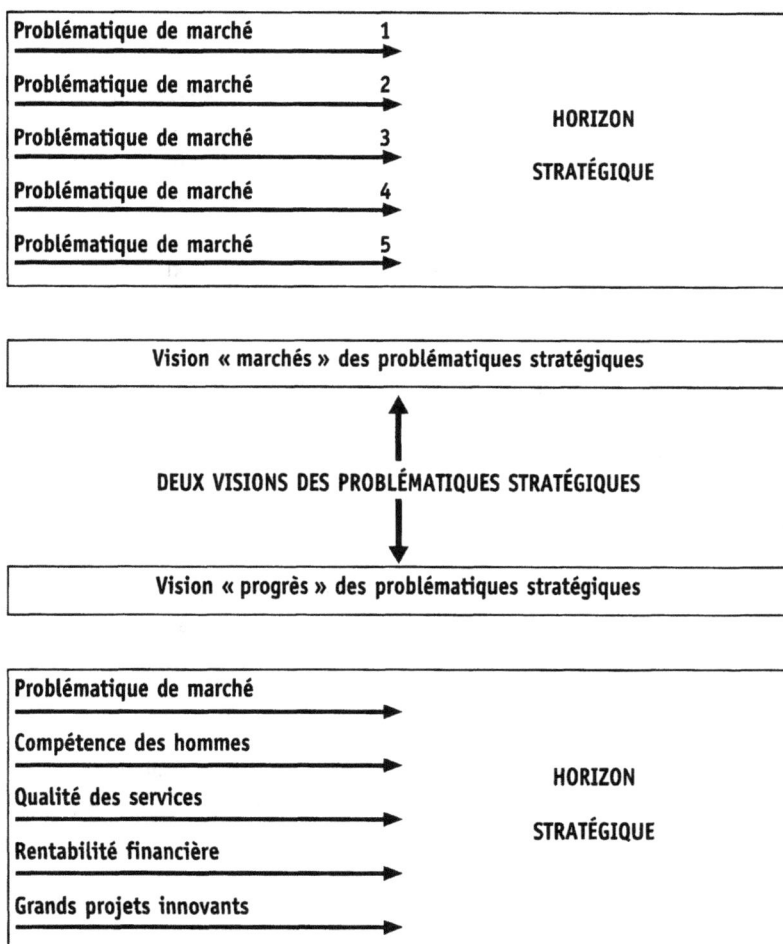

Figure 36 – Deux visions des problématiques stratégiques

3. LE CONTENU DE LA SURVEILLANCE STRATÉGIQUE

Il ne s'agit pas d'appellation nouvelle du classique « suivi des résultats ». Il ne s'agit pas non plus d'un rôle de « chien de berger » chargé de maintenir les responsables au plus près des prévisions. Non, ici la démarche est toute autre. Le responsable désigné, véritable vecteur de transversalité, surveille :

- les résultats des contributions, pour son information complète,
- les propositions de leurs responsables. Pour cela, le surveillant doit refuser les classiques justifications. En revanche, il doit favoriser concrètement créativité et apprentissage collectifs, croisement des savoirs et des points de vue, synergie des compétences. Il fait appel à la compétence spécifique des responsables de contributions, tirant avec eux tout le parti des dérives constatées.

Il apprécie d'abord, toujours avec eux, si l'écart est significatif ou pas. Valeur négligeable ou de pure circonstance... Il n'appelle pas de réflexion et d'action particulière de la part de l'équipe de direction. On dit qu'un écart est significatif lorsqu'il est source d'apprentissage et d'actions nouvelles, lorsqu'il entraîne une ou des réflexions collectives, lorsqu'il implique également, un véritable enjeu à l'horizon stratégique. Avec cette dérive a-t-on plus ou moins de chances d'atteindre l'objectif prévu à l'horizon stratégique ?

Dans tous les cas, c'est l'horizon stratégique, ambition globale et trajectoire retenue, qui est à suivre par le surveillant et par l'équipe de direction.

L'époque est révolue où on ne se bornait qu'à suivre les résultats,
en eux-mêmes et pour eux-mêmes !

Un écart significatif, avance ou retard, est une dérive *utile à la réflexion stratégique. C'est le moyen d'une meilleure compréhension* des mécanismes externes ou internes de la réussite stratégique. Il s'agit d'un *outil* pour *améliorer les visions d'avenir,* les objectifs et les prévisions.

Lorsqu'il a repéré les dérives significatives, le surveillant regroupe les éléments d'analyse. Puis il prépare, avec le tableau de bord, le dossier de pilotage pour l'équipe de direction. Les dérives observées permettent d'analyser les **causes externes** aux processus, souvent qualifiées « d'aléas imprévisibles » : éléments sociaux, techniques, pannes, grèves,

© Editions d'Organisation

intempéries, liés aux salariés, aux fournisseurs, aux clients, aux équipements, aux administrations, à la climatologie...

Bref, tout ce qui met (ou remet) en question la pertinence même du système d'informations. Les paramètres sont-ils adaptés ? Les fameux aléas imprévisibles trouvent-ils leur origine dans un quelconque dysfonctionnement interne ? Externe ? Les procédés de surveillance sont-ils efficaces ? *Autant de questions absolument nécessaires qu'il sera capital de sérier avec beaucoup de discernement.*

Toute faiblesse interne ou rupture externe pose à l'entreprise la question essentiellement vitale de sa propre **réactivité** sous toutes ses formes. Le système d'informations permet-il de capter les signaux précurseurs d'un changement de contexte ? Ces signes de changement suscitent-ils une analyse collective et systématique des réponses à apporter ?

Réagir, c'est avant tout être alerté, pour prévoir et anticiper !

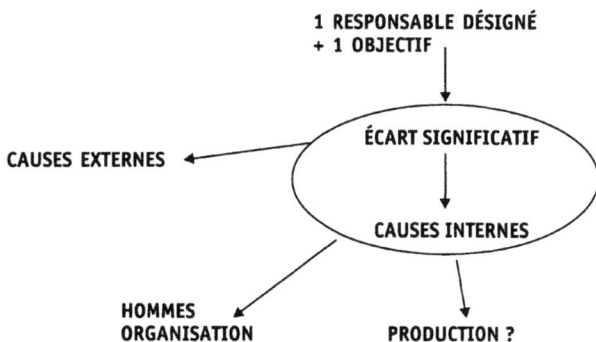

CAUSES INTERNES LIÉES AUX RESSOURCES	
LES HOMMES	• Compétences • Motivations
LES ORGANISATIONS	• Equipements et moyens • Procédés et méthodes

Figure 37 – *Analyse des écarts sur objectifs*

Les causes internes aux processus se regroupent en deux catégories :

⇨ les ressources disponibles, celles des hommes ou des organisations... ; ressources qui sont le plus souvent mal estimées par l'objectif. Mauvaise formation des salariés, mauvaise fiabilité des équipements ou des procédures, mauvaise compréhension, disponibilité ou accessibilité... On ne pouvait pas faire mieux, dans ces conditions. De tels écarts, cela ne fait aucun doute dans l'esprit de personne, renvoient aux fonctionnels et aux objectifs des fonctions,

⇨ quand les capacités générales ne sont pas en cause, c'est alors la mauvaise « production » dans l'une ou plusieurs des activités du processus concerné qui le devient. On retrouve là les dysfonctionnements internes à la production : mauvaise application des procédures, mauvais emploi des équipements, erreurs, défauts, dysfonctionnements, non-qualité. On « pouvait faire mieux »... Le problème est qu'on ne l'a pas fait et il faut savoir pourquoi.

Compétences ou moyens suffisants : Ils ne sont pas en cause (on pouvait faire mieux). Les dérives proviennent alors de dysfonctionnements de « production » (mauvais emploi des capacités, sur ou sous-emploi), ou de facteurs externes de perturbation (pertinence du système d'informations).

Compétences ou moyens insuffisants : On ne pouvait pas faire mieux. Des appuis fonctionnels sont nécessaires (motivation ou formation des hommes, fiabilité des équipements ou des procédures, etc.).

© Editions d'Organisation

CHAPITRE 6

Piloter l'entreprise sur la trajectoire stratégique

Cette fois, ça y est... L'ensemble du dispositif de pilotage est en place dans l'entreprise.

Pour les quelques années à venir, l'horizon stratégique est clair, au niveau général de l'entreprise et pour tous ses cadres. Chaque responsable connaît avec précision :

- les objectifs dont il est responsable personnellement,
- les objectifs supérieurs auxquels il contribue,
- les contributions qu'il attend de ses n -1,
- les projets et actions à suivre en priorité.

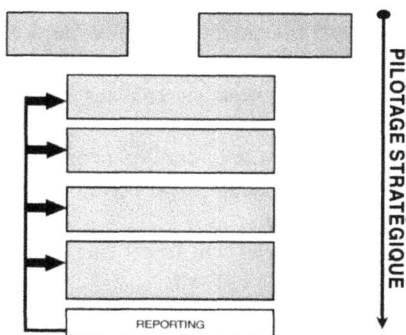

Il faut maintenant mettre en place le cycle mensuel de pilotage non seulement au niveau de l'équipe de direction mais aussi à tous les autres niveaux de l'organisation.

SECTION 1. METTRE EN PLACE LE PILOTAGE

1. CONSTRUIRE LES TABLEAUX DE BORD

La mise en place du pilotage stratégique répond à une répartition des tâches très précise. Chaque dirigeant, chaque cadre aux divers niveaux de la structure, dispose de son propre tableau de bord, outil capital de préparation des séances de pilotage.

Certains éléments de ce tableau de bord sont produits par le contrôle de gestion qui les adapte et les valide. D'autres, peuvent être disponibles automatiquement sur le système informatique de l'entreprise. C'est le cas, par exemple, des variables externes et de divers autres indicateurs internes. Que comporte le tableau de bord d'un cadre à la date de contrôle ?

- les résultats généraux de l'entreprise, sous forme synthétique et adaptée à la fonction,
- les résultats sur tous les objectifs supérieurs auxquels le cadre contribue,
- les résultats sur ses propres objectifs,
- les indicateurs d'actions ou de projets sélectionnés à son propre niveau.

2. AMÉLIORER LE SYSTÈME D'INFORMATIONS ET DE PILOTAGE*

Le système d'informations de l'entreprise représente aujourd'hui un paramètre crucial de compétitivité qui ne doit pas être sous-estimé. L'information, en effet, est liée à la stratégie de l'action. Elle est partie intégrante de l'entreprise, elle permet de veiller à la globalité de ce qui bouge pour anticiper l'avenir, elle constitue aussi un merveilleux outil de contrôle... Alors, il n'est plus permis d'entendre des cadres, voire des contrôleurs de gestion, gémir lamentablement :

- *Je n'ai pas été informé, je n'ai pas vu venir l'événement !*
- *Je ne saurais pas contrôler telle ou telle variable !*
- *Je ne peux pas tout suivre, je suis inondé de chiffres !*
- *Ces chiffres-là ne sont pas significatifs ! Ils sont mal calculés !*

© Editions d'Organisation

À propos du système d'informations, on peut avancer quelques idées.

Il y a d'abord le mythe d'un système d'informations « parfait ». Il serait à la fois en temps réel et toujours disponible, souple et évolutif, entièrement informatisé et d'un coût raisonnable, parfaitement bien adapté à tous les besoins spécifiques... Un système tellement parfait qu'il dispenserait chaque cadre, de l'effort et de la difficulté d'analyse, de compréhension, de synthèse. Bref de tout ce qui fait sa compétence spécifique de responsable. C'est le fantasme du système d'informations idéal tel que le rêvent encore trop de chefs d'entreprises englués dans les mirages de l'utopie : un système d'informations du style « dis-moi tout ! et dis-moi surtout... ce que je dois faire » !

L'essentiel de l'efficacité du pilotage stratégique repose sur le principe qu'il vaut mieux un indicateur qui n'exprime que 80 % de la réalité concernée, mais qui soit immédiatement disponible, plutôt que l'indicateur idéal, significatif à 100 %... livrable dans plusieurs mois !

Le système comptable représente encore la colonne vertébrale des systèmes d'informations de nos entreprises. C'est *la* référence supérieure en matière de qualité, de précision et de rigueur d'informations. On déplore que le marketing et la production n'y soient presque jamais intégrés. Ils sont traités par des systèmes parallèles et d'une fiabilité discutable et d'ailleurs discutée !...

D'autre part, nos systèmes d'informations d'entreprises manquent terriblement de paramètres d'environnement. En effet, les bases de données externes, quand elles existent, sont embryonnaires, marginales et cantonnées dans un coin de l'entreprise. Elles ne sont pas du tout articulées au système central, ni suivies et exploitées avec le même soin. La compréhension de l'environnement est pourtant une compétence déterminante des dirigeants et des cadres. C'est une condition *sine qua non* d'un pilotage efficace !

Les systèmes d'entreprises ne comportent que peu d'indicateurs véritables, au-delà des résultats de gestion. Indicateurs d'objectifs, de projets et d'actions, n'y sont pas intégrés. C'est d'autant plus regrettable que cela leur enlève une bonne part de leur utilité. En effet, face à l'information de gestion, il n'y a qu'un immense vide d'informations stratégiques qui laisse alors le champ libre aux justifications et aux spéculations intellectuelles.

Dans les entreprises, les données propres aux métiers ne sont presque jamais normalisées. Gérées le plus souvent dans des systèmes parallèles

« officieux », elles ne sont pas intégrées au système central. Dans de telles conditions, il n'est pas nécessaire de s'enfoncer dans une démarche « analytique » complexe, exigeante et coûteuse. Les structures analytiques d'informations, fondées sur les coûts complets et le coût de revient des produits, sont en général assez peu adaptées aux réalités des métiers. Il s'agit donc d'intégrer au système central, les données spécifiques des métiers : marchés, compétitivité externe, processus majeurs, performances spécifiques. Il s'agit aussi d'y intégrer les indicateurs utiles, les variables et les paramètres internes et externes. De ce point de vue, des démarches ABC et ABM sont beaucoup plus efficaces.

Toutefois, il faut veiller à maintenir les possibilités de consolidation, pour toutes les données qui le nécessitent, chiffre d'affaires, coûts et marges notamment. Faire l'impasse sur ce travail génère un grave handicap. Dès lors, il est particulièrement difficile d'obtenir une vision synthétique de l'entreprise et sa performance. En conséquence, le pilotage ne peut plus s'exercer correctement.

Il est donc impératif d'intégrer, au système central, des données normalisées sur les métiers. Ceci représente un enjeu capital pour les entreprises, dans la décennie à venir ! Sinon, la tentation sera inévitable de revenir « au sûr, au connu et au disponible » : la vision budgétaire et comptable de l'entreprise, peut-être... Vision rétrograde et obsolète s'il en est... D'autant que cela se fait au détriment des marchés et de la performance véritable !

Quant aux systèmes d'informations, ils doivent être davantage décentralisés sur toute l'entreprise mais pas seulement de façon verticale... Il faut aussi l'étendre géographiquement. L'efficacité de pilotage d'une filiale ou d'un établissement ne réside pas seulement dans le fait d'attendre des résultats du siège social ! Cela pose évidemment des questions sur les pouvoirs établis dans l'entreprise, et qui, trop souvent, sont liés au « contrôle » préalable de l'information avant de la distribuer ! Ne dit-on pas que « la maîtrise de l'information garantit le pouvoir » !

Cette ventilation d'informations n'en est pas moins un enjeu majeur du pilotage efficace ; elle est garante d'un meilleur exercice des responsabilités et d'un développement des performances ! Toutefois, elle doit s'exercer dans le cadre d'une maîtrise d'œuvre unique des systèmes d'informations : le système central avec ses niveaux d'accès et de mise à jour, les systèmes associés et articulés. Garantie véritable de disponibilité et de fiabilité des informations, cette maîtrise d'œuvre est une fonction de direction à part entière.

© Editions d'Organisation

En d'autres termes, outil du contrôle de gestion, le suivi budgétaire marque ses limites :

- il ne permet de répondre que partiellement aux besoins de pilotage de l'entreprise,
- il constate *a posteriori* des dysfonctionnements essentiellement sur la base de données financières,
- il ne permet pas d'avoir une vision claire des principales composantes de la performance telles que la qualité, les délais et la réactivité,
- il aborde la performance de l'entreprise sous l'angle de la performance individuelle, le budget étant plus un cloisonnement des responsabilités qu'un outil d'implication collective,
- il repose sur la stabilité des structures de l'entreprise et de l'environnement et sur un découpage des responsabilités.

Dès lors, de nouveaux outils paraissent indispensables dans le cadre de la démarche vers le pilotage stratégique :

- le contrôle de gestion devient un véritable outil de pilotage favorisant l'implication et la responsabilité de tous les acteurs de l'entreprise,
- la performance ne s'apprécie plus par rapport à un objectif figé, mais par une capacité de chacun à s'adapter et à réagir le plus rapidement possible,
- la performance de l'entreprise doit s'analyser par rapport à la satisfaction du client et non plus par le simple respect des budgets,
- les objectifs stratégiques définis par l'entreprise seront atteints par une mobilisation collective des ressources et par un partage des grands enjeux,
- les responsables ont besoin d'outils de gestion définissant clairement les priorités de l'entreprise afin d'engager les actions nécessaires,
- l'amélioration des performances résulte de la capacité de l'entreprise à produire de la valeur pour ses clients en consommant le minimum de ressources,
- la compétitivité de l'entreprise est fonction de sa capacité à regrouper les activités génératrices de valeur et ceci au moindre coût.

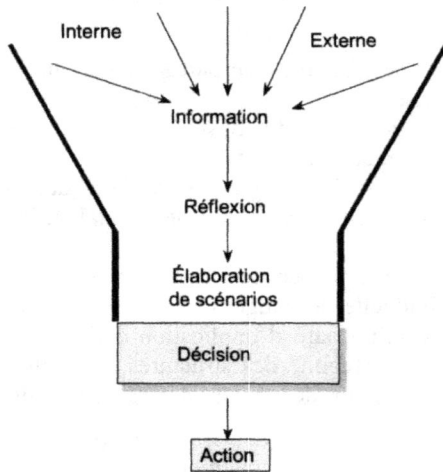

Figure 38 – *Système d'information et réactivité*

Aujourd'hui, il est vital que l'entreprise anticipe. À cet égard et dans le cadre de la mise en place d'un pilotage stratégique, le système d'information doit être adapté afin de permettre la meilleure réactivité.

Dans ce domaine particulier une véritable révolution apparaît sous la forme de certains logiciels dits de gestion intégrée qui, seuls, remplacent une quarantaine de programmes et... quelques cadres. Sans entrer dans l'aspect technique, disons qu'il est l'outil parfait de circulation transversale et horizontale de l'information. Plus même puisque cette merveille informatique déclenche les phases fonctionnelles et opérationnelles dictées à partir d'un poste.

Un commercial prend une commande exceptionnelle. Il la saisit sur son micro portable qui répercute, à tous les niveaux, ces données nouvelles. S'il faut commander de la matière première, il le fait, s'il faut du personnel supplémentaire, il le prévoit. Ce logiciel prépare les factures, les expédie et fait acheminer la marchandise.

© Editions d'Organisation

3. Du contrôle de gestion au contrôle stratégique

Le contrôle de gestion ne correspond plus aux exigences des entreprises qui aujourd'hui doivent anticiper. Il ne donne pas les informations dont se nourrit le pilotage stratégique à travers le contrôle stratégique.

Généralement, le contrôle de gestion s'analyse en quatre phases, au contenu précis :

1. La validation stratégique,
2. L'exploitation de l'information,
3. Le système de pilotage,
4. Les compétences clés.

Le passage au contrôle stratégique consiste à conférer à l'ensemble des données et à l'approche une dimension nouvelle qui permet une véritable anticipation et impulse des capacités de réaction. Il s'agit de réagir et non plus de subir.

3.1. La validation stratégique

- **Le contrôle de gestion** *se limite à un* constat à partir du prolongement des tendances. La mise en œuvre et le suivi sont *lents* car le processus est centralisé et surtout orienté vers la *sanction*.
- **Le contrôle stratégique** requiert de l'anticipation, des scénarios qui s'inscrivent dans une prospective. La modélisation *décentralisée* et la participation autorisent des réactions *rapides* ; elles stimulent. À l'orientation des sanctions du contrôle de gestion, il oppose l'orientation vers l'*entraînement et la formation*.

3.2. L'exploitation de l'information

- **Le contrôle de gestion** privilégie le découpage analytique de l'information, des budgets à court terme et une structure verticale. L'autorisation mécaniste des dépenses est la règle.
- **Le contrôle stratégique** prône le management global de l'information, des plans d'actions à moyen terme, au service d'une structure transversale. Enfin, les allocations de ressources sont affectées aux facteurs clés de succès.

3.3. Le système de pilotage

- **Le contrôle de gestion** appuie ses orientations sur des données internes et historiques qu'il veut exhaustives. Il est rigide et homogène.
- **Le contrôle stratégique** ouvert sur l'environnement recherche la synthèse dans la souplesse et l'hétérogénéité.

3.4. Les compétences clés

- **Le contrôle de gestion** fait appel à des savoir-faire de technicien sur la base d'une formation de comptable qui n'occupe qu'une position subalterne dans l'organigramme.
- **Le contrôle stratégique** privilégie le savoir-faire d'animation au service d'une formation de management conférant une position de direction fonctionnelle dans l'entreprise.

SECTION 2. ORGANISER LES CYCLES DE PILOTAGE DE L'ENTREPRISE

1. LE PRINCIPE

Le pilotage stratégique dépasse nettement le « reporting* » traditionnel, vécu dans les grands groupes, « reporting » le plus souvent budgétaire. Il dépasse plus encore le classique contrôle de gestion.

Il ne s'agit plus ici de détecter des écarts sur prévisions, pour les justifier ou... les sanctionner.

Avec le pilotage stratégique il s'agit :

- d'apprécier, sur la trajectoire et à l'horizon stratégique, avances et retards constatés, compte tenu des hypothèses et des appréciations,
- de mesurer les risques et les enjeux, pour la vision stratégique et les ambitions,
- de tirer parti des données externes, pour développer la compétence stratégique,
- d'anticiper toute évolution pressentie :

© Editions d'Organisation

- de l'environnement et des marchés,
- de la performance et des capacités internes,
- de mettre en place des actions correctives.

La vision anticipée du futur et des enjeux, guidée par les finalités de l'entreprise et les réalités de l'environnement, doit prévaloir lors de ces séances de pilotage.

Le résultat du moment devient vite secondaire derrière son impact sur l'ambition, l'horizon et l'enjeu stratégique.

Anticipation et réactivité sont les buts principaux des séances de pilotage et de leur préparation. L'essentiel du temps de réunion doit leur être réservé.

À partir des données disponibles, les résultats internes et les variables externes sont deux paramètres essentiels situés au cœur même des séances de pilotage :

- À quoi peut-on s'attendre de nouveau, dans le futur ?
- Comment s'y préparer, en tenant compte des finalités et des ambitions fixées ?

Afin de favoriser l'élaboration de ces réponses, le pilotage stratégique doit privilégier :

- la vigilance externe susceptible de fournir les signes d'éventuelles ruptures de l'environnement,
- le choix d'indicateurs précoces susceptibles de déclencher rapidement les *corrections nécessaires*.

2. La méthodologie

2.1. La préparation des séances

Avant chaque séance de pilotage, les surveillants n -1 ont recueilli les différentes analyses et propositions relatives aux écarts significatifs. Ils en font une synthèse qu'ils communiquent ensuite, à toute l'équipe (n, n -1). Chaque participant arrive en réunion de pilotage, informé depuis au moins 48 heures :

- des écarts significatifs sur les objectifs de niveau n,
- des analyses et propositions des responsables de contributions n -1.

Lui-même a analysé son propre tableau de bord, ses propres objectifs de contribution et les actions rattachées.

2.2. Le contenu des séances de pilotage

Une séance de pilotage, au niveau n, s'ouvre toujours sur l'examen des résultats généraux de l'entreprise : résultats de marché et résultats de gestion. *La séance ne porte que sur les objectifs de niveau n, dont la fréquence de contrôle est concernée à cette date, et pour lesquels des écarts significatifs ont été relevés.*

La discussion collective porte sur les analyses et propositions, synthétisées par les surveillants. L'analyse conjointe « objectifs – actions » enrichit nettement la réflexion globale. Examinons ci-dessous deux situations possibles.

Les objectifs sont atteints, mais les actions n'ont pas été toutes engagées.

Pourquoi ?

- Sous-estimation des objectifs ? Prudence excessive ?
- Surestimation des moyens nécessaires (pression budgétaire) ?

Des écarts sont constatés sur objectifs, bien que toutes les actions prévues se soient déroulées correctement. Pourquoi ?

- Variables d'environnement ? Causes externes ?
- Mauvaise appréciation de la productivité ou de l'efficacité des actions ?
- Mauvais choix des actions ?

2.3. Les conclusions d'une séance de pilotage

Toute séance de pilotage doit répondre aux deux questions suivantes :

- Quoi de nouveau ou de différent, dans l'environnement et sur nos marchés ?
- Quoi de changé dans notre vision stratégique, nos ambitions et nos objectifs ?

Plus précisément, chaque réunion de pilotage s'organise autour des interrogations ci-dessous :

© Editions d'Organisation

Compte tenu de l'analyse des écarts significatifs, des variables d'environnement, des propositions de responsables de contributions :
- Quelles décisions prenons-nous, pour actualiser nos objectifs et ambitions stratégiques ?
- Quelles actions décidons-nous pour actualiser notre position sur la trajectoire ?

La réunion de pilotage n'est pas une réunion comme les autres.

CE QU'IL NE FAUT PLUS		CE QU'IL FAUT	
30 %	• discuter les chiffres	⇨ analyser les chiffres	5 %
		⇨ proposer des actions correctives	40 %
60 %	• refaire le passé	⇨ choisir et arbitrer les plans d'actions	25 %
	• définir des actions de plus	⇨ anticiper les impacts à l'horizon stratégique	15 %
10 %	• fixer la prochaine réunion	⇨ valider les objectifs	15 %

Figure 39 – Conduite d'une séance de pilotage

SECTION 3. DU PILOTAGE AU MANAGEMENT DE LA PERFORMANCE

Les systèmes d'appréciation de la performance doivent être chaînés aux objectifs stratégiques des organisations afin de créer et de renforcer les liens entre objectifs individuels (fixés dans le cadre du management de la performance) et les objectifs globaux. Or on constate qu'ils sont trop souvent déconnectés de la stratégie.

1. LES ENJEUX DU MANAGEMENT DE LA PERFORMANCE

Le management de la performance se définit comme un processus continu et cohérent d'amélioration des performances qui permet d'identifier les marges de progrès sur lesquels les collaborateurs s'engagent. Il répond à quatre enjeux majeurs :

- le pilotage de l'action : il s'agit de fixer, d'évaluer et de suivre la contribution des collaborateurs à l'atteinte des objectifs stratégiques ;

- le parcours professionnel : l'appréciation des collaborateurs constitue un atout la gestion anticipée des emplois et des carrières ;

- la rémunération : à partir d'une base d'évaluation fiable et objective des résultats attendus, il est possible d'attribuer à chacun un montant de part variable adapté à sa contribution individuelle aux résultats de l'entreprise ;

- le développement des compétences : le management de la performance constitue un outil d'observation privilégié des compétences démontrées par chacun, dans le but d'en favoriser l'acquisition et la consolidation.

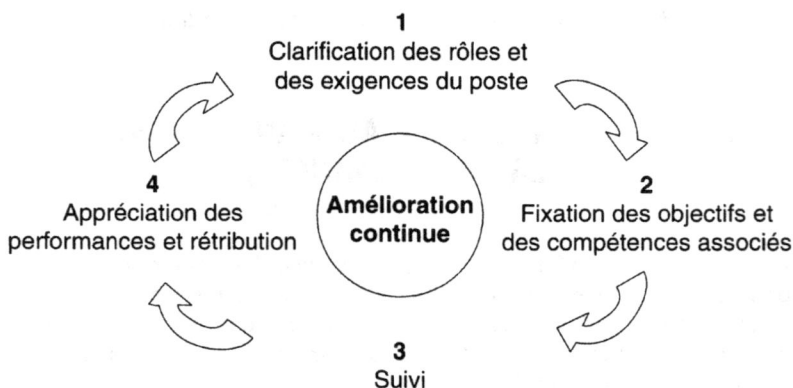

1
Clarification des rôles et
des exigences du poste

4
Appréciation des
performances et rétribution

**Amélioration
continue**

2
Fixation des objectifs et
des compétences associés

3
Suivi

Figure 40 – Le management de la performance :
processus continu d'amélioration

© Editions d'Organisation

Figure 41 – *Les enjeux du management de la performance*

2. LE DESCRIPTIF DE LA DÉMARCHE

La démarche proposée permet d'intégrer, outre les objectifs de développement des compétences, les objectifs prioritaires des collaborateurs à l'atteinte de la stratégie.

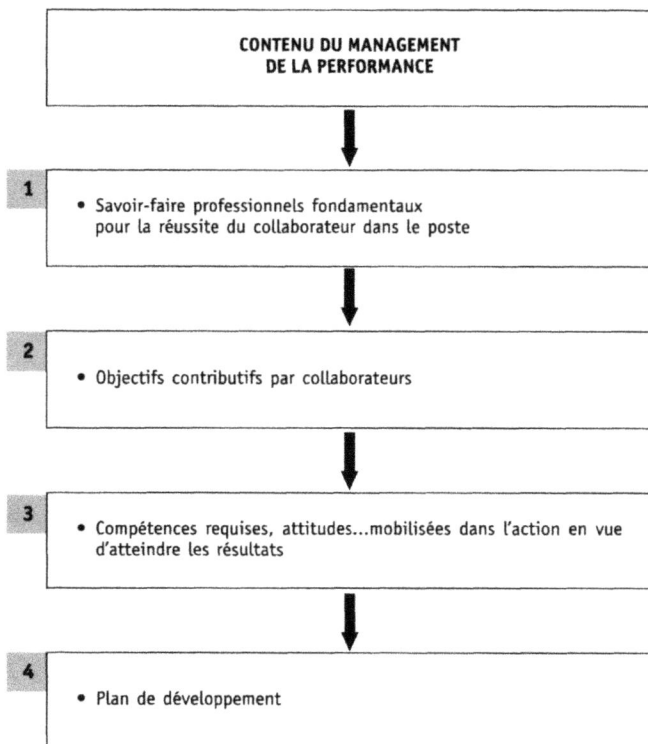

3. LA MÉTHODOLOGIE DE MISE EN PLACE DU SYSTÈME D'ÉVALUATION DES PERFORMANCES

Le système d'évaluation des performances se définit comme un processus structuré et planifié par lequel on estime la contribution de chacun dans l'atteinte des résultats de l'organisation, mais aussi leurs comportements, ceci par rapport aux valeurs, missions et stratégies définies par l'organisation.

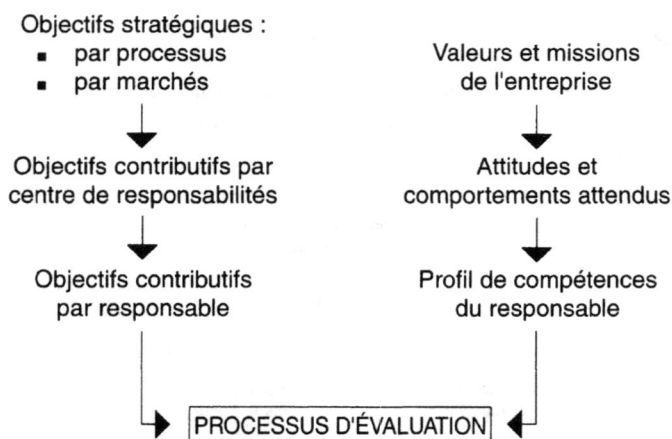

Objectifs stratégiques :
- par processus
- par marchés

Valeurs et missions
de l'entreprise

Objectifs contributifs par
centre de responsabilités

Attitudes et
comportements attendus

Objectifs contributifs
par responsable

Profil de compétences
du responsable

PROCESSUS D'ÉVALUATION

Figure 42 – *Le processus d'évaluation*

3.1. Les trois phases du cycle d'évaluation

On compte trois phase clés dans le cycle d'évaluation de la performance :

- phase 1 : détermination et planification des résultats à atteindre
- phase 2 : suivi des résultats et du niveau de réalisation des plans d'actions
- phase 3 : évaluation du degré d'atteinte des objectifs et d'implication du responsable

© Editions d'Organisation

3.1.1. Phase 1 : *détermination et planification des résultats à atteindre*

Trois étapes structurent cette première phase :

- la détermination des objectifs prioritaires du centre de responsabilité,
- l'identification des contributions des différents responsables du centre de responsabilité,
- l'établissement des objectifs individuels du responsable.

Pour cette phase, on se reportera au chapitre 5 « Organiser le déploiement de la stratégie », sections 2 et 3 : on retiendra plus particulièrement la représentation graphique des contributions, que l'on utilisera comme base de référence pour cette phase.

Cette phase correspond à un véritable contrat individuel, à un engagement fort, sur la base d'objectifs clairement définis et partagés (consensus et négociation). Les résultats à atteindre seront complétés par les plans d'actions et les ajustements nécessaires dans l'exercice du rôle de « manager » du responsable.

3.1.2. Phase 2 : *suivi des résultats et du niveau de réalisation des plans d'actions*

Trois étapes composent cette phase :

- analyse pertinente de l'efficience des plans d'actions mis en œuvre,
- détermination des plans d'actions correctifs ou des ajustements souhaitables (actualisation éventuelle de certains objectifs contributifs)
- analyse du niveau d'implication et de motivation du responsable.

Cette phase mensuelle ou bimensuelle doit permettre au responsable hiérarchique, en temps réel, d'ajuster l'action de ses collaborateurs, de s'assurer que les objectifs prioritaires sont atteints et de les accompagner dans leur mission (à ce stade, le responsable hiérarchique développe une compétence de coach). On conseille la tenue d'un « journal de bord » et d'un « journal d'améliorations » facilitant le suivi des engagements pris à une date donnée.

Fiche de pilotage du contrat d'ojectifs
Responsable : _____
Pour le mois de _____

Date de l'entretien	Événements significatifs actions engagées	Observations

Figure 43 – *Journal de bord*

Fiche de pilotage du contrat d'ojectifs
Responsable : _____
Pour le mois de _____

Emis le	Résolutions	Fait le

Figure 44 – *Journal d'améliorations*

3.1.3. Phase 3 : évaluation du degré d'atteinte des objectifs et d'implication du responsable

Cette phase comprend deux étapes majeures :

- évaluation du niveau d'atteinte des résultats par rapport aux objectifs contractualisés,
- évaluation de l'adaptation du comportement du collaborateur par rapport aux responsabilités confiées (pertinence de son mode de management et de délégation, degré d'implication et de motivation personnelle, etc.).

Au cours de cette phase semestrielle, le responsable hiérarchique réalise une analyse en profondeur de l'engagement des collaborateurs, dans le cadre d'une réflexion structurée autour de sa performance. Elle conduit à définir de nouvelles orientations pour la période suivante. En évaluant

© Editions d'Organisation

préalablement les dérives éventuelles dans la réalisation des plans d'actions au cours de la phase 2, on évite les « surprises » ou les désagréments au cours de la phase 3 plus portée sur le comportement personnel du collaborateur que sur celui de son équipe.

3.2. Les supports d'évaluation des performances

3.2.1. Le tableau de prise en charge des objectifs par l'équipe de direction

Comme cité précédemment, se reporter au chapitre 5, section 3.

3.2.2. L'évaluation des performances sur les objectifs contributifs

Ce support constitue une échelle de valorisation des résultats :

- les niveaux identifiés correspondent aux différents niveaux de performance définis par objectif,
- l'échelle de valorisation permet d'évaluer le niveau de réalisation des objectifs même s'ils n'ont pas été intégralement atteints,
- cinq niveaux de valorisation sont pris en compte :
  - E : excellent
  - TB : très bien
  - B : bien
  - P : passable
  - M : mauvais

Les objectifs du responsable doivent faire l'objet d'une pondération pour intégrer les contributions prioritaires, dysfonctionnements majeurs de l'entité, les sauts de performance à privilégier. On identifiera parallèlement les paramètres d'environnement, c'est-à-dire les éléments décisifs pour atteindre l'objectif non maîtrisables par le collaborateur.

Les résultats atteints conduisent au calcul d'une note d'ensemble reflétant globalement le niveau de performance atteint par le responsable.

Figure 45 – *Tableau d'évaluation des performances n° 1 : Objectifs contributifs*

Objectifs		Pondération	Niveau de performance	Echelle de valorisation des résultats	Résultats atteints	Résultats pondérés	Paramètres d'environnement
Objectif 1	0,33	20 %	x < à,25	E = 100			
			0,30 >x> 0,25	TB = 75			Retard mise en place ARTT
			0,35 >x> 0,30	B = 50	B : 50	10	
			0,40 >x> 0,35	P = 25			
			X > 0,40	M = 0			
Objectif 2		30 %		E = 100 ...	E = 100	30	Evolution de l'absentéisme
Objectif 3		10 %		E = 100 ...	TB = 75	7,5	Etc.
Objectif 4		40 %		E = 100 ...	B = 50	20	
		100 %				67,5	

© Editions d'Organisation

3.2.3. L'évaluation des performances sur le profil des compétences

- Les compétences requises correspondent aux comportements que chaque responsable doit maîtriser pour remplir sa fonction et lui permettre d'atteindre ses objectifs. Elles sont étroitement liées à la mission du responsable, à l'organisation existante et surtout aux valeurs de l'entreprise et à la culture de l'entreprise.
- Les compétences associées aux compétences requises doivent faire l'objet d'une priorisation (pondération) et s'ajuster à la situation de chacun des responsables.
- Chaque compétence à maîtriser est analysée en trois critères correspondant à des comportements caractéristiques qu'il est nécessaire de faire évoluer.
- Pour chaque critère comportemental on établit six niveaux associés à des fréquences de réalisation afin de déterminer une note globale par compétence clé :
  - Jamais : 0
  - Presque jamais : 2
  - Parfois : 4
  - Souvent : 6
  - Presque toujours : 8
  - Toujours : 10

Figure 46 – Tableau d'évaluation des performances n° 2 : Profils des compétences

Compétences requises	Pondération	Jamais (0)	Presque jamais (2)	Parfois (4)	Souvent (6)	Presque toujours (8)	Toujours (10)	TOTAL	Base 100	Résultat pondéré
Compétence 1	30 %									
• Critère 1			X							
• Critère 2						X				
• Critère 3							X	20	66,7	20
Compétence 2	70 %									
• Critère 1				X						
• Critère 2					X					
• Critère 3						X		18	60	42
TOTAL										62

© Editions d'Organisation

3.2.4. Le tableau synthétique d'évaluation des performances

Ce tableau synthétise les informations des tableaux n° 1 et n° 2.

Période	Objectifs Contractualisés	Pondération	Profil de compétences	Pondération	Total pondéré
1er semestre N	67,5	60 %	62	40 %	65,30
2e semestre N					
TOTAL N					

Figure 47 – Tableau d'évaluation des performances n° 3 :
Synthèse de l'évaluation

Conclusion

L'entretien de management de la performance doit être le moment privilégié de dialogue entre le responsable hiérarchique et son collaborateur afin d'identifier les orientations sur lesquelles le collaborateur doit s'engager, mais aussi de déterminer la responsabilité hiérarchique du responsable dans l'accompagnement.

Véritable boucle de contrôle de la stratégie, le système de management de la performance ne doit pas être considéré comme un simple exercice de mesure des résultats mais comme un instrument de suivi et d'accompagnement de la performance individuelle dans une logique collective.

CHAPITRE 7

Communiquer en interne sur le pilotage stratégique

« Nous voulons de la place au soleil ». C'est normal, mon garçon. Alors fais du soleil au lieu de chercher à faire de la place.

Jean GIONO

L'état de la communication interne dans les entreprises est révélateur de l'état du management. Les critiques souvent formulées sur le fonctionnement et l'efficacité de la communication interne concernent d'une part la diffusion d'informations (jugée parcimonieuse et sélective), peu lisible (le fait et le commentaire sont mélangés au détriment de la compréhension), limitée à certaines catégories de cadres (les employés et les sites éloignés sont souvent pénalisés ou traités de manière simpliste, ce qui contribue à accentuer le décalage culturel entre les publics internes) et concomitante voire en retard par rapport aux autres médias. Les critiques concernent d'autre part le rôle de l'encadrement dans sa mission de relais de la direction, qu'il assume avec difficulté. La fonction de communication et d'animation s'est progressivement substituée à la compétence technique à l'origine de nombreuses promotions internes. Désormais, l'encadrement doit faciliter et accompagner la circulation des informations descendantes mais aussi ascendantes et veiller à la cohésion et à l'animation de ses équipes.

L'accompagnement en communication interne de la mise en place du pilotage stratégique doit permettre à tous les collaborateurs de s'approprier la démarche et de participer à l'ensemble des étapes de la mise en œuvre, sous la forme suggérée par la direction, chacun selon son métier et ses compétences, à tous les niveaux de l'entreprise (« *les objectifs de l'entreprise sont les **nôtres**, et notre objectif à **chacun** est de fournir le travail nécessaire pour les atteindre **ensemble*** »).

SECTION 1. LES ENJEUX DE LA COMMUNICATION INTERNE EN ACCOMPAGNEMENT DE LA MISE EN ŒUVRE DU PILOTAGE STRATÉGIQUE

1. QUELQUES PRÉCISIONS

En préalable nous rappellerons ce que nous entendons par communication interne, en distinguant ce qu'est cette fonction, de ce qu'elle n'est pas.

1.1. Ce que n'est pas la communication interne

- Une fonction « outil », c'est-à-dire l'animation de médias ou d'actions internes sans logique ou « fil conducteur ».
- La danseuse ou le « factotum » du dirigeant (qui a recours à cette fonction selon ses humeurs ou son budget).
- La fonction qui donne bonne conscience à l'entreprise en cas de crise ou lorsqu'elle souhaite « valoriser » certains traits de sa culture interne.
- Un substitut à la bonne gestion de l'entreprise, qui se sert d'une communication attrayante pour bien « vendre » une mauvaise décision ou pour masquer ses mauvais résultats.
- La fonction « spectacle » de l'entreprise principalement, voire exclusivement chargée d'organiser des rencontres ou conventions événementielles.
- Le « placard » pour collaborateurs à reclasser ou à « sortir » du circuit.

© Editions d'Organisation

1.2. Ce qu'est la communication interne

- Une fonction qui n'a ni plus ni moins d'importance que les autres dans l'entreprise. Elle participe comme les autres à l'atteinte des objectifs stratégiques de l'entreprise. A ce titre, c'est une fonction d'accompagnement :
  - accompagnement de la stratégie de l'entreprise,
  - accompagnement des besoins en communication des tous les services de l'entreprise.
- Une fonction dont la mission consiste à veiller à la cohérence de l'ensemble des messages et signaux émis par l'entreprise. A ce titre, elle ne permet pas seulement d'expliciter et de valoriser les projets de l'entreprise, elle doit prendre sa place en tant que partenaire dans la démarche itérative de la stratégie. La communication interne consiste donc à améliorer la circulation de l'information au sein de l'entreprise, information institutionnelle, technique, financière, réglementaire, commerciale ou sociale, dans le but de faciliter la collaboration de chacun à l'atteinte des objectifs de l'entreprise.
- Une fonction qui se manage et qui se pilote comme toute autre fonction, à ce titre :
  - elle doit se doter d'outils de pilotage, de suivi et d'évaluation,
  - elle décline les objectifs stratégiques de l'entreprise en objectifs de communication à court, moyen et long terme, échéancés, budgétés et évalués.

Aussi communiquer n'est pas seulement transmettre des informations, ni même faire comprendre un message à son interlocuteur, c'est surtout se comprendre mutuellement pour mieux travailler. La **confiance** entre les salariés et les dirigeants se construit avec le temps, dans le *respect mutuel et la transparence des informations*. La communication interne dépasse alors la palette d'outils du management et présente un double aspect :

- c'est un état d'esprit d'échange de dialogue et de confiance ;
- c'est une fonction, c'est-à-dire une série d'actions qui s'intègrent dans une stratégie globale, une politique et un plan de communication.

En ce sens, la communication interne sur le pilotage stratégique comporte une fonction pédagogique essentielle.

2. LES QUATRE ENJEUX FONDAMENTAUX

La mise en œuvre d'une démarche de pilotage stratégique présente quatre enjeux fondamentaux en matière de communication interne :

- Donner du sens à la vision d'avenir de l'entreprise et aux objectifs et projets prioritaires qui en découlent ; pour ce faire il faudra clarifier les enjeux, les concepts et la méthode de pilotage stratégique au regard des autres méthodes de management utilisées par l'entreprise.

- Mobiliser et fédérer l'ensemble des individus autour du progrès de l'entreprise ; la démarche de pilotage stratégique est responsabilisante et repose sur la diffusion et le partage des informations ; il faudra donc valoriser les rôles et les compétences des acteurs impliqués tout autant que les résultats obtenus.

- Organiser la circulation de l'information entre les différentes directions et l'accès à l'information de tous les salariés. Il s'agit de :
  - créer les conditions d'une circulation fluide de l'information entre les différentes directions et en leur sein,
  - garantir et systématiser l'égal accès de l'ensemble des agents de l'établissement à l'information relative au projet et à son déploiement, selon une forme adaptée à leurs contraintes (localisation, horaires, responsabilités, etc.).

- Accompagner les évolutions culturelles qu'engendre le déploiement du pilotage stratégique ; il s'agit de faire accepter la modification de la répartition du pouvoir, de s'ouvrir sur l'extérieur, de traiter l'information ascendante et gérer l'impact sur la formation et le recrutement.

© Editions d'Organisation

3. LES QUATRE IMPÉRATIFS D'EFFICACITÉ [1]

3.1. L'impératif de cohérence

On retiendra deux niveaux de cohérence :

- la cohérence entre les discours et les messages internes entre les actions et les intentions et dans les différents comportements des acteurs ;
- la cohérence des actions engagées pour améliorer la circulation de l'information : elle repose sur une action réfléchie portant sur l'une ou l'ensemble des trois composantes du plan d'actions :
  1. **Les circuits de diffusion** (descendants, ascendants, transversaux)
  2. **Le contenu** (institutionnel, technique, illustré, chiffré, informatif ou de procédures)
  3. **Les outils** (ponctuels ou réguliers, écrits ou oraux)

On veillera à « doser » l'action sur chacune des composantes en identifiant préalablement les ressources dont on dispose (elles sont souvent limitées concernant la communication interne) afin de les adapter aux objectifs fixés et aux modes opératoires pré-existants dans l'organisation

3.2. L'impératif de style de communication

Les modalités de mise en œuvre de la communication interne varient selon le style de la direction, plus ou moins formel, plus ou moins libéral ou autoritaire, plus ou moins ouvert sur l'extérieur. L'écrit ou l'oral peuvent avoir plus ou moins de place selon la culture de l'entreprise (administrative, technique ou commerciale). Ces traditions pèsent un poids considérable dans l'organisation des rapports humains, le contenu des messages et le choix des moyens.

3.3. L'impératif de temps

La communication interne se développe et s'organise à travers des moments et des occasions privilégiés. La vie dans l'entreprise s'organise autour de rythmes naturels (la rentrée pour la remobilisation des équipes ; le début d'année pour les évaluations et les perspectives ; le printemps

---

1. Patrick d'Humières, *Le Management de la communication d'entreprise*, Eyrolles, 1994.

pour les discussions et les échanges) ou de rythmes ponctuels (changements, interrogations circonstanciées, etc.).

3.4. L'impératif de lieu

La communication interne se gère aussi dans l'espace. Les lieux de travail ont une fonction de communication fondamentale. L'architecture extérieure ou intérieure facilite ou non l'accès, l'échange et les rencontres, de même la localisation géographique. Quelques propositions :

- utiliser les espaces d'accueil pour l'image et les espaces de circulation pour l'information,
- structurer la diffusion de l'information en fonction des sites, unités d'organisation de base,
- prendre en compte les différences entre les sites administratifs et les sites de production,
- développer l'outil intranet, notamment pour pallier les problèmes de localisation.

SECTION 2. LA MISE EN ŒUVRE DE LA COMMUNICATION INTERNE

1. LES ACTEURS CLÉS DE LA COMMUNICATION INTERNE

Trois acteurs clés agissent durablement sur la mise en œuvre de la communication interne dans l'entreprise :

- Le *directeur des ressources humaines*, en charge de la vente de « l'offre sociale » de l'entreprise et garant de la qualité de l'animation hiérarchique,
- L'*encadrement* (y compris la direction), qui met en œuvre l'animation hiérarchique et contribue à la qualité de la circulation de l'information,
- Le *directeur de communication*, garant de la qualité et de la cohérence de l'information circulant à l'intérieur et à l'extérieur de l'entreprise, chargé de l'animation du système d'information interne.

© Editions d'Organisation

2. LA DÉFINITION DU PLAN DE COMMUNICATION

2.1. Les pré-requis

• **Réaliser un diagnostic** de l'existant au sein de l'entreprise portant sur l'analyse de l'efficacité, de la pertinence et de la cohérence des outils de communication, des circuits ou cibles de diffusion de l'information et du contenu diffusé, pour faciliter l'intégration de nouveaux modes opératoires et ancrer une démarche de communication adaptée au contexte spécifique de l'entreprise.

Ce diagnostic doit identifier les contraintes à la mise en œuvre du plan de communication (contextuelles, organisationnelles, humaines, techniques) et les attentes des salariés.

• **Définir une méthodologie commune à l'ensemble des services ou directions de l'entreprise** en accord et validée par les directeurs concernés, et ce d'autant plus si une large autonomie est laissée aux différents services ou directions dans la gestion de leur propre communication ; cette méthodologie ne se substitue pas aux efforts et actions engagées par chacun, mais les complète, afin de susciter un « esprit d'entreprise » autour du pilotage stratégique.

• **Mettre en place un collaborateur référant** connu de tous, chargé du suivi de la méthode de pilotage stratégique et de sa déclinaison à tous les niveaux hiérarchiques sollicités. On propose de lui affecter également le rôle de « correspondant communication » (en relation avec le chargé de communication s'il en est). Il pourra ainsi initier, coordonner ou accompagner les actions de communication. Celui-ci veillera (si nécessaire c'est-à-dire selon la taille de l'entreprise) à la mise en place d'un réseau de « correspondants communication », chargés de la déclinaison et l'animation des outils et de la gestion du feed-back (il s'agit d'identifier les volontaires, d'organiser le fonctionnement souple du réseau et piloter la mise en œuvre du plan d'actions)

Pour cadrer cette étape, on propose :

• de réaliser une analyse documentaire,
• de recueillir des informations auprès de quelques salariés sous la forme d'une enquête qualitative,
• de mener une réflexion collective sur la base du diagnostic,
• de rédiger une « charte de fonctionnement » identifiant le « collaborateur référant »,
• de constituer un réseau de « correspondants communication »,
• de réfléchir collectivement sur le plan d'actions.

2.2. Les objectifs de la communication

Ils orientent la stratégie de communication, permettent de contrôler l'efficacité de moyens mis en œuvre et de faire une analyse des résultats. Ils doivent être précis et chiffrés (en valeur ou en pourcentage). Il est nécessaire d'étaler les objectifs dans le temps et de définir des priorités à court, moyen, et long terme.

2.3. Les cibles de la communication

Une cible est définie comme un groupe de personnes dont la relation à l'entreprise est déterminante pour un objectif donné. La cible est définie par des critères quantitatifs (taille) et qualitatifs (attentes, style de vie)

Il est nécessaire de distinguer les cibles principales ou « cœur de cible » des cibles secondaires ou relais (les relais sont des sources intermédiaires qui peuvent s'adresser aux cibles pour porter ou amplifier les messages qui leur sont destinés).

2.4. Le contenu de la communication

L'information concerne toute les étapes de la mise en œuvre du pilotage stratégique. Pour chaque étape, il s'agit d'identifier clairement :

- les enjeux, les objectifs et les résultats attendus,
- les résultats obtenus au cours de la phase précédente,
- les acteurs impliqués et leurs responsabilités,
- les différentes phases et les moyens nécessaires,
- le calendrier.

L'information doit être factuelle et privilégier un ton rédactionnel didactique sans ostentation ou « effet de style ». Le contenu variera selon les destinataires et les supports choisis (information synthétique dans un flash infos, détaillée dans un guide méthodologique). A tout moment chaque destinataire doit pouvoir :

- savoir (les actions en cours, les résultats obtenus, les difficultés rencontrées, etc.),
- comprendre (les choix stratégiques, les raisons du choix des actions correctrices, les enjeux pour son équipe et pour lui-même, etc.),
- agir (situer son action et réaliser les missions qui lui sont confiées – objectifs contributifs).

© Editions d'Organisation

2.5. Le plan d'actions

Le plan d'actions doit prévoir l'ensemble des actions d'accompagnement tout au long du déploiement de la méthode de pilotage stratégique, mais surtout anticiper sur les actions à mettre en place dès les premiers résultats obtenus. En effet, la fonction pédagogique remplie par la communication, il reste à poursuivre l'initiative sur l'essentiel : la communication sur les résultats de l'entreprise, suite aux travaux individuels et collectifs des salariés et sur les plans d'actions correctifs.

On capitalisera sur les outils existants (supports ou rencontres, réguliers ou ponctuels) tout en améliorant le dispositif (la création d'une base intranet dans un site existant permet de faciliter le stockage, l'accès et la diffusion de toutes les informations relatives au pilotage stratégique : contenu du projet d'établissement, plans d'actions, tableaux de bord, etc). On considèrera toute séance de reporting comme une action de communication en soi, qui doit donner lieu à un relevé de décisions diffusé largement. Il en est de même pour les réunions de travail en sous-groupe dans le cadre d'une démarche de projet.

Outils	Réguliers	Ponctuels
Supports	• Fiches projets • Notes d'étapes • Création d'une base de données Intranet • Projet d'établissement • Guide méthodologique • Glossaire • Comptes-rendus de réunions • Journal interne • Fiches dans le livret d'accueil	• Encart du journal interne • Flash d'informations • Plaquette de présentation du projet d'établissement • Supports PREAO (diaporama)
Rencontres	• Réunion de comité de direction • Réunion de service • Réunion technique • Réunion de bilan intermédiaire • Réunion de pilotage (séance de reporting)	• Réunion générale (convention) • Rendez-vous à la demande individuels ou par petits groupes avec le supérieur hiérarchique

Figure 48 – Classement des outils de communication

2.6. Le budget et le calendrier

Il est indispensable d'évaluer le coût du plan d'actions (coût direct : prestataires, papier, etc. ; coût indirect : temps passé) et d'échéancer les actions à mettre en œuvre.

2.7. L'évaluation des résultats

Tout au long de la mise en œuvre, le collaborateur référant en matière de communication interrogera le réseau de correspondants sur les avis, les attentes et les besoins des agents, quelles que soient leur responsabilité dans la définition des objectifs opérationnels. On peut prévoir la réalisation d'un questionnaire de satisfaction portant sur les différents supports écrits. L'évaluation la plus pertinente sera la qualité de la participation collective aux travaux relatifs au projet d'établissement (propositions d'objectifs opérationnels et leur réalisation concrète).

En conclusion sur le plan de communication interne

Sur le fond, les efforts de communication déjà entrepris seront poursuivis, en distinguant les actions ponctuelles des actions régulières. La périodicité de la diffusion de l'information sera appréciée au coup par coup par l'émetteur. On privilégiera la diffusion d'une information synthétique pour les agents, tout en renvoyant systématiquement à la consultation de documents plus complets sur demande.

Sur la forme, on reprendra la charte de communication déjà utilisée dans les supports, et on travaillera à l'élaboration d'autres supports de type « Flash infos », « Point sur ». On privilégiera un ton rédactionnel simple, factuel et vulgarisant le « jargon technique ».

Pour chaque action nouvelle, on définira un « cahier des charges » ou « dossier de procédures » précisant les objectifs, les cibles, l'approche sur le fond et sur la forme, la diffusion, les contraintes de mise en œuvre, les délais de réalisation et le coût de l'action.

© Editions d'Organisation

SECTION 3. EXEMPLE D'ACTIONS CIBLÉES

Voici, à titre d'exemple, un tableau synoptique identifiant les outils de communication par cible.

1. LES ACTIONS DESTINÉES AUX DIRECTEURS DE SERVICE

	Supports écrits	Supports oraux
Actions régulières	Comptes-rendus de réunions Calendrier Tableaux de bord Base intranet	Réunion bimensuelle des directeurs
Actions ponctuelles	Projet d'établissement Fiches axes de progrès « Point sur » (encart du journal interne)	Assemblée générale Groupe de travail inter-services

2. LES ACTIONS DESTINÉES AUX PARTICIPANTS DES GROUPES DE TRAVAIL

	Supports écrits	Supports oraux
Actions régulières	Convocation aux réunions Comptes-rendus des groupes de travail Projet d'établissement Fiches axes de progrès Base intranet	Réunions des groupes de travail
Actions ponctuelles	Formation à la communication Bilans d'étapes « Point sur » (encart du journal interne)	Assemblée générale

3. LES ACTIONS DESTINÉES À L'ENSEMBLE DES AGENTS

	Supports écrits	Supports oraux
Actions régulières	Projet d'établissement Fiches axes de progrès Notes d'information de synthèse Bilan d'étapes Journal interne Information dans le livret d'accueil Base intranet	Information au cours des journées d'intégration
Actions ponctuelles	« Point sur » (encart du journal interne) « Flash-Info »	Assemblée générale

SECTION 4. LES FACTEURS DE RÉUSSITE DE L'ACCOMPAGNEMENT EN COMMUNICATION INTERNE

Rappelons que l'efficacité de la mise en œuvre de la démarche de pilotage stratégique repose sur :

• l'accès simplifié et pérenne à une information lisible,
• la systématisation et la coordination des actions de communication.

Le tableau suivant présente les principaux facteurs de réussite de la mise en œuvre d'une démarche de pilotage stratégique sur lesquels la communication interne a un impact, et les facteurs de réussite de l'accompagnement en communication interne.

© Editions d'Organisation

Figure 49 – Facteurs de réussite de l'accompagnement en communication interne

Facteurs de réussite de la mise en œuvre d'une démarche de pilotage	Facteurs de réussite de l'accompagnement en communication interne de la démarche
• L'implication et l'appui de la direction (le pilotage stratégique appartient aux dirigeants)	• L'exemplarité et l'engagement de la direction : transparence, clarté, continuité, pérennité
• La maîtrise de la méthode de pilotage stratégique	• Un interlocuteur chargé de la communication dont c'est le métier (ou le recours à un consultant)
• Un système d'information ouvert, accessible et réactif (une bonne circulation de l'information permet de repérer les dysfonctionnements rapidement)	• Un plan de communication écrit et diffusé à l'ensemble des interlocuteurs
• Une mise en œuvre privilégiant la transversalité (gestion par projet)	• Un diagnostic de l'état de la communication, de la culture d'entreprise et des attentes des salariés
• La définition d'un langage commun, condition de l'appropriation de la démarche, à tous les échelons de la hiérarchie	• Une appropriation de la « fonction communication » par l'ensemble de l'encadrement, en tant que réflexe (comportement) et technique (maîtrise et pratique d'outils simples, oraux ou écrits (au besoin les former)
• L'accompagnement interne, par la mise en place de relais internes (diffusion de nouvelles attitudes, redéfinition des processus et des procédures, formation, redéfinition des responsabilités)	• La cohérence des actions mises en œuvre au regard de la culture de l'entreprise
• L'accompagnement en communication interne	

DEUXIÈME PARTIE

Le management des projets

CHAPITRE 8

Piloter
les projets stratégiques

L'importance de la maîtrise stratégique s'exprime par :

- la qualité d'élaboration,
- l'appropriation par le plus grand nombre, au sein de l'entreprise,
- le rapport concret, au quotidien, avec les activités et les projets,
- le contrôle de mise en œuvre et l'amélioration continue.

Aucune stratégie d'entreprise ne peut s'élaborer sans grands projets. Ceux-ci sont associés à ses objectifs et à sa performance. Restructuration, transformation et innovation dans les processus majeurs sont devenues le quotidien des entreprises. Entre stratégie et grands projets, le lien s'impose nécessaire et permanent.

Aucune entreprise n'ignore ces grands projets qui affectent, à un degré ou à un autre, sa structure, ses métiers, son avenir. À un moment de son parcours, quelquefois même sans interruption, il lui faut prendre des décisions majeures qui débouchent sur de très importants « chantiers » d'innovation et de transformation.

Compte tenu des enjeux stratégiques, ces grands projets ne peuvent se suffire d'une gestion classique, fondée sur les ressources employées, les délais respectés, et la bonne fin garantie. Il faut les piloter selon d'autres principes, avec une autre méthode.

Le management stratégique d'un projet consiste :

- à en identifier clairement les aspects stratégiques,
- à l'intégrer dans la stratégie, relié aux objectifs stratégiques.

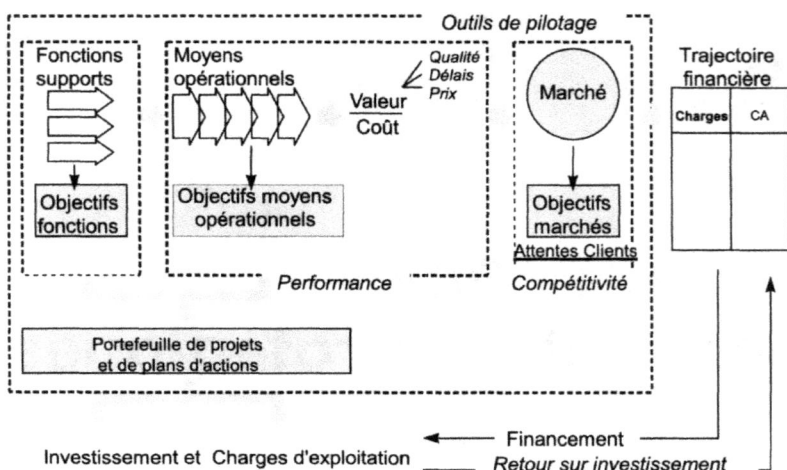

Figure 50 – *Positionnement projet dans la démarche stratégique*

Commentaires du schéma :

Au cours de ces dernières décennies, l'économie a connu une forte évolution qui a eu sa traduction au sein même des entreprises. Avec l'économie de production l'accent était mis sur des indicateurs de charges. L'économie de marché fait apparaître des indicateurs de marché et la mise en relief des chiffres d'affaires. L'économie d'environnement introduit une approche nouvelle avec une orientation des processus principaux et fonctionnels en fonction des attentes réelles du client final. Dès lors, les indicateurs sont fixés sur les moyens opérationnels et les fonctions d'appui.

Les projets et les plans d'action résultent de cette approche qui découle de la vision et des attentes réelles du client final. Dans ces conditions, le compte de résultat qui enregistre les flux de charges et de produits ainsi que les indicateurs de chiffres d'affaires (photographie comptable du passé) ne sont pas de bons indicateurs de pilotage ; ils fournissent une information trop tardive, contraire à la nécessaire réactivité.

Le positionnement d'un projet dans la démarche stratégique peut, sans aller jusqu'à la caricature, se résumer en une formule : initier une démarche aval – amont animée d'itération.

Plus schématiquement, cette démarche consiste à provoquer des actions et réactions en chaîne dont dépend l'augmentation des marges par processus.

© Editions d'Organisation

La conquête et la fidélisation du client (objectif final) dépendent de la perception qu'il a de la création de valeur produite par l'entreprise. Cette création de valeur qui doit être perçue par le client se réalisera forcément par l'amélioration :

- de la qualité,
- et/ou des prix,
- et/ou des délais.

C'est-à-dire par le renforcement des atouts et/ou la résorption des déficits dont il faut mesurer les coûts. La résorption des déficits passe par l'atteinte des objectifs d'amélioration des activités du processus à l'origine de cette faiblesse.

Pour faire évoluer favorablement le ou les processus principaux, les processus fonctionnels devront apporter leurs contributions (fourniture de compétences, d'informations, de procédures souples) qui ne soient pas des freins à l'initiative.

À partir des objectifs sur les processus principaux et opérationnels, s'impose la mise en forme de projets et de plans d'actions favorisant l'atteinte de ces objectifs.

La dernière étape consiste à apprécier la compatibilité des investissements à réaliser et ceux à mettre en œuvre avec la trajectoire financière afin de s'assurer de la validation financière du scénario retenu. L'itération s'impose si la faisabilité financière n'est pas réalisable.

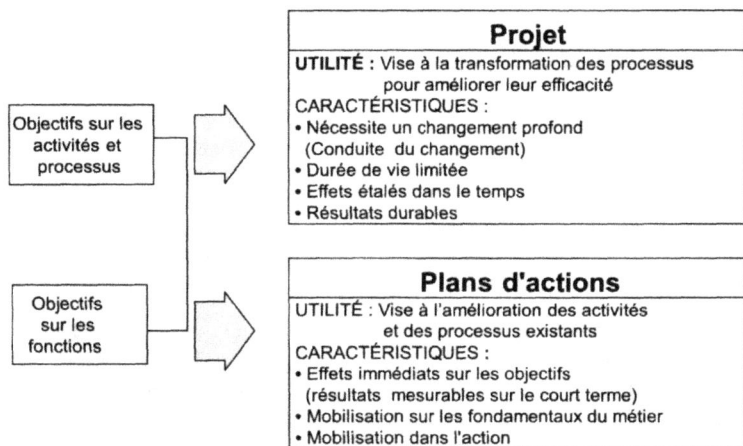

Projet

UTILITÉ : Vise à la transformation des processus pour améliorer leur efficacité
CARACTÉRISTIQUES :
- Nécessite un changement profond (Conduite du changement)
- Durée de vie limitée
- Effets étalés dans le temps
- Résultats durables

Objectifs sur les activités et processus

Plans d'actions

UTILITÉ : Vise à l'amélioration des activités et des processus existants
CARACTÉRISTIQUES :
- Effets immédiats sur les objectifs (résultats mesurables sur le court terme)
- Mobilisation sur les fondamentaux du métier
- Mobilisation dans l'action

Objectifs sur les fonctions

Figure 51 – Projet ou plans d'actions ?

SECTION 1. DÉFINIR LES PROJETS STRATÉGIQUES

Qu'appelle-t-on véritablement un projet ? Quelques-uns, nous l'avons constaté, sont rattachés au portefeuille d'objectifs stratégiques. Par nature, ceux-là, évidemment, sont les plus importants, les plus « stratégiques ». Parfois, les projets sont trop nombreux et couvrent un large éventail de natures et d'objectifs. Quels critères, alors, permettent ce repérage des projets « stratégiques » ? En d'autres termes, quelles sont les caractéristiques spécifiques d'un projet ?

1. PROJETS ET DURÉE

En premier lieu, un projet se distingue d'un simple plan, ou programme d'action, par sa durée. Celle-ci est toujours importante. On convient qu'un projet est toujours à moyen terme, au moins, tandis qu'un plan d'actions vise au contraire des effets plutôt immédiats.

Conséquence naturelle pour le management, un projet réclame un degré d'anticipation proportionnel à sa durée. Il réclame un mode de pilotage adapté à cette durée. Le projet « agit » sur l'entreprise, tout au long de sa durée et bien avant son terme.

2. PROJETS ET PROCESSUS

Dans certaines entreprises, les projets s'inscrivent naturellement dans l'activité. C'est notamment le cas des entreprises qui réalisent de « grands chantiers » d'ingénierie, de grands travaux publics, de construction navale...

Appelés couramment projets (ingénierie graphique ou informatique, laboratoires médicaux), ils ne sont en fait que des produits offerts aux marchés, générés par les processus de l'entreprise. Dans ce cas, seuls sont stratégiques les projets commerciaux, les « grands chantiers » qui réclament de modifier en profondeur les processus. Ils recoupent alors entièrement la définition de la nature d'un projet.

Un projet modifie toujours en profondeur les processus.

© Editions d'Organisation

Certains projets installent dans l'entreprise de *nouveaux processus*. Ce sont, par exemple, les projets de création et de lancement d'un nouveau produit ou d'une nouvelle activité. Les autres visent une *transformation profonde des processus* existants : transformations de caractère technologique, d'organisation ou de capacités des hommes.

Quand il ne la crée pas de toutes pièces, un projet recherche toujours la transformation en profondeur d'un, ou plusieurs, processus. Il répond à des choix stratégiques, dictés par l'environnement et les marchés de l'entreprise. Un plan d'actions, lui, se situe à un autre niveau. Il tend à améliorer un processus existant.

Une fois encore, une vision stratégique claire est un préalable indispensable à une bonne approche des projets dans l'entreprise.

DU DIAGNOSTIC AU PROJET

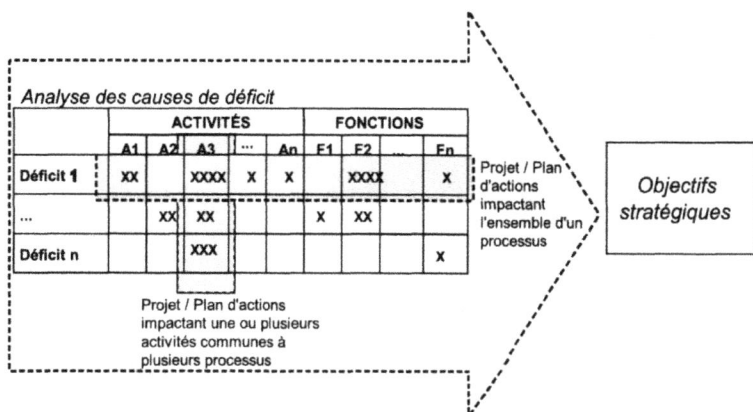

Figure 52 – *Construction d'un projet*

Résorption
des déficits

	COURT	LONG
FORTE	Projet à prioriser ?	Comment accélérer l'obtention du résultat ? Existe-t-il des résultats intermédiaires ? Quelle est la réversibilité du projet ?
FAIBLE	Dans quelle mesure le déploiement de ce projet ne gène-t-il pas le déploiement d'autres projets aux impacts plus élevés ?	Projet à éliminer dans le contexte actuel de densité des projets et plans d'actions à déployer ?

Délai d'obtention du résultat

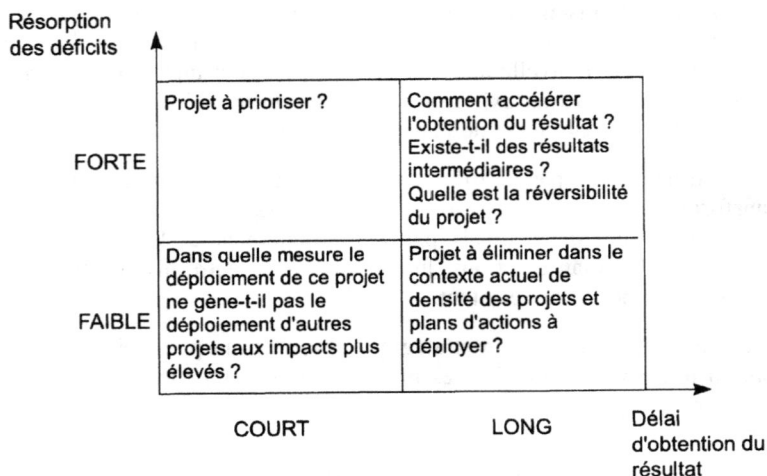

Figure 53 – Priorisation de projets/1

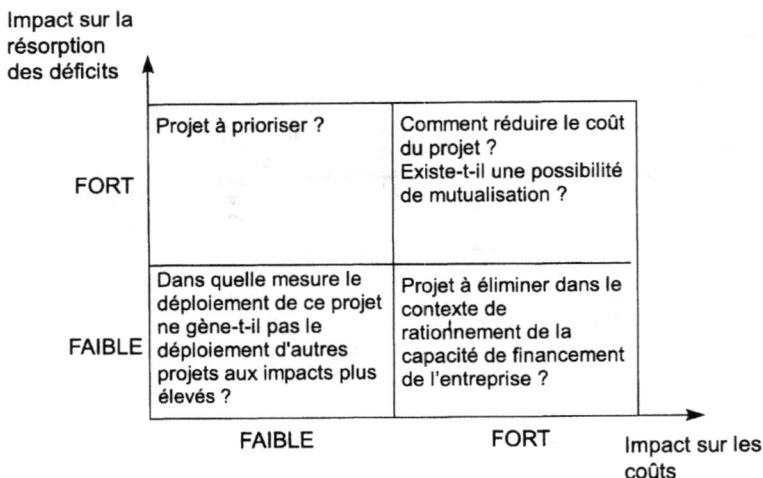

Impact sur la
résorption
des déficits

	FAIBLE	FORT
FORT	Projet à prioriser ?	Comment réduire le coût du projet ? Existe-t-il une possibilité de mutualisation ?
FAIBLE	Dans quelle mesure le déploiement de ce projet ne gène-t-il pas le déploiement d'autres projets aux impacts plus élevés ?	Projet à éliminer dans le contexte de rationnement de la capacité de financement de l'entreprise ?

Impact sur les coûts

Figure 54 – Priorisation de projets/2

Légende

Les grilles « Priorisation de projets » permettent de positionner, selon deux axes, un certain nombre d'interrogations. Ces matrices sont des aides à la décision de la hiérarchisation finale des projets.

© Editions d'Organisation

Les critères retenus sont de deux ordres :

- l'impact sur la résorption des déficits, ou le renforcement des atouts,
- les délais d'obtention du résultat.

Selon leurs répercussions, forte ou faible, courte ou longue, sur ces deux axes, les réponses les plus adaptées à la stratégie sont arrêtées.

Dans cette approche, les processus principaux autant que les processus fonctionnels contribuent à la priorisation des projets.

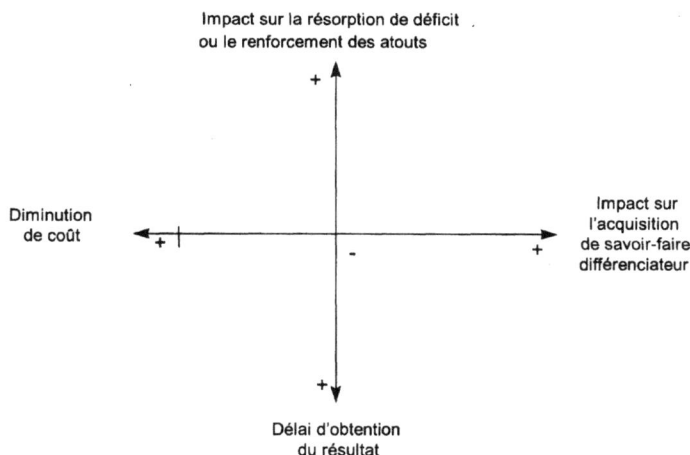

Figure 55 – *Grille de sélection des projets*

Légende

Un certain nombre de critères entrent en ligne de compte pour la sélection des projets, laquelle sera établie en fonction des contributions à :

⇨ l'impact sur la résorption de déficit ou le renforcement des atouts,

⇨ la diminution du coût,

⇨ l'impact sur l'acquisition de savoir-faire différenciateur,

⇨ les délais d'obtention du résultat.

L'analyse de ces critères met bien en relief que les processus fonctionnels autant que les processus principaux induisent la sélection des projets.

SECTION 2. METTRE SOUS PILOTAGE LES PROJETS STRATÉGIQUES

1. DÉCRIRE LES PROGRÈS ATTENDUS

1.1. Les enjeux du projet

Il faut tout d'abord rendre explicites les enjeux stratégiques du projet, c'est-à-dire les objectifs visés. Un projet est qualifié de stratégique dès lors qu'il sert un ou plusieurs objectifs du portefeuille stratégique. Par ses enjeux, un tel projet représente une clé de la réussite stratégique. Il conditionne :

- soit la performance d'un processus opérationnel, sur un objectif à plusieurs années,
- soit un objectif de marché.

> L'enjeu d'un projet stratégique est toujours un,
> au moins, objectif stratégique du portefeuille.

1.2. Les processus et activités concernés

Quels sont le ou les processus concernés par le projet ? À l'intérieur de ce processus, quelles sont les activités concernées ? Certains projets portent sur une ou plusieurs activités d'un processus. D'autres au contraire peuvent concerner l'ensemble du processus et toutes ses activités. Dans tous les cas, ce rapport du projet avec le processus concerné doit être identifié avec précision.

1.3. Les objectifs de performance par activité

Par activité du processus concerné, il convient de fixer les objectifs de performance visés par le projet. C'est un travail d'anticipation qui consiste à définir la situation cible. Dans le cadre d'un projet une question essentielle se pose : Quelle nouvelle performance veut-on obtenir pour le processus et pour chacune de ses activités ?

C'est la démarche déjà accomplie pour fixer les objectifs stratégiques de performance.

© Editions d'Organisation

1.4. Le système cible

Ayant défini les objectifs de performance attendue pour les processus concernés et pour chacune de leurs activités, l'organisation et le fonctionnement visés sont présentés selon les points suivants :

* La description générale du processus.
* L'organisation générale de chacune des activités du processus, volumes d'activité, productivité, moyens disponibles, rôle et compétences des hommes, etc.
* Le mode de management des activités, leur localisation dans la structure, leur management.
* Le système d'informations, les données critiques pour la réussite du projet.

La définition du système cible est un enjeu majeur de réussite, car elle conditionne pour une grande part la qualité de la communication avec le corps social. En effet, le système cible permet d'identifier les changements porteurs de risques (souvent liés au changement de comportements attendus des opérateurs) et les succès souhaités. La construction du système cible étant un processus itératif (on identifie d'abord les retours sur investissements escomptés, le niveau de performance global attendu, puis l'investissement technique), l'équipe projet a une vision peu concrète des enjeux organisationnels et humains. Il est toutefois fondamental, à ce niveau, de proposer aux opérateurs des repères, d'identifier leur positionnement dans la nouvelle organisation par rapport à leurs enjeux propres et pas seulement par rapport à ceux de l'entreprise. Une information claire et régulière sur ces points permet de lever les freins à l'appropriation du changement, qui conduisent dans certains cas au blocage du système de production (quelques exemples patents de résistances au changement : les grèves de centres de tri postaux, la grève nationale des agents de la sécurité sociale fin 1995, à la suite de l'annonce de plan de réforme de la sécurité sociale présenté par Alain Juppé en qualité de Premier ministre).

1.5. Les changements majeurs

Pour l'essentiel, un projet vise un accroissement important de la performance d'un processus et implique que de nouvelles conditions soient réunies dans l'entreprise pour permettre cette nouvelle performance. Le temps est révolu où seuls des organisations, des méthodes ou des équipements pouvaient assurer un résultat et une performance. L'approche globale nécessaire et à développer dans l'entreprise, à tous niveaux, pose désormais ces questions en termes nouveaux d'équilibres dynamiques et interactifs entre les hommes, le management, la culture et l'histoire de l'entreprise, et finalement les moyens et l'organisation.

C'est une réflexion importante qui s'ouvre à ce moment-là, avant la mise sous pilotage du projet. Elle doit répondre pour chaque activité du processus aux interrogations suivantes :

- Qu'est-ce qui, dans les conditions actuelles, empêcherait d'atteindre tous les objectifs de performance attendus du projet ?
- Quels changements liés au projet sont nécessaires à sa réussite ou induits par lui ?
- De quelle nature sont exactement ces changements ?
- Quel en est le périmètre d'application ? Les hommes et leurs comportements ? Les procédés et les organisations ? Les équilibres sociaux, culturels, démographiques, etc. ?

Cette identification des changements majeurs pour la réussite du projet est un travail essentiel de réflexion et d'analyse. Elle est à mener avec un soin maximum. Il s'agit finalement de bien repérer, complètement et avec la plus grande précision, les « ruptures » internes dont dépend la réussite du projet.

1.6. La validation du projet

À ce stade, toute la description de chacun des aspects du projet est relue. Une analyse critique s'impose afin d'améliorer la précision des définitions, la cohérence et la qualité. L'accent est tout particulièrement placé sur les objectifs de performance et les changements majeurs.

Cette validation est effectuée par l'équipe responsable au niveau où est rattaché le projet :

- l'équipe de direction, pour tous les grands projets stratégiques de l'entreprise,
- les équipes d'encadrement intermédiaire, pour tous les projets liés à leurs objectifs de contribution stratégique.

© Editions d'Organisation

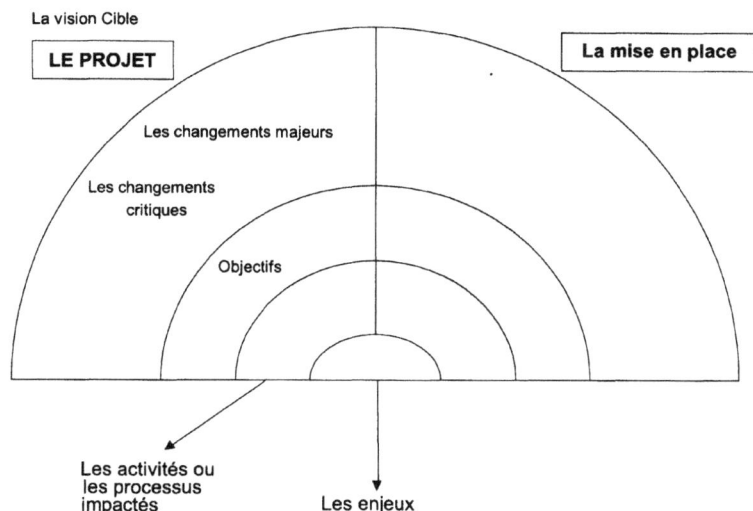

Figure 56 – *Le projet*

2. DÉCRIRE LA MISE EN ŒUVRE DU PROJET

2.1. Les capacités majeures à développer

Certaines capacités opérationnelles sont spécialement à développer pour assurer la réussite du projet. Inhérentes à ses enjeux, mais surtout aux changements majeurs que le projet réclame, ces capacités opérationnelles doivent être identifiées, décrites de façon circonstanciée, mesurées en termes aussi précis que possible.

Cette description se fonde sur les nouveaux comportements nécessaires à la réussite du projet et aux changements majeurs qu'il requiert. À ce stade, la description du projet est définie de façon indépendante de la structure et de l'organigramme fonctionnel de l'entreprise. Sont ainsi précisés :

- natures et domaines de compétence et de *formation*,
- formes et procédés de *management* nécessaire,
- caractéristiques et spécifications des *organisations,*
- types et objets de *communication*, d'informations,
- outils et procédures de *gestion*,

2.2. Les objectifs de fonctions

Pour chaque progrès de fonctions nécessaire à la réussite du projet, des objectifs précis sont fixés. Ils précisent le niveau de capacité à atteindre, ou à défaut les plans d'actions à mettre en œuvre. Cet objectif de progrès est en rapport étroit avec la vision stratégique des enjeux du projet. C'est aussi la condition nécessaire pour assurer les changements majeurs que réclame le projet.

Il s'agit d'un travail de définition et de formulation d'objectifs, selon rigoureusement les mêmes règles que celles du portefeuille stratégique. Les objectifs fixés aux fonctions clés doivent être d'une qualité maximum, c'est-à-dire :

- clairement formulés,
- affectés à un responsable nommément désigné,
- mesurés par des indicateurs d'une pertinence suffisante.

La formalisation et la quantification de ces objectifs sont poussées à leur degré maximum de précision. Une grille est établie pour cela, exactement comme pour les objectifs du portefeuille stratégique. On retrouve là aussi assez souvent, pour ces fonctions clés, la difficulté de leur fixer des objectifs à un niveau supérieur à celui de simples actions. Il faut s'efforcer toutefois d'aller le plus possible vers des objectifs pertinents de résultats.

2.3. Les actions à mettre en œuvre

Une fois fixés :

- les objectifs de contribution des fonctions clés,
- les niveaux de capacité opérationnelle à atteindre dans chaque activité,
- les actions à surveiller en priorité et assorties d'indicateurs sont assignées au pilotage du projet,

les mêmes remarques s'appliquent à ces indicateurs d'actions. Pour piloter l'action, des indicateurs d'impact au fil de sa durée, et de résultats escomptés à son terme sont privilégiés.

© Editions d'Organisation

2.4. La planification du projet

C'est en principe une fonction bien connue de la gestion des projets. Cependant, par rapport à une gestion « classique », la planification des aspects stratégiques revêt une importance capitale. De la planification exhaustive sont extraits les éléments significatifs, d'un point de vue stratégique et pour le pilotage du projet.

- Pour les changements majeurs :
  - Dans quels délais devront s'opérer les changements majeurs ?
- Quelles en sont les étapes pertinentes pour le pilotage ?
- À quels stades pourrons-nous mesurer des indicateurs ?
- Quels sont les obstacles à l'atteinte de ces changements majeurs ?
- Pour la contribution des fonctions clés :
  - Quels sont les étapes et les délais significatifs ?
  - Quelles sont les ressources à engager ?
  - Quels sont les niveaux possibles de contrôle et d'évaluation ?
- Pour l'ensemble du projet :
  - Quelles sont les étapes significatives du projet pour son pilotage stratégique ?
  - Quels sont les moments clés de décision : confirmation, corrections, réversibilité ?

LA MISE EN PLACE DU PROJET

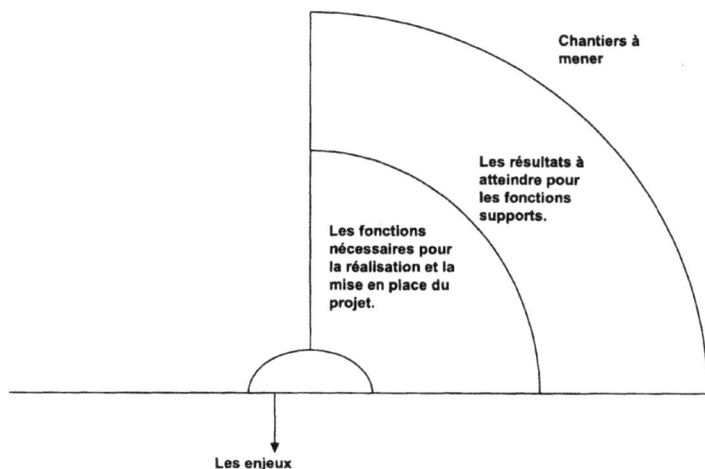

Figure 57 – *La mise en œuvre du projet*

SECTION 3. PILOTER LES PROJETS STRATÉGIQUES

1. LES TROIS PRINCIPES DU PILOTAGE DE PROJETS

➤ Le tout premier principe est dans *l'esprit même du pilotage d'un projet*. Piloter un projet n'est plus le « suivre ». Il ne s'agit plus de vérifier que tout se déroule comme prévu, d'expliquer les avances et les retards, les dépassements de ressources aux budgets, les incidents de parcours.
Le pilotage stratégique s'applique à un projet dont le caractère stratégique a été clairement validé, selon tous les critères déjà vus dans ce chapitre. Il consiste donc à vérifier, *dans le temps* :
- l'adéquation constante du projet aux objectifs stratégiques du portefeuille global d'entreprise, dans son équilibre et dans ses priorités,
- l'écart relevé, au fil du projet, par rapport à ces objectifs,
- les impacts du projet, actuels et à venir, sur la performance globale des processus et de ses activités,
- les changements majeurs que porte et réclame le projet, dans l'entreprise vue globalement :
  - les hommes et leurs comportements,
  - la culture de l'entreprise, les motivations et les compétences,
  - tous les équilibres internes, qu'ils soient d'ordre financier, de production, d'organisation, etc.

➤ Le deuxième principe est dans *l'intégration complète du pilotage de projet au pilotage stratégique* global. Il n'y a plus de place pour une quelconque dissociation ou conflit de priorités. Le projet est au service explicite de la stratégie. Il est donc piloté comme tel, comme toute action majeure de contribution à la réussite stratégique. Il est piloté par les mêmes responsables.

➤ Un troisième principe est contenu dans *la finalité d'un projet et non plus dans sa bonne fin*. L'important n'est plus de réaliser le projet, de le mener à son terme, dans les délais prévus, avec les ressources prévues. L'essentiel d'un projet est dans les objectifs stratégiques qu'il sert et dans son adéquation à les atteindre.
- Un retard sur un projet compte souvent bien moins qu'une dégradation de ses performances attendues.
- Mener à son terme un projet quand des changements d'environne-

© Editions d'Organisation

ment en ont périmé les objectifs est un handicap majeur pour l'entreprise.

2. LA PRISE EN CHARGE DES OBJECTIFS

Tout projet stratégique est associé à trois catégories d'objectifs :

- les objectifs stratégiques, enjeux du projet lui-même ;
- les objectifs opérationnels des processus et activités concernés – ils portent sur la performance à chacun des deux niveaux ;
- les objectifs fonctionnels de contribution, pour assurer les changements majeurs et les enjeux du projet.

Les objectifs enjeux du projet sont inscrits au portefeuille global de l'entreprise. Ils sont déjà pris en charge au sein de l'équipe de direction. Ils sont à ce titre régulièrement suivis, avec la fréquence adaptée, au cours des séances de pilotage.

Au sein de l'équipe de direction, la prise en charge des objectifs « internes » du projet s'effectue de la même façon que pour tout autre objectif, par les responsables concernés.

3. LA SURVEILLANCE DU PROJET

Un système de surveillance est à définir pour le projet stratégique, au sein de l'équipe de direction. Cette surveillance doit être affectée à des responsables nommément désignés. Elle porte sur :

- les résultats du projet en lui-même : performance des activités et processus,
- la mise en œuvre du projet. Il faut particulièrement mettre sous surveillance la réalisation progressive des changements majeurs, ainsi que la mise en œuvre correspondante des appuis fonctionnels,
- l'environnement général du projet. Cette surveillance est essentielle au pilotage stratégique du projet. Bien au-delà du « bon déroulement » du projet en lui-même, elle vise à détecter d'éventuelles *ruptures d'environnement* en rapport avec le projet. De telles ruptures sont en effet susceptibles de remettre en cause :
  - les objectifs stratégiques du projet,
  - le rapport du projet à ces objectifs,
  - le niveau de priorité stratégique du projet : nouvelles allocations

globales des ressources de l'entreprise, nouvelles priorités stratégiques, etc.

Là aussi, une logique de surveillance adaptée au projet doit être choisie
par l'équipe de direction. Pour surveiller résultats et mise en œuvre, on
désigne assez naturellement les responsables des objectifs correspondants. En revanche, le surveillant de l'environnement général du projet
gagne à être un membre de l'équipe de direction peu impliqué dans le
projet en lui-même.

4. LE TABLEAU DE BORD DU PROJET

C'est un tableau de synthèse qui récapitule, pour l'équipe de direction,
l'ensemble des indicateurs d'objectifs et d'actions du projet. Chacun de
ces objectifs et indicateurs figurent déjà, en effet, sur les tableaux de
bord des responsables désignés.

Pour faciliter la vision globale du projet par l'équipe de direction, il est
judicieux de produire ce tableau de bord spécifique et de synthèse.

5. LA DÉMARCHE DE PILOTAGE

Le pilotage du projet est entièrement intégré aux séances de pilotage
stratégique de l'entreprise. Les surveillants d'objectifs préparent, pour la
séance de pilotage et selon les fréquences définies par objectifs, les analyses et les propositions sur le projet.

Les modes d'exploitation et de prise de décision, en séance de pilotage,
sont exactement ceux déjà décrits pour l'analyse conjointe des objectifs
et des actions.

Le management stratégique des projets rénove la gestion classique de
projets, sans la rendre pour autant caduque ou inutile. La planification
fine d'un projet et sa gestion budgétaire restent bien, en effet, des néces-
sités de base pour l'entreprise, au plan opérationnel. Toutefois, le management stratégique des projets développe cette gestion « classique » en
situant le management de projets dans une logique de rang supérieur :

- intégrés de façon totalement cohérente dans la vision stratégique de
  l'entreprise,
- replacés sous la responsabilité collective de l'équipe de direction,

© Editions d'Organisation

- intégrés de façon permanente et naturelle au pilotage stratégique,
- mis en perspective, sous un angle nouveau, avec la performance globale de l'entreprise, et cela d'une façon mesurée et contrôlée.

Compte tenu des nouvelles attitudes qu'il réclame, le pilotage stratégique des projets convient particulièrement aux projets nouveaux et lourds. Ceux-là peuvent d'emblée être abordés de la meilleure façon, sous l'angle de la stratégie et des objectifs généraux de l'entreprise.

La démarche convient aussi aux projets déjà engagés, et même avancés. Elle permet dans ce cas de diagnostiquer l'état des lieux, de restructurer les objectifs et les responsabilités, d'installer de nouvelles procédures de contrôle. Dans ce cas, elle se révèle une solution efficace pour éclairer des situations devenues complexes et confuses, pour en reprendre le contrôle, et retrouver le cap pour des décisions pertinentes et cohérentes.

CHAPITRE 9

Exemples d'application

SECTION 1. L'ARTT : EXEMPLES DE PILOTAGE DE PROJETS

Il est intéressant de noter que le pilotage stratégique qui favorise la prise en compte d'éléments d'environnement dans la conduite de l'entreprise se révèle un précieux support pour la mise en place de l'ARTT, en particulier dans la dimension actuelle voulue par la loi.

Pourtant, l'expérience des premiers mois de l'application de la loi montre que beaucoup de chefs d'entreprise n'ont pas su transformer cette contrainte en opportunité. Certains ont vu dans cette mesure la possibilité de percevoir des primes. Leur seule approche a été à court terme ; elle est particulièrement dangereuse dans la mesure où elle peut hypothéquer l'avenir par des charges nouvelles et donc par une perte de rentabilité.

L'intégration de l'ARTT dans les entreprises conduit de manière incontournable à une actualisation de la stratégie dépassant très largement ce que prévoit et finance la loi, notamment dans le cadre d'une négociation globale d'échange entre souplesse collective et nouvelles exigences des clients.

La problématique ainsi imposée ne permet-elle pas en effet de redéfinir collectivement :

- les nouveaux objectifs sur les marchés au regard des nouvelles attentes des clients ?
- les configurations de processus susceptibles de satisfaire les attentes des clients comme celles des collaborateurs ?
- les termes des conventions collectives adaptées à ces nouveaux processus ?
- les modalités de pilotage pour contrôler les performances collectives attendues de ces nouveaux processus ?
- le cadre général d'un nouveau management de la performance focalisé sur les objectifs stratégiques de l'entreprise ?

Quelques entreprises l'ont compris, d'autres pas. Les exemples foisonnent et nous n'en avons repris que quelques-uns.

1. Premier exemple : entreprise de surgelés de moins de 60 salariés

Cette entreprise de produits surgelés livrés (moins de 60 salariés) est en bonne santé financière avec une progression de C.A. de 28 % entre 1996 et 1997 tout en maintenant ses marges.

L'application de l'ARTT souhaitée par les dirigeants a donné lieu à une réflexion stratégique :

- Formulation des attentes clients.
- Comment y répondre avec plus d'efficacité à l'occasion du passage aux 35 heures ?
- Réflexion sur l'organisation des processus opérationnels et fonctionnels.

Avec pour contraintes :

- Un passage aux 35 heures.
- Une marge en augmentation de 15 %.

Après avoir recensé les attentes clients, la réorganisation a donc porté tant sur les processus fonctionnels qu'opérationnels.

La direction et le service administratif, outre les tâches traditionnelles dévolues à ces services, assurent le phoning – clients à mi-temps et à tour de rôle. Le souci de maintenir ce contact a amené à faire évoluer

© Editions d'Organisation

un temps partiel vers un temps complet et à augmenter les horaires d'un second temps partiel.

Le temps de travail du service commercial a été réduit d'une demi-journée compensée par l'embauche d'un chauffeur-livreur polyvalent assurant également une tâche commerciale.

Le travail des magasiniers a été réorganisé.

Les livraisons ont fait quant à elles l'objet d'une « mise à plat » complète. Les horaires de travail ont été regroupés sur quatre jours au lieu de cinq avec des horaires journaliers passant de 7 h 30 à 10 heures pour une durée de travail effectif de 7 heures. Les tournées ont été réduites de 34 à 28 avec ouverture d'un secteur géographique supplémentaire. Ce dispositif a occasionné l'engagement d'un chauffeur-livreur polyvalent (commercial).

La mise en place de l'ARTT a permis un passage aux 35 heures sans réduction de salaire avec :

- Une présence sur le terrain en augmentation de 255,5 h à 320 h.
- Le dégagement d'une marge supplémentaire de 15 %.

2. SECOND EXEMPLE : LA POSTE

Très rapidement, La Poste a mis en œuvre une réflexion sur l'application de l'ARTT dont les grandes lignes reposaient sur les principes arrêtés dès le mois de février 1998 ; elles affichaient très nettement une démarche aval-amont avec prise en compte des attentes clients et leur intégration tant dans les processus fonctionnels que dans les processus opérationnels.

De plus, cette application devait s'opérer dans le cadre d'un autofinancement total, sans aides de l'État, ni augmentation du prix des services. Dans ces conditions, il était parfaitement clair pour tous que des gains de productivité devaient être trouvés à tous les niveaux.

Au terme du projet, les financements de l'ARTT sont prévus par une réorganisation des services avec un redéploiement des emplois sur les métiers en contact avec la clientèle. Environ 30 000 postiers sont directement concernés par ce mouvement par une réaffectation aux guichets, à la distribution, à des tâches commerciales.

À l'évidence, les processus opérationnels seront renforcés afin d'atteindre les objectifs stratégiques et prévus dans la démarche ARTT :

- l'attente aux guichets ne devrait pas excéder cinq minutes,
- les horaires d'ouverture des bureaux (services financiers et plates-formes téléphoniques) seraient adaptés aux besoins locaux.

Dès lors, les objectifs en taux de croissance étaient affichés pour le CA courrier, les ventes grand public, les flux des clientèles financières.

La Poste mène une démarche méthodique de conduite de changement profond, résultant d'une rupture de l'environnement présentée souvent comme une menace mais dont elle a fait une opportunité ; l'opportunité sans doute historique de mettre en place une organisation lui permettant d'atteindre les objectifs de son plan stratégique en y associant et en mobilisant l'ensemble du personnel dans une finalité commune : la satisfaction du client en maintenant l'outil productif.

L'ARTT sera déclinée dans les départements sur la base des grandes lignes arrêtées au niveau national afin de maintenir la cohérence d'ensemble du projet ainsi que l'efficacité de son application avec l'objectif de ne pas déséquilibrer l'entreprise. Le pilotage du projet dans les départements devra être très rigoureux pour permettre à La Poste d'atteindre ses objectifs, car c'est dans la déclinaison des principes nationaux que se jouera le succès de la démarche.

Une rupture d'environnement devient une opportunité historique pour une entreprise publique qui peut ainsi faire évoluer l'ensemble de ses processus internes en mobilisant l'ensemble du personnel (avec un risque toutefois : une application non maîtrisée par le terrain qui entraînerait des surcoûts importants).

A contrario, cette entreprise de 50 personnes réalise des études et produit des pièces de mécanique de précision en sous-traitance pour l'industrie aéronautique avec un seul client représentant 90 % de son C.A. Elle est en cours de certification ISO 9002. Le dirigeant refuse de passer à l'ARTT.

Les textes vont le contraindre à payer des heures supplémentaires avec un surcoût de 10 à 25 % et le résultat sera très rapidement la perte de 10 % de marge, ce qui rendra l'entreprise beaucoup moins compétitive sur les marchés.

© Editions d'Organisation

SECTION 2. BRIDGESTONE/FIRESTONE : EXEMPLE DE PILOTAGE STRATÉGIQUE D'ENTREPRISE

Bridgestone / Firestone est une filiale espagnole du groupe japonais Bridgestone, leader mondial en 1998 pour la production et la transformation des produits dérivés du caoutchouc (devant Michelin et Goodyear pour les pneumatiques).

Les unités de production sont implantées dans le nord de l'Espagne, chaque usine étant spécialisée dans la fabrication d'une gamme de produits :

* Usine de Bilbao   1 100 personnes
  (pneumatiques pour véhicules utilitaires)
* Usine de Burgos   1 300 personnes
  (pneumatiques pour véhicules de tourisme)
* Usine de Torrelavega   900 personnes
  (pneumatiques pour engins agricoles – industriels)

1. LE CONTEXTE MONDIAL DU PNEUMATIQUE EN 1999

Depuis le mois de janvier 1999, le groupe Bridgestone / Firestone se trouve confronté à une reconfiguration radicale du marché mondial des pneumatiques. En effet, après le rachat du japonais SUMITOMO (Dunlop), numéro 5 mondial, par le groupe Goodyear pour 1 milliard de dollars, celui-ci reprend son leadership dans les pneumatiques. Le géant américain (groupe d'Akron dans l'Ohio) qui figurait en 1998 au 3ᵉ rang mondial derrière Bridgestone et Michelin va ainsi réaliser un chiffre d'affaires supplémentaire de 2,5 milliards de dollars et atteindre un taux de pénétration d'environ 22 %.

Cette opération va s'accompagner bien évidemment d'une vaste restructuration du groupe et doit conduire à réaliser des économies évaluées entre 400 et 500 millions de dollars par an (réduction des coûts industriels, des coûts de distribution, des coûts de développement de nouveaux produits). Par ailleurs, des rumeurs circulent sur le marché de Tokyo concernant une alliance du groupe Michelin avec le numéro 3 japonais Yokohama Rubber.

Il apparaît clairement que ces rachats, rapprochements et alliances dans le secteur du pneumatique vont se traduire par de vastes plans de restructuration portant essentiellement sur une modernisation de l'outil industriel et sur une réduction des coûts de production (Sumitomo prévoit une réduction de ses coûts de 50 % à un rythme d'au moins 10 % par an ; le groupe Michelin envisage une réduction de ses effectifs dans ses différentes usines de l'ordre de 10 %).

Cette mutation du secteur pneumatique engagée depuis 1997 (Goodyear et Sumitomo fabriquent depuis plus de deux ans leurs produits respectifs aux Etats-Unis et au Japon) a conduit les dirigeants de Bridgestone/ Firestone Hispania à une remise en cause profonde de leurs outils de gestion débouchant sur l'impérieuse nécessité d'implanter un véritable système de pilotage stratégique.

2. L'IMPLANTATION DU PILOTAGE STRATÉGIQUE DANS LA SOCIÉTÉ BRIDGESTONE/FIRESTONE HISPANIA S.A.

Ce projet mené en partenariat avec l'European Institute of Management (E.I.M), cabinet – conseil implanté dans le pays basque espagnol, a vu le jour au mois de mai 1997 dans les usines de Bilbao et de Burgos.

2.1. Les objectifs de l'intervention

Les objectifs définis par la direction générale peuvent se regrouper autour des quatre grands axes suivants :

⇨ Mise en place d'un nouveau système de gestion – le pilotage stratégique – dans les trois usines du groupe (Bilbao – Burgos – Torrelavega),

⇨ Mobilisation et implication de tous les niveaux hiérarchiques de l'entreprise autour des orientations stratégiques,

⇨ Décloisonnement des entités responsables composant le processus de production pour engager une véritable démarche de performance collective,

⇨ Mise en œuvre d'un nouveau système d'information, de communication et d'évaluation des résultats.

Les quatre axes prioritaires présentés ci-dessus visent essentiellement à doter l'entreprise d'un système de pilotage lui permettant de s'adapter aux évolutions du marché et favoriser une réactivité collective indispensable à la pérennité même de celle-ci.

© Editions d'Organisation

2.2. Le contexte interne de Bridgestone/Firestone avant l'implantation du pilotage stratégique

Le diagnostic interne a mis en relief les principaux dysfonctionnements suivants :

➠ Manque de vision stratégique aux différents niveaux de responsabilité,
➠ Priorité donnée aux résultats court terme,
➠ Faible culture de gestion des responsables,
➠ Niveaux de responsabilité mal identifiés et imbriqués,
➠ Mauvaise coordination entre les départements de production et les services fonctionnels,
➠ Cloisonnement des différents départements entraînant une mauvaise fluidité du flux de production,
➠ Pas de directives claires concernant l'animation et la mobilisation du personnel (et en particulier des chefs d'équipe),
➠ Pas de planification des objectifs avec une définition des niveaux de contribution,
➠ Pas de définition des règles de suivi des résultats et de fonctionnement du cycle de gestion,
➠ Pas de système d'évaluation des résultats,
➠ Système d'information pléthorique et mal adapté aux besoins des responsables,
➠ Manque de communication interne.

L'ensemble des éléments ci-dessus reflète en fait la problématique de toute entreprise industrielle priorisant la maîtrise du processus au détriment :

- des systèmes de gestion,
- du management des hommes,
- de la motivation des individus,
- de la satisfaction du personnel.

2.3. Les étapes d'implantation du pilotage stratégique

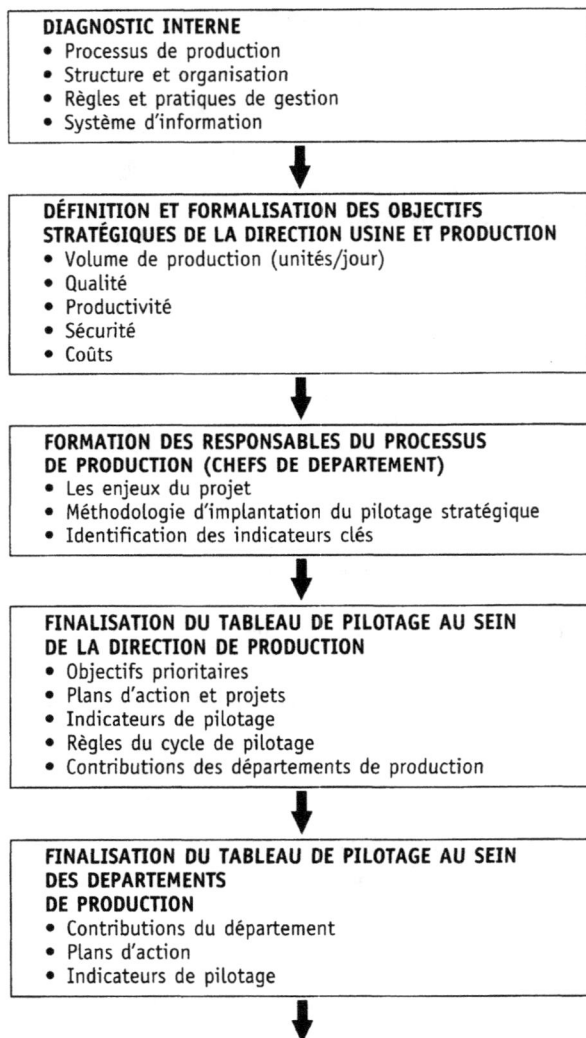

DIAGNOSTIC INTERNE
- Processus de production
- Structure et organisation
- Règles et pratiques de gestion
- Système d'information

DÉFINITION ET FORMALISATION DES OBJECTIFS STRATÉGIQUES DE LA DIRECTION USINE ET PRODUCTION
- Volume de production (unités/jour)
- Qualité
- Productivité
- Sécurité
- Coûts

FORMATION DES RESPONSABLES DU PROCESSUS DE PRODUCTION (CHEFS DE DEPARTEMENT)
- Les enjeux du projet
- Méthodologie d'implantation du pilotage stratégique
- Identification des indicateurs clés

FINALISATION DU TABLEAU DE PILOTAGE AU SEIN DE LA DIRECTION DE PRODUCTION
- Objectifs prioritaires
- Plans d'action et projets
- Indicateurs de pilotage
- Règles du cycle de pilotage
- Contributions des départements de production

FINALISATION DU TABLEAU DE PILOTAGE AU SEIN DES DEPARTEMENTS DE PRODUCTION
- Contributions du département
- Plans d'action
- Indicateurs de pilotage

© Editions d'Organisation

↓

> **FINALISATION DU SYSTÈME DE PILOTAGE STRATÉGIQUE EN ÉQUIPE DE DIRECTION**
> - Système d'information
> - Règles d'évaluation des résultats
> - Axes de communication interne
> - Priorités de formation et d'acquisition de compétences
> - Règles de fonctionnement du cycle de pilotage

↓

> **FORMATION DES CHEFS D'ÉQUIPE**
> - Règles de fonctionnement du système de pilotage
> - Composantes du système d'évaluation des résultats
> - Axes de communication interne

↓

> **MISE EN ŒUVRE**
> **DU SYSTÈME DE PILOTAGE STRATÉGIQUE POUR**
> **L'ENSEMBLE DES DEUX USINES DE BILBAO ET BURGOS**

3. LES PREMIERS ENSEIGNEMENTS À TIRER APRÈS L'IMPLANTATION DU PILOTAGE STRATÉGIQUE

Après quelques mois de fonctionnement dans les usines de Bilbao, Burgos et Torrelavega, il ressort les éléments forts suivants :

- Très forte adhésion et mobilisation de l'ensemble des niveaux hiérarchiques autour du projet,
- Décloisonnement dans les étapes du processus de production avec une priorité donnée à la performance collective (meilleure coordination entre les services fonctionnels et les départements de production),
- Clarification du champ de responsabilité avec une identification claire et structurée des contributions de chacun,
- Simplification du système de gestion à partir de la définition des indicateurs clés des tableaux de bord,
- Plus grande implication de l'ensemble des niveaux hiérarchiques dans la définition des objectifs et plans d'action,
- Homogénéité du système d'information et clarification des règles et procédures de gestion,
- Communication interne structurée et visant l'ensemble du personnel de l'entreprise.

TROISIÈME PARTIE

Le pilotage stratégique dans les entreprises publiques

CHAPITRE 10

Les spécificités du secteur public

SECTION 1. LE CADRE DE RÉFÉRENCE

L'évolution du cadre de référence a été si importante qu'il n'est plus possible de considérer l'exercice d'une mission de service public ou encore d'une situation de production monopolistique comme suffisant pour définir aujourd'hui ce qui caractérise l'entreprise publique...

En réalité, tout se passe comme si, parallèlement à l'ouverture concurrentielle, le concept de service public tel qu'il était traditionnellement entendu devait progressivement s'estomper. Survient alors l'impérieuse nécessité d'une définition plus exigeante et d'une clarification de ce que recouvre exactement la mission de service public, qui ne se réduirait pas à la composition du capital ou au statut juridique de l'établissement.

Une représentation plus juste de l'évolution en cours, plus opérationnelle d'un point de vue de conduite de changement, amène à distinguer les entreprises selon la part plus ou moins importante de leur activité s'exerçant en secteur concurrentiel.

De l'EDF à la RATP, la SNCF, les sociétés d'autoroutes, puis La Poste, France Télévision, France Telecom, Air France, c'est bien l'ensemble des grandes entreprises publiques qui ont perdu leur cadre de référence traditionnel.

Pour ces entreprises publiques, la mise en place d'un pilotage stratégique apparaît comme une absolue nécessité pour au moins trois raisons :

- les concepts sur lesquels elles ont bâti leur identité sont devenus trop imprécis, trop contestés pour servir seuls de cadre de cohérence à leur action,
- l'évolution de leur environnement réglementaire, sous l'effet notamment des progrès de l'intégration européenne, bouleverse la vision dans laquelle s'inscrivait leur équilibre traditionnel,
- l'exigence croissante de la société en matière de qualité de service mais aussi d'efficience et la contrainte financière de l'Etat imposent une amélioration sensible de leur performance.

Que l'on ne s'y trompe pas... Toutes ces évolutions, ces bouleversements se situent dans un cadre marqué par une grande confiance des Français, un grand attachement à leurs entreprises publiques, sans exclure leur vigilance... Il est en conséquence possible et souhaitable de gérer cette mutation de manière sinon totalement consensuelle, au moins partagée. Cela suppose de mieux faire comprendre ces enjeux et, à ce propos, la situation n'est pas actuellement satisfaisante.

Il importe également de noter que pour affronter cette concurrence, les entreprises par leur histoire, leur situation et leur culture, disposent d'atouts très importants pour faire face à ces mutations dans de bonnes conditions. Un des enjeux du pilotage stratégique est de savoir faire émerger ces points forts pour donner confiance et faciliter le nécessaire changement.

En quoi les évolutions de l'environnement stratégique des entreprises publiques nécessitent-elles la mise en place d'un pilotage du même nom ?

Comment cerner les difficultés et les obstacles d'une telle approche ?

Comment également faciliter sa mise en œuvre ?

Autant de questions qui doivent trouver la réponse appropriée à chaque entreprise.

Au-delà du schéma type, c'est du « sur-mesure » qu'il faut offrir à ces entreprises et à leurs cadres, soucieux du devenir de leur outil de travail.

Ainsi, l'examen des entreprises publiques conduit à relever de fortes convergences :

© Editions d'Organisation

- toutes connaissent des évolutions technologiques lourdes, de nature à proposer de véritables alternatives à leur offre ;
- toutes sont invitées à répondre à de nouvelles demandes et à de nouveaux besoins de la part de leurs clients et de leurs marchés ;
- toutes sont confrontées à un contexte de développement des alliances internationales de la part de leurs partenaires européens.

L'exemple de La Poste permet d'illustrer ce propos. En effet, après la libéralisation de « l'exprès » et du colis, cette entreprise publique doit gérer en même temps :

- l'ouverture prochaine à la concurrence d'une partie du courrier publicitaire adressé ;
- le développement du courrier électronique qui, à court terme, va supplanter le fax ;
- les demandes de traçabilité des objets pour la messagerie d'entreprise.

Tout cela dans un contexte qui voit les postes néerlandaises et allemandes racheter ou prendre des participations très significatives dans de grands intégrateurs ou des opérateurs concurrents.

Confrontés à une modification brutale de leur cadre stratégique, les outils et méthodes traditionnelles d'orientation et de gestion sont devenus inadaptés. Leur pilotage exige désormais d'appréhender l'évolution de l'environnement et les besoins externes.

Un rapide examen rétrospectif de ces mutations montre que l'absence de pilotage stratégique au sein de ces entreprises a favorisé au cours des vingt dernières années, les positionnements de principe et la réaffirmation des certitudes. Ceci au détriment de ce qu'une analyse stratégique correcte aurait mis en évidence. Les difficultés sociales souvent avancées participent également à cette mauvaise approche des enjeux.

SECTION 2. LES RUPTURES DE L'ENVIRONNEMENT

La construction européenne et ses conséquences réglementaires constituent sans doute la plus importante rupture d'environnement pour nos entreprises. Comme toutes les ruptures, elle est avant tout perçue comme un facteur de contrainte et de renoncement, alors qu'elle représente une formidable opportunité qui oblige à repenser des schémas et des modes d'organisation dépassés.

D'ailleurs, la plupart des grandes réformes dernièrement mises en œuvre sont étroitement liées à ce cadre. Prenons quelques éléments récents :

- la création d'une structure distincte de la SNCF chargée de gérer l'intégralité des infrastructures ferrées ;
- la fin du mécanisme traditionnel de financement d'autoroutes nouvelles qui ont une rentabilité déplorable (accumulation de dettes et réaffectation de l'excédent des autoroutes anciennes amorties) ;
- l'ouverture du capital d'Air France et de France Télécom ;
- la perspective d'une diversification de la production électrique...

... sont autant d'évolutions majeures introduites au cours des deux dernières années.

Dans un schéma très français qui s'est appliqué à d'autres secteurs tels que l'agriculture, on a présenté les évolutions nécessaires d'un cadre d'action comme une conséquence inéluctable d'une démarche libérale incompatible avec notre concept de service public, soucieux, lui, de faire prévaloir l'intérêt général.

Une analyse plus fine des demandes, et surtout une plus grande capacité à anticiper les attentes et exigences économiques, incitaient au refus de cet amalgame simpliste.

Il fallait considérer comme légitime, l'idée de justifier d'une proportionnalité entre le coût effectif des missions de service public et l'avantage tiré de la situation de monopole. Il fallait aussi refuser que le statut juridique public tiré de la situation patrimoniale d'une entreprise, suffise à justifier une situation privilégiée par rapport aux règles de concurrence. Ou encore que ce statut ne dispense de la mise en œuvre des principes de base du management d'entreprise, qu'il s'agisse de l'effet de taille, de la mesure des coûts ou de la qualité de service.

© Editions d'Organisation

En refusant nos évidences, en exigeant une clarification des concepts et des objectifs, l'intégration européenne a fait œuvre utile. Plus personne ne conteste, aujourd'hui, que l'ouverture progressive et maîtrisée à la concurrence du transport aérien soit compatible avec l'exercice de missions de service public. À condition, évidemment, que ces missions soient bien identifiées et prises en charge en tant que telles par la collectivité nationale, au titre de la desserte de certaines métropoles régionales enclavées.

Aujourd'hui, l'amélioration très nette de la performance des entreprises publiques a été possible grâce à ces changements. Et si on mesure le chemin parcouru, il est plus difficile de mesurer celui restant à accomplir. Ainsi, en matière ferroviaire, des évolutions importantes sont engagées. Celle établissant désormais une clarification entre la gestion des infrastructures et l'exploitation est un exemple parmi d'autres. À présent, il faut faire partager le sentiment que la qualité du service offert, la prise en compte des attentes du client et la gestion équilibrée de l'entreprise, sont les meilleurs garants de sa pérennité.

Face à ces bouleversements, souvent subis, rarement anticipés, qui constituent autant de ruptures majeures d'environnement, une analyse stratégique aurait permis de mettre en évidence non seulement leur caractère inéluctable mais aussi les atouts des entreprises publiques concernées ainsi que les objectifs à se fixer. Tout cela est nécessaire pour accompagner cette mutation et les facteurs clés de succès à maîtriser pour permettre le succès de la transition.

Ainsi, pour La Poste ou Air France, le retard pris dans la constitution des grands pôles d'alliance internationale est une préoccupation, même s'il est en cours de résorption. Pourtant, les atouts de ces entreprises étaient patents :

- place prépondérante sur le marché national,
- positionnement géographique central sur le territoire européen,
- infrastructures de qualité ayant un fort potentiel de développement,
- niveau d'équipement de très bonne qualité...

L'exercice qui consiste à réexaminer le passé à la lumière du présent offre toujours quelque chose d'artificiel et il est frappant de relever l'absence ou la faiblesse des plans et analyses stratégiques dans les années 80. Ce qui explique qu'aujourd'hui, les entreprises publiques soient en situation non d'impulser mais, dans le meilleur des cas, de rejoindre ou de rechercher les derniers partenaires restant disponibles pour de telles alliances.

Un véritable diagnostic, dont les principaux constats auraient été partagés, aurait permis d'établir que les flux tendus devenaient un facteur essentiel de l'organisation de la production des grands clients du fret SNCF et des conditions d'exploitation. Or, la nature du service rendu, appréciée à partir des attentes courantes du client et des offres des concurrents, était tout simplement hors norme, précipitant un report massif sur la route qui, même s'il est partiellement inéluctable, représente pour la collectivité publique et pour l'opérateur ferré un coût considérable.

Grâce à des analyses tant internes qu'externes, comme le propose le pilotage stratégique, on aurait sans doute pu éviter cet effondrement, en dispensant les efforts nécessaires plutôt que de s'en remettre à un discours sur les conditions déloyales de la concurrence entre la route et la SNCF.

Notre conviction peut se résumer de la manière suivante : la construction européenne rend incontournable une évolution du cadre de gestion de nos entreprises publiques.

Elle interdit désormais les pétitions de principe ou assimilations :

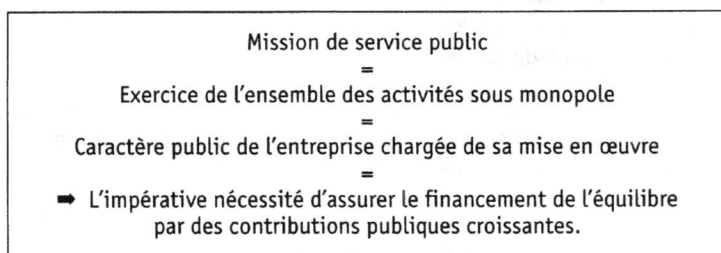

Mission de service public
=
Exercice de l'ensemble des activités sous monopole
=
Caractère public de l'entreprise chargée de sa mise en œuvre
=
➡ L'impérative nécessité d'assurer le financement de l'équilibre par des contributions publiques croissantes.

La construction européenne, par l'impulsion d'une dynamique positive, a imposé progressivement de nouveaux cadres de référence, selon un rythme différent en fonction des secteurs.

Se préparer à cette alternative, suppose que nos entreprises, après une actualisation de leur stratégie, se dotent d'une méthode rigoureuse pour anticiper et réussir cette mutation. Il est essentiel, à partir de ces considérations, de développer une méthode assurant le déploiement stratégique

© Editions d'Organisation

et la prise en compte effective de ces enjeux dans les processus opérationnels.

L'innovation technologique constitue une seconde rupture majeure de l'environnement commune à toutes les entreprises publiques. D'une manière générale, tous les réseaux de communication, d'informations de biens et services se trouvent confrontés à la même évolution technologique, la même accélération... Ce phénomène affecte d'abord l'offre de service et en conséquence, il conduit aussi à revoir profondément les organisations.

Par exemple, en matière postale, le développement du téléphone s'est réalisé sur une quinzaine d'années. Le téléphone s'est progressivement substitué à la quasi-totalité du courrier des particuliers... On ne prend plus le temps de rédiger une lettre, on passe un coup de fil... Tant et si bien qu'aujourd'hui, le courrier des particuliers ne représente plus que 10 % du courrier acheminé.

La Poste a-t-elle à peine digéré cette évolution, qu'elle doit faire face au développement du fax beaucoup plus rapide... Chacun sait que l'offre télématique est appelée à prendre une part majeure dans le courrier des entreprises et le fax à son tour sera dépassé.

Toujours en ce qui concerne La Poste, tous les spécialistes intègrent le développement de cette offre télématique. Ainsi, avec la carte santé, c'est l'un des tout premiers clients de La Poste qui est concerné.

Conduire et maîtriser les processus d'innovation est déterminant. Chacun connaît désormais les conséquences ravageuses de Socrate à la SNCF. À l'inverse, personne ne mesure les gains réalisés grâce aux progrès des logiciels d'optimisation des processus de réservation qui sont désormais au cœur de la performance des compagnies aériennes. De plus, il est acquis que la révolution de la technologie de la grande vitesse a sans doute évité à la SNCF un naufrage, tant son offre classique coincée entre la chute des tarifs de l'aérien et la souplesse du mode de transport automobile se trouvait en décalage par rapport aux attentes des clients.

D'une manière plus générale, la montée des exigences en matière de qualité de service, la prise en compte des attentes du client font partie des paramètres d'environnement. Les entreprises publiques devront apprendre, plus ou moins rapidement, à suivre les principes de ces paramètres et à les intégrer.

L'évolution incontestable et incontestée de l'environnement, l'irruption quasi permanente de nouvelles technologies, les attentes légitimes des clients renforcent l'impérative exigence de changement. Pourtant, on observe des réticences fermes et fortes ; réticences internes et externes d'ailleurs.

SECTION 3. LES OBSTACLES À LA MISE EN PLACE D'UN PILOTAGE STRATÉGIQUE

Perçu par trop d'entreprises comme un bouleversement des habitudes ancrées, le pilotage stratégique se heurte à de nombreux obstacles. Pourquoi ? Philosophiquement, certains responsables voient d'un mauvais œil, l'arrivée d'un système qui met en évidence les lacunes profondes des organisations et des méthodes.

Quelles sont les réticences les plus souvent évoquées ?

L'alibi de la spécificité et de la culture propre... Chacune des grandes entreprises publiques, au fil des années, a développé ses propres outils, ses propres méthodes, ses propres fonctionnements...

Si difficultés il y avait, il n'était pas envisageable de penser qu'une solution pouvait se trouver ailleurs qu'au sein de sa propre structure. Comment imaginer trouver une solution pertinente à ses problèmes en acceptant d'intégrer, dans son propre système de fonctionnement, l'expérience d'autres structures ?

Prisonnières de leur histoire, de leurs analyses internes, ces entreprises n'ont pas la culture de l'anticipation. Elles sont plus souvent en situation de réaction plutôt que d'action.

> *« Agir plutôt que réagir »...*
> *doit être un des premiers soucis*
> *des responsables du pilotage.*

Cette culture maison, dont le principal inconvénient est souvent de maintenir salariés et dirigeants dans des certitudes inadaptées, présente cependant un certain nombre d'avantages. En effet, elle traduit souvent un

© Editions d'Organisation

grand attachement des agents à « leur maison ». Elle met aussi en exergue un certain nombre de valeurs communes à l'ensemble de l'entreprise. Il faut en capter la part positive pour l'intégrer à la démarche de mutation.

Aucun changement majeur ne peut faire l'économie d'une compréhension de la culture d'entreprise, le pilotage stratégique pas plus que d'autres.

1. L'ALIBI DE LA CULTURE DE PRODUCTION

- Créer pour rendre service au public,
- Évoluer à l'abri de la concurrence,
- Être peu attentif aux attentes des clients,
- Séduire un actionnaire peu exigeant sur le résultat financier...

La fonction de production a souvent constitué le cœur de la performance, la filière d'excellence... Le gestionnaire des sillons à la SNCF, l'achemineur à La Poste, sont les dépositaires du cœur des savoir-faire et de la légitimité... Et inévitablement, ce poids de la production par rapport aux autres fonctions (commercial, finance, relations humaines notamment) est à la source de nombreux dysfonctionnements.

2. L'ALIBI DE LA CULTURE BUDGÉTAIRE EXACERBÉE

Il s'agit là non seulement d'une des principales faiblesses mais aussi d'un des principaux obstacles à la mise en œuvre d'un pilotage stratégique. En effet, dans de trop nombreuses entreprises publiques, on peut estimer que la culture de gestion se limite à une culture de la limitation de la dépense. Culture héritée d'une époque où, pour beaucoup d'entre elles, on estimait que « les recettes se constatent alors que les dépenses se maîtrisent ».

À partir de là, les directions financières, marquées par des années de dialogue avec des services du ministère des Finances, éprouvent une réelle difficulté à entrer dans cette quête de la performance globale qui constitue le cœur de la fonction financière moderne.

Cette logique ancienne privilégie en effet, la recherche de l'équilibre d'exploitation par :

- D'une part, la maîtrise des charges et plus particulièrement des consommations intermédiaires compte tenu de la grande rigidité des « dépenses de personnel » ;
- D'autre part, les hausses tarifaires souvent brutales.

En outre, cet exercice intègre souvent les conséquences des prélèvements budgétaires propres de l'Etat.

En situation de sortie de monopole, de fait ou de droit, cette culture budgétaire entraîne des inconvénients majeurs :

- le niveau élevé du prix acquitté par le client à même niveau de service donné,
- une culture peu attentive aux attentes et besoins des clients, en particulier si leur satisfaction génère des charges supplémentaires, ceci même si les produits qui en résultent sont sensiblement supérieurs,
- une qualité de service souvent victime des plans et programmes d'économies diverses,
- un dynamisme commercial et la recherche du meilleur résultat, handicapés par la perspective, peu mobilisatrice, de devoir acquitter des prélèvements supplémentaires.

Par rapport à une culture d'entreprise, cette logique budgétaire est porteuse de contre-performance économique dont la résolution est d'autant plus difficile qu'elle repose sur un état d'esprit profondément ancré parmi les responsables, notamment dans les directions financières.

La démarche de pilotage vise précisément à faire évoluer ces situations et cet état d'esprit en permettant une meilleure appréciation des enjeux grâce à la mise en évidence rigoureuse des objectifs poursuivis, des moyens nécessaires à leur réalisation mais aussi de leurs conséquences en terme de résultats attendus.

À ce stade du développement relatif à la mise en œuvre du pilotage stratégique des entreprises publiques et des enjeux spécifiques supposés, il convient d'insister tout particulièrement sur un point relatif à la relation entre ces entreprises et « leur actionnaire » : l'Etat.

Traditionnellement, on juge sévèrement le rôle de l'Etat actionnaire. En dépit des efforts de clarification récemment entrepris, de nombreux responsables des entreprises publiques ont le sentiment que les priorités de l'actionnaire se résument au fond, par ordre décroissant d'importance, au triptyque :

© Editions d'Organisation

- paix sociale,
- réduction des charges et, si possible...
- satisfaction du consommateur.

De telles priorités, si elles répondent à des contingences politiques de court terme tout à fait légitimes, ne peuvent sérieusement fonder le cadre stratégique de référence dont les responsables d'entreprise ont besoin pour fixer leur action. À l'inverse, il est vrai qu'il peut être commode pour ces mêmes responsables, de disposer d'une délégation stratégique quasi-générale, plutôt que d'avoir à répondre précisément des succès ou échecs de l'action engagée. Alternative qui s'inscrit dans une logique de court terme.

L'un des enjeux du pilotage stratégique est aussi de participer à la mise en place de relations plus satisfaisantes entre l'actionnaire Etat et ses entreprises publiques, en se donnant les moyens d'une relation plus approfondie, plus dense et, en définitive, beaucoup mieux adaptée aux défis auxquels ces deux partenaires sont confrontés.

CHAPITRE 11

L'expérience de La Poste

Aujourd'hui, peu d'entreprises françaises sont sous pilotage stratégique car beaucoup de dirigeants hésitent à franchir le pas. En effet, ce nouveau mode de management n'est pas encore tout à fait entré dans les mœurs, alors que l'évolution de l'économie et de l'environnement en général en fait une nécessité absolue. Certes, le taux de réussite du pilotage n'atteint pas 100 %... Pourtant, sa souplesse au niveau du concept permet une adaptation à chaque cas particulier. Pour s'en convaincre, une entreprise publique, La Poste, a pris conscience de la nécessité de passer sous pilotage stratégique avant que l'ouverture à la concurrence soit totale. Consciente qu'il fallait agir pour gagner le pari de la concurrence justement, elle est en voie de réussir sa mise sous pilotage stratégique.

SECTION 1. LES ÉTAPES DE LA MISE EN ŒUVRE

En 1990, le législateur a conféré à La Poste le statut « d'exploitant autonome de droit public », confirmant ainsi sa vocation à développer une logique d'entreprise.

Les dirigeants de La Poste ont alors explicitement posé la question de la place des grands projets dans ce que l'on appelait alors le « système de gestion ». Il s'agissait, au-delà d'une meilleure maîtrise de leur rentabilité, de mieux comprendre le rapport de ces projets aux résultats de l'entreprise.

Dans cette **première étape**, il s'est agi :

- d'une part de concevoir et de référencer une méthodologie de conduite de projets, et de la diffuser largement parmi les chefs de projets et les managers,
- d'autre part de mettre progressivement en place « un management par projets », en instaurant notamment un comité des projets de La Poste au plus haut de l'entreprise.

Cette approche s'est avérée féconde. Elle a permis notamment de mieux maîtriser les logiques d'action au sein de l'entreprise, en sécurisant les circuits de décisions de lancement des projets engageant l'avenir de La Poste, de mieux séquencer leur déploiement dans le temps, et de clarifier les rôles dans les structures de pilotage.

Peu à peu, cependant, des limites sont apparues :

La notion même de management par projets s'est heurtée aux caractéristiques des activités de La Poste, qui reposent sur des flux de services. Dans cette situation, les projets ne génèrent pas en soi de chiffres d'affaires : ils influent sur des processus dans le but d'améliorer la compétitivité d'une offre de services. De ce fait, il était difficile d'établir des liens explicites et quantifiés entre chaque projet et les résultats de l'entreprise.

Dans le même temps, des ruptures fortes sont apparues dans l'environnement de La Poste, imposant un réalignement stratégique de son portefeuille de projets. Cette opération, toujours difficile et délicate, a démontré la nécessité de partir d'une réflexion de rang supérieure.

Enfin, il est apparu nécessaire de diffuser parmi l'ensemble des managers de La Poste une nouvelle culture d'entreprise, fondée sur une vision partagée des caractéristiques des marchés de La Poste, des attentes de ses clients, et des progrès prioritaires à accomplir pour améliorer la compétitivité de l'offre de service.

Dans une seconde étape, La Poste s'est donc attachée en priorité à améliorer le déploiement de ses objectifs, en mettant l'accent sur l'appropriation de ceux-ci par l'ensemble des managers, et sur les contributions de chaque entité opérationnelle, et de chaque service fonctionnel à l'atteinte des résultats globaux.

© Editions d'Organisation

Une originalité de cette démarche a consisté à diffuser très largement la pratique du diagnostic stratégique au sein des entités territoriales, ce qui a fortement contribué à enrichir et à crédibiliser le plan stratégique de La Poste, et à mobiliser le personnel.

Dans une troisième étape, les dirigeants se sont attachés à renforcer la cohérence entre leur vision stratégique, les objectifs prioritaires à déployer, et les grands projets.

SECTION 2. LES CONDITIONS DE LA RÉUSSITE

Une grande entreprise comme La Poste aurait pu être considérée comme moins sensibilisée aux principes et aux exigences du pilotage stratégique. Les changements nécessaires à tous niveaux, et notamment les changements culturels, pouvaient faire apparaître toute décision de mise en place du pilotage comme une gageure. Pourtant, l'opération est aujourd'hui considérée comme un succès prometteur dont la raison essentielle est l'engagement des dirigeants, clairement formulé et exprimé par eux à partir de leur problématique personnelle de décision et de contrôle.

Ces avancées résultent aussi de l'application de quelques principes de changement qui méritent d'être évoqués ici.

1. UN LANGAGE COMMUN

Tout dirigeant d'entreprise a toujours besoin de fédérer des cultures, des intérêts particuliers, des compétences distinctes, des priorités et des enjeux. *Pour y parvenir, le pilotage stratégique est un outil efficace.*

Pour cela, il faut avant tout installer durablement un langage commun dans l'entreprise. Les mêmes mots doivent y recouvrir les mêmes représentations, les mêmes contenus. Et une grande rigueur doit soutenir cette implantation.

Il est important d'installer le plus tôt possible, et de maintenir sans défaillance tout au long de la mise en place, le partage total d'un petit nombre de concepts stratégiques : les territoires stratégiques, les tendances et les ruptures de l'environnement, les déficits de compétitivité, les processus, la performance, etc. C'est la condition pour garantir que toute l'entreprise utilise bien le même langage, la même compréhension des concepts.

C'est aussi la condition pour une appropriation efficace. En effet, la stratégie doit s'enrichir de la diversité des terrains et des situations. Au fil de son développement, le pilotage stratégique doit susciter des réflexes à plusieurs niveaux : réflexes d'appropriation, réflexes de cohérence, réflexes de complémentarité transverse. Enfin, il est important de s'attaquer aux objections soulevées à l'occasion de la mise en place de ces nouveaux comportements :

- opposition entre attentes clients sur les marchés et attentes du siège,
- oppositions entre attitudes à moyen terme et orientations stratégiques.

Ce langage commun ne doit se substituer à aucun moment à la diversité des rôles et des situations. Il en va de l'appropriation réelle, pour l'ensemble de l'entreprise, à chaque niveau du diagnostic établi par la direction. Conclusions descendantes, à bien comprendre et à bien intégrer, ou conclusions supérieures à enrichir des réalités particulières ? La vérité de la méthode se situe à coup sûr dans le second terme.

Dès lors qu'un responsable est confronté à un environnement spécifique, il doit mener un diagnostic particulier à son niveau. Il met en perspective le diagnostic supérieur avec ses données locales. Il procède rigoureusement de la même façon qu'à tous les autres niveaux, avec les mêmes outils et les mêmes procédés. Il lui faut confronter son diagnostic à celui du niveau supérieur. En se projetant à moyen terme, il lui faut intégrer les logiques n +1 pour les enrichir en précision et en pertinence. Il doit en devenir *le* porteur convaincu, compétent, intéressé. Un principe est essentiel à ce propos : une stratégie n'est pleinement appropriée que par un diagnostic qui en recoupe les conclusions.

C'est par le déploiement du diagnostic stratégique que l'on vend la stratégie dans l'entreprise !

Ce travail doit :

- éviter tout déploiement monolithique,
- savoir distinguer les différences acceptables, les réalités urbaines et rurales par exemple, qui traduisent la variété de l'environnement de

© Editions d'Organisation

l'entreprise... des éventuelles distorsions ou dérives au regard des options stratégiques de l'entreprise.

Ces différences sont à intégrer dans la mise en place du pilotage. Il est donc primordial de repérer les variations acceptables mais aussi les inacceptables, celles qui sont des dérives par rapport aux orientations de fond. À cet égard, une dose suffisante de formalisation est nécessaire. Des documents communs doivent être diffusés pour une utilisation commune. Ils sont à considérer comme outils de structuration des réflexions et des méthodes d'analyse. *Encore une fois, langage commun et représentations communes sont une condition indispensable à la mise en œuvre du pilotage stratégique.*

2. UNE SYNCHRONISATION DANS LE TEMPS

2.1. Un cycle unique

Plusieurs cycles d'action et de gestion préexistent à la mise en place du pilotage stratégique : cycles d'investissements, cycles budgétaires, cycles de gestion des emplois, cycles des plans de formation, etc. En général, ils ne sont pas assez bien synchronisés, les uns par rapport aux autres.

Or, le développement dans l'entreprise d'une vision commune rend cruciale cette synchronisation.

Ainsi, la pratique préexistante de l'actualisation quadriennale du plan stratégique se révèle-t-elle insuffisante pour soutenir et relancer les objectifs prioritaires. Elle ne permet pas les boucles de rétroaction, essentielles à l'enrichissement continu de la stratégie et à la maîtrise des liens avec les plans d'actions.

Dès lors, il est impératif qu'un cycle récurrent, de préférence annuel, soit mis en place avec le pilotage stratégique. Il est à mettre à profit pour régénérer le sens de la démarche, à tous les niveaux et intégrer explicitement l'actualisation du plan stratégique.

Un cycle annuel de décision et de pilotage est un progrès essentiel pour l'entreprise. C'est aussi un gage de la réussite du pilotage stratégique.

2.2. Un apprentissage annuel

Le cycle idéal, celui qui synchronise l'ensemble des grands rendez-vous de management, doit être défini progressivement. Il ne sera installé que par paliers, dans les premières années de la mise en place.

Dès le début de l'établissement du pilotage stratégique diverses contradictions avec les pratiques anciennes apparaissent. Tout cet héritage d'habitudes anciennes, fortes et solidement entretenues, est alors à prendre en compte soigneusement. En effet, l'erreur serait grande de vouloir dès le départ un système parfait et exhaustif. Au contraire, il s'agit d'une démarche d'apprentissage continu qui doit s'implanter à tous les niveaux. *Mieux vaut un premier cycle imparfait, mais couvrant un système complet de pilotage, cohérent et respecté dans ses délais.*

Par développement d'apprentissage, ce premier cycle s'enrichit d'une année sur l'autre. Cette amélioration s'effectue par incorporation d'éléments nouveaux dans les diagnostics, les portefeuilles d'objectifs et de projets, les mécanismes de calcul des coûts et le montage des budgets.

3. Une implantation dans une masse critique d'entités

La mise en œuvre et le déploiement du pilotage stratégique doivent concerner des entités significatives. La démarche doit être poussée au cœur de ces entités, les plus représentatives pour l'entreprise par leur activité, leurs enjeux sociaux et de services.

Toute autre attitude, prudente ou frileuse, marginaliserait en fait la démarche.

Le second principe résulte de la nécessité d'une approche simultanée, à tous les niveaux de l'entreprise. Il est inefficace d'enchaîner les mises en place, les unes après les autres. On ne parvient ainsi qu'à éloigner le terme de la démarche, et appauvrir le dialogue de pilotage. Au contraire, une mise en place distribuée et simultanée doit être privilégiée.

D'ailleurs, sans cette simultanéité l'émergence nécessaire du langage commun se perd. Divers effets de freinage, attentes de « l'expérience de l'autre » se développent surtout dans des entreprises structurées en réseau, comme La Poste.

© Editions d'Organisation

4. Un accompagnement interne

Ce choix résulte d'une tactique appropriée à une grande entreprise. La Poste se caractérise par une forte culture, y compris en matière de pilotage. La diffusion de nouvelles attitudes y nécessite un relais continu. C'est ce qui explique le choix d'une mission interne de pilotage, créée à cet effet pendant la phase de démarrage du projet.

D'emblée, il a de même été fixé que ces consultants internes devaient travailler, en équipe et à parité, avec des consultants externes, pour une appropriation continue de toute la démarche.

Le rôle du consultant externe est de fournir les appuis et les explications méthodologiques nécessaires, les éclairages sur les enjeux, les projections et les ouvertures.

Il incombe à la mission interne d'adapter la démarche et ses outils aux cultures de La Poste.

Pour cela, trois axes de travail ont été développés :

- la redéfinition du processus et des procédures du pilotage de l'entreprise, dans lesquels doit s'impliquer l'ensemble des dirigeants,
- la formation à la méthode et ses principes. Pour obtenir le langage commun nécessaire, un programme extensif de formation est nécessaire à l'ensemble des responsables concernés,
- l'assistance conseil aux entités concernées dont l'objectif est de créer un effet de levier entre les équipes. Dans le même temps, elle vise aussi à garantir la conformité permanente à la méthode générique. À cet égard, le niveau de travail des consultants internes doit devenir en tous points comparable à celui des meilleurs cabinets extérieurs de consultants.

Tout au long de leur accompagnement, les consultants internes doivent rester vigilants à l'égard des logiques d'acteurs, des intérêts et des inquiétudes des individus, des mouvements d'attrait ou de distanciation vis-à-vis de la démarche.

SECTION 3. LE POSITIONNEMENT DU PILOTAGE DANS LE MANAGEMENT

Le pilotage stratégique dans une entreprise, qu'elle soit publique ou privée, est perçu, *a priori* et très temporairement, comme une véritable révolution qui va entraîner un total bouleversement de ce qui est établi. Il est donc très important de ne pas positionner trop vite le pilotage stratégique par rapport aux autres démarches. Il n'en résulterait qu'inquiétudes et résistances.

Mieux vaut donc une démarche concrète, plutôt qu'un débat de principes sur les méthodes. Il faut expliquer, expliquer encore... Car il est impératif d'enclencher des passages à l'acte, le plus tôt possible. On doit adopter à cet effet une tactique appropriée d'adaptation de la démarche, en privilégiant quelques priorités de départ.

Pour La Poste, ce choix s'est porté sur les attentes principales des clients, sur les déficits majeurs au regard de ces attentes, et de l'offre de service des concurrents, sur les objectifs et les projets permettant de les résorber.

En revanche, un moment arrive où, positionner clairement le pilotage stratégique au cœur de l'entreprise devient indispensable.

Il est alors opportun d'engager une clarification collective à un double niveau : celui des fonctions majeures impliquées dans le pilotage stratégique, celui des autres démarches déjà engagées dans l'entreprise, le contrôle interne et la qualité notamment.

Examinons à présent les principes essentiels.

Le pilotage stratégique appartient aux dirigeants. Les fonctions de direction impliquées dans la mise en œuvre de ce processus de pilotage ont un rôle d'apport et d'appui. Il s'agit de grands domaines de compétence que l'entreprise doit intégrer dans son organisation.

Dans un premier tableau, nous présentons le rôle de chacune de ces fonctions dans le pilotage stratégique. Dans le tableau suivant, nous énonçons leur complémentarités nécessaires, leurs principales zones de coopération.

© Editions d'Organisation

1. LE RÔLE DES FONCTIONS ÉLÉMENTAIRES IMPLIQUÉES DANS LE PROCESSUS DE DÉCISION ET DE PILOTAGE

La fonction stratégie

La fonction stratégie aide les dirigeants à définir, actualiser et communiquer leurs choix stratégiques.

Principales activités :
- Coordination, organisation de la vigilance externe et de la prospective.
- Animation des réflexions des dirigeants pour l'actualisation de leurs choix stratégiques.
- Rédaction du plan stratégique.
- Aide à la définition et l'élaboration d'un cahier des charges de la communication sur la stratégie.
- Fourniture des hypothèses nécessaires à l'élaboration des trajectoires financières.
- Vérification de la conformité des stratégies des métiers à la stratégie du groupe.

La fonction pilotage stratégique ou contrôle stratégique

La fonction pilotage stratégique aide les dirigeants à surveiller les paramètres prédéfinis de l'environnement de l'entreprise et l'atteinte des objectifs stratégiques.

Principales activités :
- Contrôle de la cohérence d'ensemble des objectifs stratégiques.
- Vérification de la qualité de la prise en charge des objectifs stratégiques par les entités opérationnelles.
- Animation de la contractualisation des objectifs entre un dirigeant et ses entités ou services rattachés.
- Aide à la conception et la mise en place des tableaux de pilotage des dirigeants.
- Analyse des indicateurs permettant de surveiller la validité dans le temps des hypothèses d'environnement ayant conduit au choix du scénario stratégique.
- Analyse des écarts sur les objectifs clés de pilotage de l'entreprise.

La fonction finances

La fonction Finances aide les dirigeants à valider leurs choix stratégiques, et à optimiser l'utilisation des ressources financières de l'entreprise.

Principales activités :
- Montage des scénarios financiers à partir des scénarios stratégiques.
- Élaboration de la trajectoire financière attachée au scénario stratégique retenu : compte de résultats, plan de financement, bilans prévisionnels à moyen terme.
- Contrôle financier des ressources et emplois (surveillance du fonds de roulement).

Le contrôle budgétaire

La fonction contrôle budgétaire aide les dirigeants à surveiller l'évolution des budgets et des coûts.

Principales activités :
- Montage et arbitrage des budgets annuels.
- Optimisation de la comptabilité analytique en fonction des besoins exprimés par les dirigeants.
- Surveillance des éléments clés du compte de résultats.
- Calcul et surveillance des coûts unitaires.

L'optimisation des processus

Cette fonction est répartie dans l'ensemble des métiers (au sens large) de l'ensemble de l'entreprise. Elle a pour mission d'aider les dirigeants à assurer la compétitivité des processus de l'entreprise.

Principales activités :
- Diagnostic/benchmarking de la performance globale d'un processus et de chacune des activités composantes.
- Aide au montage et conduite des projets permettant les améliorations ou reconfigurations décidées par les dirigeants.

Les apports de la fonction R.H. dans le processus de pilotage

La fonction R.H. aide les dirigeants à mettre en adéquation le management des collaborateurs avec l'élaboration et la mise en œuvre de la stratégie.

© Editions d'Organisation

Principales activités :
- Validation de la faisabilité des scénarios stratégiques au regard de l'évolution des compétences et de la démographie du personnel.
- Mise en cohérence du management de la performance avec les objectifs prioritaires de l'entreprise.

Le système d'information

La fonction système d'information aide les dirigeants à s'alimenter en informations nécessaires au pilotage de l'entreprise.

Principales activités :
- Organisation de la collecte et de la circulation des informations à partir des besoins exprimés par les dirigeants.
- Administration des droits d'accès aux informations.

Le contrôle interne

La fonction contrôle interne aide les dirigeants à organiser la maîtrise des risques pouvant affecter l'atteinte des objectifs de l'entreprise.

Principales activités :
- Animation des réflexions des dirigeants pour la sélection des risques majeurs à maîtriser et des processus à mettre sous contrôle.
- Diffusion des principes et méthodes de contrôle interne.
- Aide à l'élaboration et la mise en place des guides de contrôle.
- Animation du déploiement des plans de contrôle.
- Animation de la vigilance opérationnelle au sein de l'entreprise.

Le développement des systèmes de pilotage

Cette fonction aide les dirigeants à reconfigurer et optimiser les systèmes de pilotage dans l'entreprise.

Principales activités :
a) Pendant la mise en place du nouveau système :
- Proposer une reconfiguration du processus de décision et de pilotage.
- Accompagner les dirigeants et une « masse critique » d'entités dans l'appropriation des méthodes et pratiques de pilotage.
- Favoriser l'émergence et la mise en place de la fonction pilotage stratégique.

b) Après la mise en place :
- Actualiser les concepts et méthodes de pilotage.
- Assurer l'évolution du processus de pilotage.
- Étendre la mise en place du système de pilotage à l'ensemble des entités.
- Assurer la mise à niveau des nouveaux arrivants.

2. LES PRINCIPALES ZONES DE COOPÉRATION ENTRE FONCTIONS ÉLÉMENTAIRES

Stragégie/Finances

Les deux fonctions échangent des informations permettant d'aboutir à une quantification financière des scénarios stratégiques envisagés, et à l'élaboration de la trajectoire financière attachée au scénario retenu.

Stratégie/Systèmes d'information

Les deux fonctions collaborent pour développer et entretenir un système pertinent de collecte et mise à disposition d'informations externes.

Stratégie/Optimisation des processus

Les deux fonctions échangent des informations permettant d'identifier les grandes évolutions à opérer sur les processus clés de l'entreprise.

Stratégie/Pilotage stratégique

Les deux fonctions coopèrent pour aider les dirigeants à assurer la cohérence entre les objectifs stratégiques à moyen terme et les objectifs prioritaires à court terme.

Pilotage stratégique/Contrôle budgétaire

Les deux fonctions collaborent pour assurer la cohérence entre les objectifs de pilotage et les éléments budgétaires, lors de la contractualisation entre le dirigeant et les entités ou services rattachés.

Pilotage stratégique/Système d'information

Les deux fonctions collaborent pour permettre aux dirigeants de disposer en temps voulu de l'information nécessaire au pilotage de l'entreprise.

© Editions d'Organisation

Pilotage stratégique/Optimisation des processus

Les deux fonctions collaborent pour assurer la cohérence des objectifs détaillés inscrits dans les projets avec objectifs clés d'amélioration de la performance des processus.

Contrôle budgétaire/Optimisation des processus

Les deux fonctions coopèrent pour développer et entretenir un système pertinent de calcul des coûts.

Pilotage stratégique/Contrôle interne

Les deux fonctions coopèrent pour mettre en cohérence les priorités de pilotage de l'entreprise (objectifs, projets, plans d'action) et les priorités de contrôle internes (résultats à sécuriser, plans de contrôle).

Développement des systèmes de pilotage/Autres fonctions

Cette fonction coopère avec l'ensemble des autres fonctions pour assurer la cohérence et garantir la qualité du nouveau processus de pilotage.

Le schéma suivant présente les interactions entre les fonctions élémentaires décrites ci-dessus.

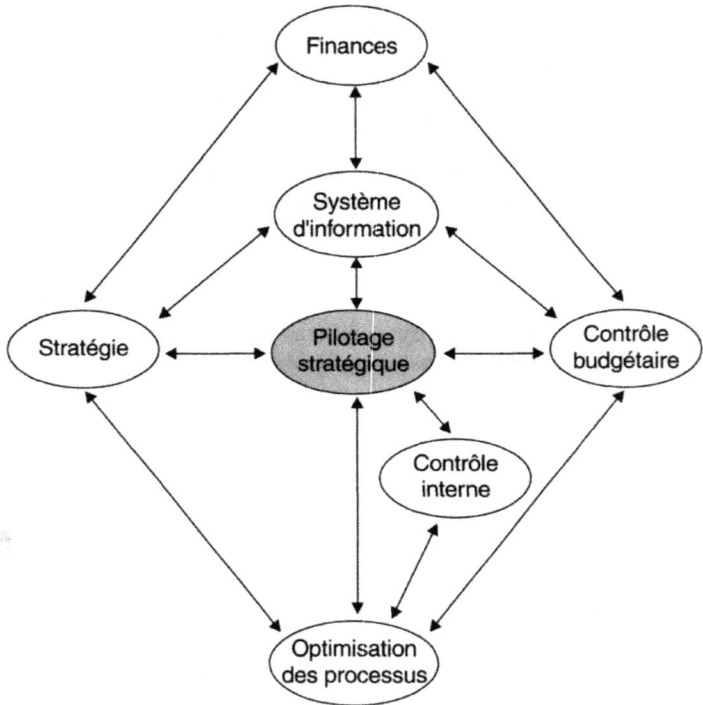

Figure 58 – *Principales zones de coopération*
entre fonctions élémentaires

© Editions d'Organisation

SECTION 4. LES PROLONGEMENTS DU PILOTAGE STRATÉGIQUE

1. LE SYSTÈME D'INFORMATION

Le système d'information de pilotage d'une entreprise aide les dirigeants à disposer, au bon moment, des informations nécessaires, externes et internes. Si l'information ne circule pas, ou si elle circule mal, il est très malaisé de repérer les éventuels dysfonctionnements. En conséquence, la fonction concernée doit organiser la collecte et la circulation de ces informations, à partir des besoins exprimés. Chaque décideur doit pouvoir disposer des éléments nécessaires à sa mission sans s'épuiser dans une recherche d'éléments épars lui permettant de forger sa vision des enjeux de l'entreprise et de réagir en conséquence sans retard.

Dans cette optique, il est de ce point de vue tout à fait essentiel que la fonction chargée des systèmes d'informations s'adapte étroitement aux besoins du pilotage stratégique. Il lui faut développer une grande énergie pour combattre la tentation inverse : adapter le pilotage stratégique aux « contraintes » du système d'informations.

Une autre question majeure pour cette fonction est d'organiser et de réguler les droits d'accès aux informations, dans l'esprit même du pilotage stratégique.

2. LE CONTRÔLE INTERNE

Avec les objectifs de progrès, issus de la démarche stratégique, la vigilance des dirigeants risque de se focaliser sur les seules priorités d'amélioration. La réalisation progressive de ces progrès risque ainsi d'atténuer les vigilances internes.

Il appartient au contrôle interne d'étendre et d'entretenir cette vigilance, pour consolider et sécuriser les résultats acquis. Il lui faut pour cela identifier ces résultats à consolider ou à sécuriser, organiser le déploiement des plans de contrôle, et plus généralement la mise sous contrôle des processus critiques de l'entreprise.

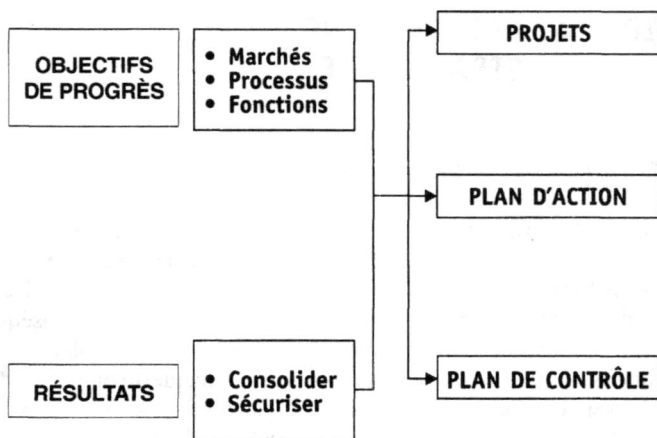

3. LA QUALITÉ TOTALE

La mise en place d'une démarche de qualité totale nécessite de fédérer, de développer et de faire vivre des dynamiques de progrès préexistantes :

- une approche de refonte des processus devenus inadaptés aux attentes des clients et aux exigences de compétitivité sur les marchés,
- une démarche d'assurance qualité, visant à mettre sous contrôle les processus stabilisés,
- une communication stratégique forte,
- une mobilisation des opérateurs et des managers sur les fondamentaux de leurs métiers.

La démarche de pilotage stratégique, telle qu'elle est conçue à La Poste, est une composante nécessaire d'un système qualité :

- elle recherche une mobilisation de toutes les entités de l'entreprise sur l'identification des attentes clients, en cohérence avec la vision stratégique des dirigeants,
- elle permet à chaque entité de définir ses objectifs, projets et plans d'actions prioritaires au regard des attentes clients et de la compétitivité de l'entreprise,
- elle organise la réalisation des progrès nécessaires, en identifiant les responsables de contribution et les objectifs correspondants, et en structurant le pilotage des projets et des plans d'action,
- elle assure l'interface avec la problématique de gestion de l'entreprise,

© Editions d'Organisation

- elle permet, par le reporting, de mesurer en permanence l'atteinte des résultats et de réagir sur les choix d'objectifs et d'actions voire, si nécessaire, sur les options stratégiques.

La démarche de pilotage constitue donc l'outil de la conduite du progrès dans l'entreprise, au service de la stratégie de ses dirigeants. Dans ce contexte, les facteurs de réussite d'une démarche de qualité totale sont les suivants :

- exprimer dans une même problématique l'ambition des dirigeants en matière de stratégie et de qualité,
- privilégier l'animation, la fédération et l'accélération de toutes les démarches de progrès qui sont en œuvre dans l'entreprise,
- achever la structuration du processus de pilotage, allant de l'actualisation de la stratégie au reporting des résultats.

En conclusion de cette expérience d'application à La Poste, et au-delà des principes exposés ci-dessus, une limite de la démarche de pilotage stratégique doit être prise en compte. C'est justement qu'elle s'adresse à des... pilotes. Elle concerne en effet, des managers dont tout le problème est d'entraîner l'ensemble des collaborateurs dans le progrès de l'entreprise. Il faut veiller à cette contrainte, dans tout le travail de mise en œuvre. Ainsi, le risque de décalage avec l'encadrement intermédiaire, les chefs d'équipe peut être important, dès lors que des managers s'investissent dans un changement de culture accéléré. Comment gérer cette étape transitoire où les managers sont focalisés sur l'environnement, quand tout le terrain se réfère à des perceptions internes de l'entreprise ?

Comme toute démarche de progrès, la restructuration du pilotage de l'entreprise doit s'accompagner d'une communication stratégique forte.

Celle-ci doit donner du sens à la vision d'avenir de l'entreprise et à sa déclinaison dans les objectifs et les projets prioritaires.

Elle doit aussi faire toute sa place aux perceptions, aux craintes et aux aspirations du corps social !

CHAPITRE 12

L'expérience de la SNCF

Écrit avec le concours de Philippe Citroën,
directeur de la Stratégie de la SNCF, responsable du Projet Industriel

Née en 1938 de la nationalisation de l'ensemble du secteur ferroviaire, la SNCF a été transformée en 1983 en Etablissement Public Industriel et Commercial (EPIC) par la loi d'orientation des Transports Intérieurs (LOTI).

En 1997, une loi crée un nouvel EPIC, Réseau Ferré de France (RFF). RFF devient propriétaire des infrastructures ferroviaires et prend en charge 134 GF représentant la dette liée à ces infrastructures. Par ailleurs, la loi confie à la SNCF, en plus de l'exploitation des trains et des gares, un rôle de gestionnaire d'infrastructure délégué pour le compte de RFF.

Cette organisation, qui distingue les infrastructures ferroviaires et leur exploitation, se retrouve de manière assez générale dans les entreprises de service public en réseaux pour lesquelles les infrastructures engendrent d'importantes charges fixes difficiles à équilibrer au plan budgétaire. L'exploitation des trains, issue jusqu'à ce jour d'un monopole ferroviaire, se trouve néanmoins en butte à une très sévère concurrence des modes routiers et aériens.

Actuellement la SNCF compte 175 000 salariés, réalise un chiffre d'affaires de 87 GF. Elle est organisée en activités représentatives des besoins des différents types de clientèle : fret, voyageurs (Grandes lignes, Transports Express Régionaux avec TER, Ile de France avec Transilien) et infrastructures. D'autres domaines (matériel, traction, etc.) concourent au service des activités principales.

Dotée de l'autonomie de gestion, la SNCF a un objectif d'équilibre de ses comptes, mais dans le même temps, elle se voit confier par les pouvoirs publics des missions de service public destinées à concourir à l'intérêt général. Elle est rémunérée au titre de ces missions.

Ses employés possèdent une solide culture d'entreprise, très largement technique. Le taux de conflictualité reste encore important, mais le dialogue social s'améliore dans l'entreprise, comme en atteste le récent accord social sur la réduction du temps de travail.

SECTION 1. LE CONTEXTE DANS LEQUEL LA SNCF A SOUHAITÉ METTRE EN ŒUVRE LE PILOTAGE STRATÉGIQUE

1. LES MUTATIONS EN COURS

La SNCF se trouve confrontée aux mutations qui touchent bon nombre d'entreprises de service public en réseau et doit préparer l'avenir en prenant en compte :

- d'une part les exigences des clients voyageurs et fret et la pression concurrentielle, qui imposent à l'entreprise de partir des attentes des clients pour définir ses services et non pas des possibilités techniques (si bonnes soient-elles et même si elles ont contribué à la renommée de l'entreprise).
- d'autre part les changements du contexte ferroviaire (la mise en place d'une politique européenne des transports libéralisant progressivement le secteur ferroviaire du fret, la création de RFF, la généralisation de la régionalisation des services ferroviaires) qui confrontent la SNCF à quatre enjeux :
  1) maintenir une position compétitive sur les lignes à grande vitesse, car la concurrence aérienne se renforce sur ce segment particulier de voyageurs,
  2) conforter son offre de services régionaux sur le segment voyageurs pour se préparer à une éventuelle concurrence à ce niveau,
  3) préparer le doublement du trafic fret d'ici 2010,
  4) rénover l'outil de production de l'entreprise pour faire face à cette croissance du trafic.

© Editions d'Organisation

Depuis l'an 2000, deux éléments se dégagent :

- le transport de voyageurs opère un très fort redressement.
- le Fret qui n'atteint en fait qu'une part de marché de 20 % par rapport à l'ensemble du trafic marchandises connaît une forte croissance de ses trafics.

LE CONTEXTE

INTERNATIONALISATION
Notre territoire, c'est l'Europe
Alliances/Coopérations

Texte réglementaires européens

Attentes Clients
Obligation d'intégration aval

Nouvelles Technologies de l'Information et de la Communication

Quelques tendances lourdes

Le client est très informé
Exigences accrues
Qualité/Service/Coût

Agressivité des Concurrents et des nouveaux entrants

Pression des Politiques sur le respect de l'environnement

Engagement des Régions dans les transports régionaux

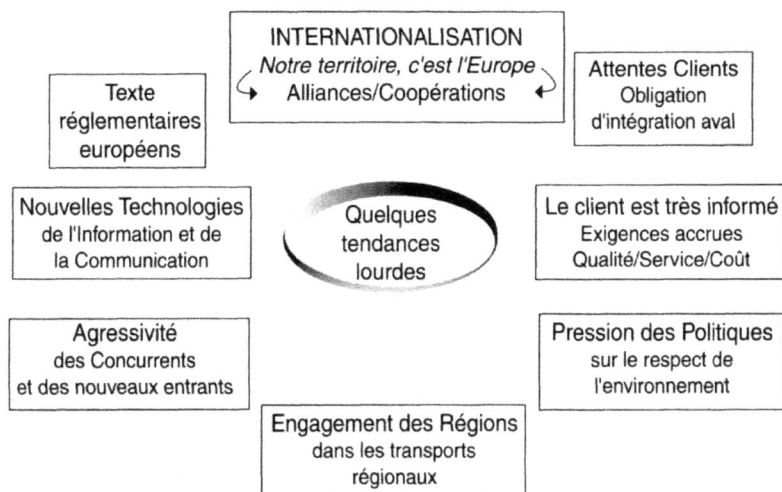

Figure 59 – *Le contexte externe du transport ferroviaire français*

2. LE CONTEXTE INTERNE : LA MISE EN ŒUVRE DU PROJET INDUSTRIEL

Pour faire face à ses défis, la SNCF a orienté son organisation vers ses clients passant ainsi d'une logique séculaire de métiers à une logique d'activité. Cette orientation essentielle est au cœur du Projet d'Entreprise appelé « Projet Industriel » et lancé par l'entreprise en 1997.

2.1. Les orientations du projet industriel

Le Projet Industriel rassemble les actions clés de l'entreprise qui concrétisent sa stratégie et fixe ses ambitions. Le Projet Industriel est l'outil de transformation managériale de l'Entreprise.

• La première étape du Projet Industriel (1997-1999) a permis à la SNCF de trouver ses repères et de consolider ses fondations en tirant les leçons des pertes enregistrées (plus de 16 milliards de francs en 1996), des mouvements sociaux, du déclin du trafic et de la crise de confiance interne et externe. Le bilan chiffré de la première étape montre une progression dans le domaine des trafics, une amélioration de la situation économique et la mise en place d'outils de gestion et de fonctionnement du groupe SNCF. Toutefois le problème majeur de l'entreprise n'a pas été résolu : l'équilibre des comptes résulte moins de la capacité à maîtriser les dépenses que de la seule croissance des recettes (et du désendettement massif).

• La seconde étape (2000-2002) affiche des ambitions plus fortes. La concurrence s'intensifie, les exigences des clients sont accrues, la contrainte économique se resserre, l'Europe devient une dimension essentielle de l'activité de la SNCF. A ce jour le Projet Industriel compte six lignes d'actions et 31 programmes prioritaires, les uns composant les axes de progrès par activités, les autres transverses à l'Entreprise. Enfin, les 300 établissements de la SNCF ont bâti un projet d'établissement, relayant la stratégie nationale de l'Entreprise au niveau local. L'ensemble des directions centrales et régionales ont de leur côté mis au point un projet d'entité. La Direction de la Stratégie a mis en place une structure dédiée chargée de l'animation du Projet Industriel et de sa mise en œuvre : cette Mission Projet Industriel définit et coordonne les modalités du déploiement stratégique dans les établissements. Elle anime également des réseaux de correspondants nationaux et régionaux qui participent à la déclinaison du Projet Industriel jusque dans ces établissements.

© Editions d'Organisation

2.2. La déclinaison dans les établissements : les projets d'établissements

2.2.1. La méthode

Le projet d'établissement est l'outil de mobilisation des équipes qui concrétise au quotidien la stratégie de l'entreprise en permettant à chacun d'être acteur du Projet Industriel. Pour cette raison, il a été construit en associant les dirigeants de proximité dans l'identification des axes de progrès prioritaires (ou projets de changements) relevant :

- de la mise en œuvre des programmes prioritaires nationaux,
- des orientations régionales,
- du traitement de problématiques et dysfonctionnements locaux.

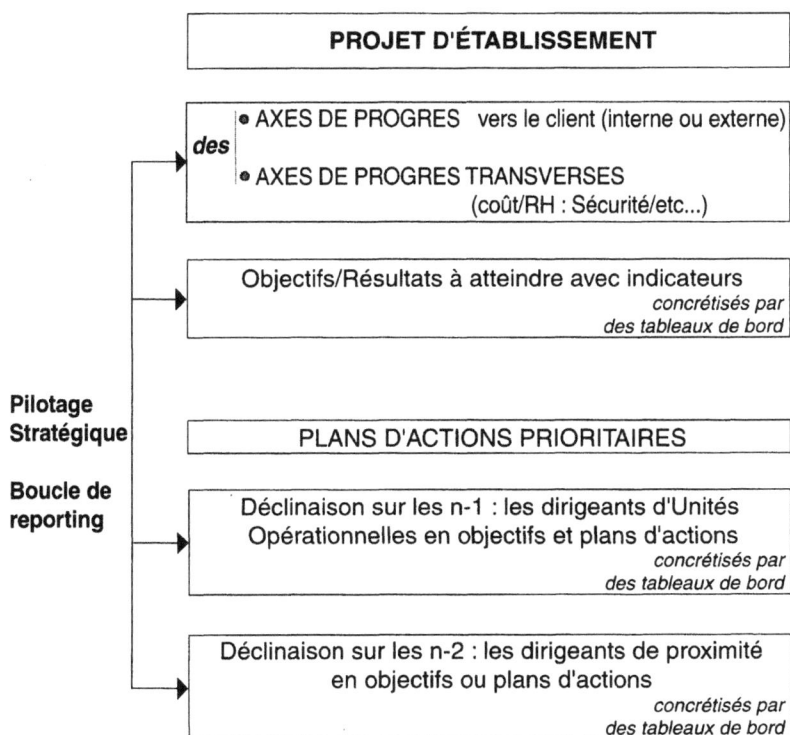

Figure 60 – Construction du projet d'établissement

Le projet d'établissement doit se caractériser par une démarche collective, un document de référence, une démarche de pilotage et une démarche de communication interne.

2.2.2. L'état des lieux

Tous les établissements de la SNCF disposent depuis mars 2000 d'un projet d'établissement. A ce stade, il est essentiel que ces projets participent à l'atteinte des objectifs du Projet Industriel. Le bilan du déploiement du Projet industriel fait apparaître des forces mais aussi des faiblesses. Ceci traduit la difficulté pour une entreprise publique de passer d'une culture de moyens à une culture de résultats. Quelques constats pour illustrer ces propos :

- l'analyse des attentes clients internes et externes mérite d'être approfondie,
- beaucoup de diagnostics ne portent pas sur l'établissement lui-même, mais reprennent les éléments de contexte nationaux : les objectifs sont mal ciblés et ne répondent pas aux dysfonctionnements locaux,
- l'information de pilotage est abondante mais pas toujours pertinente pour l'établissement,
- les objectifs ne sont pas systématiquement déclinés au niveau des N-1 et des dirigeants de proximité, ce qui ne facilite pas la responsabilisation des acteurs de terrain.

La mise en place d'un dispositif de pilotage stratégique des projets d'établissement est apparue fondamentale, pour inscrire les efforts engagés dans la continuité des ambitions affichées par le Projet d'Industriel.

© Editions d'Organisation

SECTION 2. LES ENJEUX DU PILOTAGE STRATÉGIQUE

1. LES ENJEUX STRATÉGIQUES

1.1. Les ambitions de la SNCF

Confrontée aux évolutions fortes de son environnement, la SNCF a pris conscience de la nécessité d'orienter son positionnement vers le client. La stratégie mise en place par le Président Louis Gallois se décline autour des trois axes « Client-Efficacité-Europe ». : il s'agit pour la SNCF d'être en 2002 une entreprise de service public de référence en France et en Europe. C'est-à-dire :

> 1) en tant qu'*entreprise*, la SNCF doit gagner des clients et les fidéliser, nouer des alliances, mobiliser hommes et femmes sur les objectifs,
>
> 2) en tant qu'*entreprise de service*, elle doit garantir la qualité, la réactivité, la sécurité et l'efficacité des services,
>
> 3) en tant qu'*entreprise de service public*, elle utilise les fonds publics pour effectuer une mission confiée par les autorités administratives, et doit donc, à ce titre, garantir l'efficacité de gestion,
>
> 4) en tant qu'*entreprise de service public de référence en France et en Europe en 2002*, le niveau de qualité de service et de coûts doit résister à la comparaison et promouvoir de forts avantages concurrentiels dans les deux ans à venir.

1.2. Les enjeux du pilotage stratégique

Ainsi l'appellation « client » s'est-elle imposée au détriment de celle « d'usager ». Le client devient progressivement le « vrai patron » de l'entreprise.

Trois enjeux majeurs structurent la professionnalisation du pilotage stratégique :

1) faire entrer le client :
   • au cœur de la stratégie,
   • au cœur des métiers,
   • au cœur de l'efficacité.

2) intégrer dans le professionnalisme aujourd'hui « technique » :
   • la culture client,
   • la culture économique.

3) replacer les outils (comptabilité analytique, qualité de service, satisfaction du client, etc.) dans une vision externe et les mettre en cohérence avec le résultat financier de l'entreprise.

En améliorant le rapport $\dfrac{\text{Degré de satisfaction des clients}}{\text{Ressources engagées}}$ il s'agit

d'offrir le meilleur service au coût le plus bas.

Dans ces conditions, le pilotage stratégique doit permettre à la SNCF :

- de décliner la stratégie nationale en plans d'action locaux opérationnels,
- d'anticiper les choix pour orienter la stratégie,
- d'alerter pour corriger les dérives,
- de promouvoir une démarche managériale participative et transversale.

Le pilotage stratégique doit faciliter le contrôle de cohérence entre les différents niveaux d'intervention dans la mise en œuvre de la stratégie en garantissant le contrôle :

- de l'atteinte des objectifs : les objectifs ont-ils été atteints ? les actions prévues sont-elles réalisées ? les projets ont-ils été mis en œuvre ?
- de la mise en œuvre des actions de projets et des plans de progrès : au regard des résultats obtenus ces actions sont-elles pertinentes ?
- de la mise en œuvre de la vision à long terme : les résultats obtenus permettent-ils d'atteindre la finalité ?

Il s'agira donc pour la SNCF de passer du strict contrôle de gestion au contrôle stratégique.

2. LES ENJEUX MANAGÉRIAUX

2.1. Développer une culture du résultat à tous les niveaux de l'organisation

Les ambitions stratégiques de la SNCF et les méthodes qu'elle déploie pour les atteindre devraient modifier profondément la culture de l'entreprise, historiquement fondée sur les performances techniques. La mise en place du pilotage stratégique suscite un changement culturel profond, tant sur le fond (passer d'une culture de production à une culture clients,

© Editions d'Organisation

d'une culture de moyens à une culture de résultats, d'une culture de la réaction à une culture de l'anticipation) que sur la forme (modification des relations de pouvoir par le perfectionnement en matière de la délégation de responsabilité, modification des comportements individuels et collectifs, clarification de la communication).

L'enjeu de la méthode de déploiement du projet industriel en projets d'établissement repose sur la participation de tous à l'atteinte des résultats. Aussi la construction des projets d'établissement a-t-elle prévu une forte implication de l'encadrement supérieur et de proximité, l'animation de groupes de travail jusqu'au niveau le plus opérationnel et la valorisation de chaque salarié dans son action quotidienne. S'il résulte d'une modification des méthodes de travail, le changement ne se décrète pas, au risque de provoquer un rejet immédiat au motif « qu'il y a vingt ans que l'on fait cela et cela a toujours marché ». Il doit se construire dans le temps, s'accompagner de formations et de bilans réguliers.

2.2. Manager la performance individuelle

Le pilotage par les résultats contractualisés doit permettre de manager la performance des équipes en les engageant dans un processus continu d'amélioration et, à ce titre, doit permettre d'objectiver l'évaluation des agents dans le cadre des Entretiens Individuels d'Appréciation (EIA). En effet, le pilotage stratégique impose de clarifier les rôles de chacun et les exigences du poste tenu. Les objectifs contributifs de chaque dirigeant de proximité et les compétences associées sont fixés et déclinés en cascade sur les équipes opérationnelles chargées de réaliser les plans d'actions. Le reporting régulier permet de suivre les évolutions. Les objectifs individuels peuvent se négocier, être précisés, et ainsi garantir la qualité et l'efficacité de l'appréciation des performances.

SECTION 3. LES ÉTAPES DE LA PROFESSIONNALISATION

1. L'INTERVENTION D'ORPHIS DANS LES ÉTABLISSEMENTS

1.1. Les principes et les objectifs

Le cabinet Orphis, expert en pilotage stratégique, a été impliqué par la Mission du Projet Industriel située à la Direction de la stratégie dans la professionnalisation du pilotage stratégique d'un tiers des établissements de la SNCF (100/300) répartis sur tout le territoire national. Quatre objectifs ont été fixés :

- rendre les projets d'établissements mieux pilotables,
- susciter une culture d'engagement de résultat avec des objectifs formalisés et des plans d'actions associés,
- favoriser la déclinaison du projet d'établissement sur les opérationnels,
- permettre une animation et un contrôle des performances.

En intervenant auprès de cinq établissements tests au cours de l'année 2000, Orphis a pu modéliser son intervention pour les autres établissements et privilégier un processus d'alternance entre :

- des apports méthodologiques brefs et des présentations des modélisations réalisées dans les établissements tests,
- des travaux d'application au niveau de l'établissement effectués par l'équipe de direction.

1.2. Le déroulement

Le programme de professionnalisation du pilotage stratégique se déroule autour de journées d'intervention dans les établissements pour valider le portefeuille d'objectifs, rechercher les objectifs contributifs et évaluer la pertinence des plans d'actions afférents, présenter des règles de reporting et exposer les principes du management de la performance (Entretien Individuel d'Appréciation).

1.3. Les produits en sortie

Les travaux intersessions demandés donnent lieu à la formalisation de deux tableaux essentiels préparatoires à la construction du tableau de bord :

© Editions d'Organisation

- le tableau de qualification et de quantification des indicateurs d'objectifs (figure 25),
- le tableau de prise en charge des objectifs par l'équipe de direction (figure 36).

Ces deux documents constituent pour l'équipe de direction, une vision synoptique et synthétique du projet de l'établissement, qui clarifie les ambitions tant au niveau des N-1 que des N-2.

2. LA FORMATION DES ÉQUIPES RESSOURCES RÉGIONALES

Les 23 directions régionales de la SNCF disposent de consultants internes largement impliqués dans le déploiement du projet industriel au niveau des établissement. Ils sont chargés, au sein de leur région, d'accompagner les établissements pour lesquels Orphis n'est pas intervenu et ont été formés en ce sens à la méthode de professionnalisation du pilotage stratégique d'Orphis. Ce transfert de savoir-faire est fondamental pour progresser dans la démarche de professionnalisation du pilotage des projets d'établissement.

SECTION 4. EXEMPLE D'INTERVENTION

Nous traiterons ici le cas d'un établissement exploitation (chargé de la production du fret, de la production et de la commercialisation des produits voyageurs grandes lignes et TER et de la gestion de la circulation et de la sécurité) et présentons les principes de la méthode.

A la suite du diagnostic qu'il a effectué, l'établissement en question a notamment déterminé les sauts de performance qu'il devait faire (ou « axes de progrès ») entre 2000 et 2002 pour participer aux objectifs stratégiques nationaux présentés au travers des lignes d'actions et des programmes prioritaires d'entreprise et d'activités. L'exemple choisi concerne la ligne d'action n°6 (moderniser le management pour favoriser le dialogue, l'initiative et la prise de responsabilités), trois programmes prioritaires d'entreprise pour lesquels l'établissement a identifié cinq sauts de performance.

Ligne d'action nationale	Programmes prioritaires	Axes de progrès de l'établissement
• Moderniser le management pour favoriser le dialogue, l'initiative et la prise de responsabilités	• Responsabiliser la ligne hiérarchique sur le pilotage économique par les résultats et développer les outils associés	• Professionnaliser le pilotage de l'établissement • Reconnaître et conforter la maîtrise opérationnelle
	• Réussir le recrutement et l'intégration des jeunes	• Améliorer le management de la prévention des risques • Réussir l'accueil et l'intégration des jeunes
	• Renforcer les relations sociales à travers notamment la prévention des conflits	• Améliorer le dialogue social

Nous présenterons deux des axes de progrès transverses :

1. réussir l'accueil et l'intégration des jeunes (c'est un défi pour l'entreprise qui recrute près de 25 000 agents entre 2000 et 2002),
2. améliorer le dialogue social.

1. Réussir l'accueil et l'intégration des jeunes :

L'établissement est confronté à un volume de recrutement sans précédent générés par la Réduction du Temps de Travail et l'évolution démographique. Il souhaite donc disposer de jeunes motivés connaissant bien les enjeux de l'entreprise, leur rôle et leur implication dans l'atteinte des résultats. La mise en place du système de parrainage n'a pas été opérationnelle pour tous les jeunes.

2. Améliorer le dialogue social :

Les discussions au sein de l'établissement liées à la mise en œuvre de la RTT ont favorisé l'émergence d'un dialogue social beaucoup moins conflictuel. L'établissement souhaite profiter de cette dynamique pour en pérenniser les effets.

© Editions d'Organisation

Extraits du tableau de qualification et de quantification et du tableau de prise en charge
des objectifs par l'équipe de direction

Objectifs	Indicateurs	Cible 2002	Périodicité de contrôle	Responsable du suivi	Contributeurs (N-1)
1. augmenter le nombre de jeunes ayant un parrain	• Nombre de jeunes ayant un parrain/nombre total de jeunes recrutés	100 %	Semestre	Pôle RH	Pôles sécurité, voyageurs, TER et les unités d'exploitation délocalisées (UE)
2. Diminuer le taux de conflictualité	• Nombre de préavis locaux déposés • Nombre de préavis suivis/nombre de préavis déposés • Nombre de journées perdues par agent	A déterminer	Mensuelle	Pôle RH	Pôles voyageurs, TER et les unités d'exploitation délocalisées

Les plans d'actions prioritaires afférents ont été déclinés au niveau des contributeurs, identifiant ainsi le rôle des chefs de pôles et d'unités d'exploitation délocalisées (niveau N-1, c'est-à-dire l'équipe de direction) et celui des dirigeants de proximité (niveau N-2).

Le chef de pôle ou d'UE supervise les plans d'actions prioritaires et assurent la cohérence des actions sur l'ensemble des dirigeants de proximité dont il a la responsabilité. Il organise le reporting au niveau de son équipe, propose et met en œuvre les actions correctrices définies en réunion de pilotage de l'établissement.

Le dirigeant de proximité met en œuvre les actions au sein de son entité, établit le tableau de bord de son équipe, tient à jour les indicateurs. Il explique les écarts au court de la réunion de reporting organisée par son chef propose les actions correctrices.

Actuellement, l'établissement travaille à l'élaboration du tableau de bord de l'équipe de direction et la rédaction des fiches de suivi des objectifs contributifs des dirigeants de proximité.

CONCLUSION

L'accompagnement dans cette phase de pilotage stratégique n'est pas achevé. 200 établissements doivent encore s'approprier et mettre en œuvre la méthode d'ici la fin 2001.

Il reste à poursuivre les efforts engagés dans l'implication de tous (niveaux central, régional et établissements) à la réalisation des objectifs et continuer, ainsi, à promouvoir un management participatif et une culture résolument tournée vers les résultats. Le projet industriel déployé constitue un levier essentiel et pressant de changement de la SNCF pour capitaliser sur les forces de l'entreprise et la préparer aux nombreux défis qu'elle devra affronter.

© Editions d'Organisation

Conclusion

Le pilotage stratégique constitue donc une des dernières étapes de la démarche stratégique en entreprise. Il se situe à la croisée de la vision stratégique globale de la firme et des actions stratégiques locales. Il permet à l'entreprise de s'inscrire dans l'action, le concret et l'opérationnel.

La méthode de pilotage stratégique proposée dans cet ouvrage repose sur :

- l'analyse (cadre de référence, diagnostic externe, diagnostic interne),
- la décision (scénarios, choix stratégiques, validation),
- la mise en œuvre (système de pilotage stratégique).

Cet ouvrage tente de faire partager une double conviction :

- le pilotage stratégique constitue une réponse efficace aux difficultés que les dirigeants rencontrent aujourd'hui dans le management des entreprises,
- la réussite de la mise en place de cette méthode tient autant au pouvoir de persuasion des hommes qu'à la maîtrise des outils de gestion.

L'efficacité de ces derniers dépend en grande partie de la motivation des chefs d'entreprise, des cadres, et, à travers eux, de l'ensemble des personnels. En effet, le pilotage n'est pas un aboutissement, mais une étape, comme avant lui d'autres méthodes. Etape toutefois incontournable pour s'adapter aux paradoxes qu'engendre un avenir de plus en plus incertain.

Si en 1980, l'entreprise pouvait être considérée comme un portefeuille d'activités et en 1990 comme un portefeuille de compétences, à l'aube de ce troisième millénaire, elle semble se positionner comme un portefeuille de trois processus [1] :

- le processus entrepreneurial visant à augmenter la performance de chaque individu au sein des unités,
- le processus d'apprentissage (ou d'intégration) faisant le lien entre tous les acteurs,
- le processus d'innovation continue (ou de renouvellement) obligeant l'entreprise à créer et rechercher de nouvelles opportunités.

C'est pourquoi, la mise en place d'une démarche de pilotage stratégique s'appuie essentiellement sur l'attitude des dirigeants dont nous retiendrons les quatre composantes principales :

- l'anticipation,
- la priorisation,
- la transversalité,
- l'engagement sur des résultats.

Ces composantes impliquent, voire imposent, une approche nouvelle du management, qui prend en compte les variables de l'environnement pour les intégrer dans la stratégie de l'entreprise et obligent à de nombreux changements internes : il faut désormais bien connaître ses domaines d'activité stratégiques (DAS), structurer le reporting et disposer d'un système d'informations totalement axé sur les processus pour permettre aux réactions collectives d'infléchir ou d'atteindre une trajectoire stratégique définie. Le système d'informations se nourrit des variables d'ajustement de l'environnement et constitue la ressource clé du pilotage stratégique.

Le pilotage stratégique, c'est avant tout une démarche d'anticipation, une culture d'engagement et une cohérence globale d'intervention des acteurs. Véritable révolution, ce principe de cohérence ne peut que rassurer et sécuriser les dirigeants car il résulte d'une définition claire des rôles et des responsabilités de chacun.

Nous sommes d'ailleurs convaincus qu'à l'avenir, la différenciation concurrentielle se jouera sur des attitudes managériales précises et novatrices. Les chefs d'entreprise devront absolument cultiver les réflexes de réactivité pour mobiliser les moyens indispensables à la mise en œuvre

---

1. Ghoshal et Bartlett, *L'entreprise individualisée*, Maxima, Paris, 1998.

© Editions d'Organisation

de la stratégie la mieux adaptée à l'environnement ou pour l'infléchir au quotidien.

Le pilotage stratégique peut afficher de telles ambitions dès lors que les chefs d'entreprise et les cadres auront intégré de nouveaux savoirs :

- mobiliser et fédérer les hommes,
- contrôler et adapter les plans d'action.

Les structures publiques (entreprises publiques industrielles et commerciales, collectivités territoriales, etc.) se trouvent aujourd'hui dans une situation comparable à celle des entreprises privées : elles ne peuvent plus se tenir durablement à l'écart d'un environnement en pleine mutation ; elles sont contraintes, souvent par le législateur, à rénover leurs méthodes de gestion, et doivent désormais passer d'une gestion optimisée de leurs ressources à une gestion adaptée aux contraintes réglementaires, au marché et aux attentes de leurs clients, citoyens, usagers du service public, partenaires, etc.

Tout comme les entreprises privées, elles disposent d'une même méthode, le pilotage stratégique, pour mobiliser et fédérer l'énergie collective.

> *« Il n'y a aucun mal à changer d'avis. Pourvu que ce soit dans le bon sens. »*
>
> Winston CHURCHILL

Glossaire

Les mots du glossaire sont indiqués dans le texte par un *.

ABC/ABM
ABC (Activity Based Costing) / ABM (Activity Based Management).
L'approche ABC/ABM, en s'appuyant sur ce que l'entreprise fait (les activités) apporte une nouvelle méthodologie de calcul des coûts de revient, mais aussi une autre vision des composantes de la performance. La démarche ABC/ABM est au cœur du pilotage stratégique et construit l'avantage concurrentiel et durable de l'entreprise à partir des activités et processus clés.

L'ABC/ABM conduit à identifier et maîtriser les activités qui créent de la valeur pour le client et les facteurs clés de succès spécifiques à chaque domaine d'activité stratégique.

La coordination des activités au sein des processus de l'entreprise, en relation avec les priorités stratégiques, devient l'élément clé de la performance collective par une intégration de toutes les fonctions et niveaux de responsabilité de l'organisation.

Action. Ensemble d'opérations planifiées par le moyen desquelles on se propose d'atteindre un objectif déterminé ou plusieurs.

Activité. Regroupement de tâches coordonnées réalisées par une entité pour atteindre ses objectifs en cohérence avec sa finalité.
L'activité est localisée dans l'organisation et mise en œuvre par un individu ou une équipe le plus souvent restreinte. (*Exemple : l'activité de vente.*)

Anticiper. Compétence clé des dirigeants, attitude prospective. Anticiper permet de promouvoir un entraînement à la prise de décisions stratégiques des dirigeants selon plusieurs futurs possibles :

- appréhender et sélectionner, grâce à un système d'information pertinent sur les univers de la demande, d'offre et d'influence, les variables clés de l'environnement dont l'évolution risque de perturber fondamentalement la pérennité du portefeuille d'activités de l'entreprise;
- mesurer l'impact des différentes réponses possibles en termes de performances économiques et de position concurrentielle.

Pour favoriser la réactivité du processus de prise de décision de l'entreprise, le système de pilotage doit privilégier :

- le choix d'indicateurs précoces susceptibles de déclencher rapidement les corrections nécessaires,
- la vigilance externe susceptible de fournir les signes d'éventuelles ruptures de l'environnement.

Attractivité. L'attractivité d'un couple marché/produit peut être définie comme le degré d'intérêt ou de facilité pour une entreprise de maintenir ou de développer ses positions sur un couple marché/produit donné.

Le niveau d'attractivité d'un couple marché/produit peut être apprécié à partir de différents critères :

- du taux de croissance prévisible de la demande,
- de l'intensité concurrentielle,
- des risques de substituts.

Base de référence. C'est la cible à atteindre pour la périodicité de contrôle des indicateurs.

Cadre de référence. En univers incertain, il ne peut y avoir de pérennité de l'entreprise sans une vision claire de ce que l'on souhaite devenir (champ du souhaitable). Le cadre de référence correspond aux finalités de l'entité et tient compte de l'éthique de l'entreprise.

Capteurs (sur l'environnement). Réseau d'indicateurs qui alertent sur les évolutions de l'environnement de l'entreprise.

Carte stratégique. Visualisation du croisement entre la position concurrentielle et l'attractivité pour un couple marché/produit donné ou pour l'ensemble des couples marché/produit d'un même territoire stratégique ou domaine d'activité stratégique.

Couple marché/produit. C'est un groupe de clients dont les attentes sont satisfaites par un produit/service ou un ensemble de produits/services de la même famille.

© Editions d'Organisation

Coûts. La notion de coût s'attache maintenant aux ressources consommées par activité.

Déficit/atout de compétitivité. Écart dans la satisfaction apportée aux clients par rapport aux concurrents. Cet écart détermine le client à s'orienter vers les produits/services répondant le mieux à ses attentes.

Domaine d'activité stratégique ou Territoire stratégique. Ensemble homogène de couples marché/produit
Il peut se construire :
– soit, par regroupement de couples marché/produit relevant de la maîtrise d'une même combinaison de facteurs clés de succès,
– soit, par combinaison homogène de clients – besoins – flux.

Engagement de moyen. Engagement sur les actions et sur les projets mis en œuvre pour atteindre les objectifs retenus ; les indicateurs d'actions permettent le suivi et le contrôle des engagements de moyens.

Engagement de résultat. Engagement sur les objectifs retenus pour atteindre les finalités de l'entreprise; les indicateurs d'objectifs permettent le suivi et le contrôle des engagements de résultats.

Ethique. Règles morales que l'entreprise se fixe et impose tant à l'intérieur qu'à l'extérieur. Ce code peut et doit faire l'objet d'un écrit.

Facteur clé de succès. Ensemble des compétences qu'il importe de maîtriser pour être compétitif sur un territoire stratégique ou un couple marché/produit donné. Ces compétences peuvent s'exprimer :
– soit, en terme d'aptitudes à satisfaire les besoins des clients pour un couple marché/produit donné, on s'intéresse alors à la relation client-produit;
– soit, en terme de maîtrise des activités essentielles des processus sur un territoire stratégique donné, on s'intéresse alors à la relation produit-technologie.
C'est aussi tout élément déterminant dans l'acquisition, le maintien ou le développement d'un avantage concurrentiel. Éléments sur lesquels se fonde en priorité la concurrence, correspondant aux compétences qu'il est nécessaire de maîtriser pour être performant.
« *Cinq grandes catégories de critères peuvent être distinguées : la position sur le marché, la position de l'entreprise en matière de coûts, l'image et l'implantation commerciale, les compétences techniques et la maîtrise technologique, la rentabilité et la puissance financière.* » (source : Strategor)

Finalités. Les finalités d'une entité correspondent à l'expression de sa raison d'être. Les finalités des différents responsables doivent être cohérentes et convergentes avec l'ensemble des orientations stratégiques retenues par l'entreprise.

Fonction. Ensemble coordonné d'activités dont l'objet est d'optimiser le fonctionnement d'un ou de plusieurs processus.

Ensemble de compétences homogènes qui assurent l'adéquation des ressources aux choix stratégiques (vision verticale). Exemple : la fonction commerciale regroupe les activités commerciales.

Indicateur. Grandeur mesurable, sujette à variation, prise comme référence pour apprécier une évolution et pour analyser les écarts constatés.

Il y a trois grands types d'indicateurs :
- les indicateurs d'objectifs, pour mesurer les engagements de résultats;
- les indicateurs d'actions, pour mesurer les engagements de moyens;
- les indicateurs d'environnement, pour détecter les ruptures possibles de l'environnement.

Un indicateur met en évidence les progrès mais surtout les non-conformités ou les dysfonctionnements. Il permet d'évaluer, d'améliorer, de pérenniser et de réagir. Un indicateur doit être quantifiable, pertinent, utile, significatif, motivant, accepté, incontestable, stimulant, facile à créer et à suivre, centré satisfaction client, simple. Les indicateurs doivent être cohérents entre eux.

Intelligence économique. Dispositif global, formel ou informel permettant à l'entreprise d'analyser son environnement afin de répondre, dans des conditions optimales, aux ruptures et opportunités.

Objectif. Résultat mesurable contribuant à l'atteinte des finalités d'une entité et que l'on s'efforce d'atteindre dans un temps donné. La déclinaison stratégique conduit, et quel que soit le processus de décision adopté, à formuler un ensemble d'objectifs pour les différentes entités de l'entreprise.

Les objectifs ont sept caractéristiques fondamentales :
- ils sont négociés sur le niveau cible à atteindre;
- ils sont quantifiés et planifiés;
- ils sont hiérarchisés et limités;
- ils sont ambitieux mais réalistes;
- ils sont rédigés en termes précis et explicites;
- ils sont compatibles avec la zone d'autonomie d'action et les moyens dont dispose le titulaire du poste;

© Editions d'Organisation

– ils sont cohérents verticalement et horizontalement.

La déclinaison des objectifs relève d'une double logique :

– recensement des processus à mettre sous contrôle et formalisation de la transversalité du pilotage;

– vérification de la compatibilité des objectifs déclinés dans chaque service avec la finalité de chaque service.

Périodicité de contrôle. C'est la périodicité de contrôle de la réalisation de l'objectif. Elle est déterminée en fonction de la capacité de mise en œuvre d'actions correctives pour revenir sur la trajectoire fixée en cas de non atteinte de l'objectif pour une période donnée.

Pilotage. Le pilotage de l'entreprise consiste à traduire la politique et la stratégie en actions quotidiennes et locales, avec pour ambition de satisfaire le client, le personnel, et d'assurer la pérennité économique et commerciale de l'entreprise, par l'amélioration continue des processus clés et par la mesure des actions engagées. Cela requiert un subtil mélange d'aptitudes et de comportements :

– savoir mobiliser et fédérer les hommes sur des projets attractifs ;

– savoir contrôler la mise en œuvre des plans d'actions pour s'adapter aux évolutions sans remettre en cause les finalités fondamentales de l'entreprise.

Le pilotage des entités, c'est l'affaire des dirigeants.

Position concurrentielle. La position concurrentielle d'une entreprise dépend de sa capacité à satisfaire les besoins des clients (ou facteurs clés de succès) par rapport aux concurrents pour un couple marché/ produit donné.

Procédure. Ensemble des règles et des modalités d'action qui doivent être respectées pour obtenir un résultat déterminé. Une procédure doit toujours comporter :

– le quoi, c'est-à-dire ce qui doit être fait,

– le qui, celui, celle ou ceux qui doivent le faire (il peut s'agir d'une fonction bien déterminée),

– le comment, qui précise les documents, les outils de référence pour l'action concernée,

– le quand,

– le où,

– le combien.

« *Manière spécifique d'accomplir une activité.* » (norme ISO 8402)

« *Les procédures doivent être approuvées, accessibles aux personnes et compréhensibles par tous ceux qui sont concernés par la mise en œuvre.* » (norme ISO 9004-2)

Processus. Ensemble d'activités coordonnées concourant à fournir un ou plusieurs produits/services aptes à satisfaire les attentes des clients. C'est une combinaison de faire et de savoir-faire distincts permettant de fournir une prestation matérielle ou immatérielle (vision horizontale). Exemple : le processus vente. Les processus regroupent les activités autour d'une finalité commune (stratégique ou opérationnelle).

Il est important d'identifier les processus car seule la simplicité des structures permet de répondre à la complexité des relations et des dysfonctionnements.

« Ensemble de moyens et d'activités liés qui transforment des éléments entrants en éléments sortants. » (norme ISO 8402). Ces moyens peuvent inclure le personnel, les finances, les installations, les équipements, les techniques et les méthodes.

« Un processus opérationnel est une suite d'activités qui, à partir d'une ou plusieurs entrées (inputs), produit un résultat (output) représentant une valeur pour le client. » (source : *Le reengineering*)

« Un processus est un ensemble d'opérations faites avec des moyens et selon des règles, en vue d'une finalité. L'efficacité d'un processus est son aptitude à répondre aux besoins qui justifient son existence, dans des situations variables de l'environnement. » (source : *La qualité des processus*).

« Un processus est une série d'activités qui consomment des ressources et dont le résultat est un produit ou un service. Les processus sont inter-fonctionnels. Si les dirigeants se concentrent sur la performance de chaque fonction, le résultat global ne sera pas optimal.

Si les objectifs et les mesures de performance sont définis séparément, chaque fonction progressera aux dépens des autres. Par conséquent, pour véritablement comprendre une entreprise et la rendre plus performante, l'effort doit porter sur ses processus. Celui qui consiste à élaborer des mesures de performance se déroule par étapes : partant de la stratégie de l'entreprise ou d'un département, il avance pas à pas jusqu'à la définition d'objectifs et l'identification des processus critiques. En identifiant les processus critiques et en concentrant leurs efforts sur ces processus, les dirigeants améliorent les éléments indispensables à la survie de l'entreprise.

Les mesures de processus permettent de suivre les activités d'un processus et de motiver ceux qui le mènent. En d'autres termes, elles pilotent les processus en permettant d'anticiper et de prévenir les problèmes. » (source : *Vital Signs*)

Processus fonctionnel. Elément interne qui contribue au fonctionnement, à l'efficacité, à l'efficience des processus principaux.

© Editions d'Organisation

Processus principaux. Enchaînement d'activités générant un ensemble de produits ou services destinés à un client extérieur.

Projet. Ensemble d'actions coordonnées dont l'objet est d'améliorer la performance d'un ou de plusieurs processus opérationnels ou la capacité d'une fonction. Un projet est par nature limité dans le temps.

Reporting. Cycle infra-annuel de suivi accompli par des revues périodiques (périodicité définie par la structure de suivi en fonction des objectifs et des projets/actions) au cours desquelles on utilise le tableau de pilotage. Ces revues périodiques correspondent à des étapes clés. Les décisions prises en revue de pilotage sont formalisées dans une fiche de décision qui fait elle-même l'objet d'un suivi méthodique des décisions prises.

Le reporting permet de suivre les engagements de résultats, indicateurs d'objectifs, et de mettre en place les éventuelles actions correctives pour atteindre les objectifs retenus.

Ruptures de l'environnement. Changement brutal de tendance de l'environnement de nature à perturber le développement total ou partiel d'une entreprise ou à offrir des possibilités de croissance.

Scénario. Hypothèse d'évolution de l'environnement qui donne des réponses stratégiques possibles (prospective). Pour valider et choisir un scénario parmi plusieurs hypothèses d'évolution, il s'agit d'analyser les avantages et les inconvénients de chaque scénario.

« *Le futur n'est jamais donné dans sa totalité; il ne peut être déterminé que par les choix des hommes appliqués à construire leur avenir. Il existe donc une infinité de "futurs" possibles. Un scénario n'est rien d'autre que la description, plus ou moins détaillée, de quelques-uns de ces futurs possibles. Il sert à clarifier les décisions et à faciliter les choix.*

Mais un scénario ne décrit pas ce qui est probable. Ni même ce qui est possible. Car, entre le probable et le possible, se situent aussi bien la volonté politique que l'aléatoire, la catastrophe, la crise globale ou la révolution. Il décrit des situations telles qu'elles pourraient être. Il décrit des situations plausibles dans un contexte donné et en fonction de ce que l'on sait des tendances évolutives des principaux éléments du système que l'on étudie. » (source : *Le macroscope*)

Système de pilotage. C'est un système d'information composé de plusieurs systèmes de pilotage en interface dynamique avec l'environnement interne ou externe de l'entreprise. Il permet de traduire la stratégie en actions – axe descendant, de susciter l'intelligence collective – axe ascendant, de promouvoir des processus de réflexion et de prise de décision participatifs et transversaux – axe transversal.

Ses objectifs sont de développer une démarche d'anticipation permanente pour l'ensemble des responsables, de promouvoir une culture d'engagement de résultats, d'assurer la cohérence globale des acteurs, des objectifs et des actions, de favoriser l'apprentissage collectif et de favoriser le processus de prise de décision grâce à une information fiable, pertinente et rapide.

Un système de pilotage ne progresse que dans la mesure où les responsables de l'entreprise font évoluer leurs pratiques de pilotage.

Variable clé de l'environnement. C'est un paramètre de l'environnement à prendre en compte pour la réalisation d'un objectif. Ils permettent de détecter les ruptures possibles de l'environnement et de déterminer différents scénarios, en tenant compte de l'univers de l'offre, de l'univers des influences socio-économique, économique, politique, technique et de l'univers de la demande.

© Editions d'Organisation

Références bibliographiques

Dictionnaire du management stratégique, Marie-Agnès MORSAIN, Editions Belin Sup Gestion, 2000.

Dictionnaire économique et social, J. BRÉMOND, A. GÉDÉLAN, Hatier.

Indicateurs qualité, Mouvement Français pour la Qualité.

Indicateurs et tableau de bord, O. CÉRUTTI et B. GATTINO, Afnor Gestion.

La qualité des processus, Mouvement Français pour la Qualité.

L'entreprise réinventée, J. BRILMAN – Éditions d'Organisation.

Le Macroscope. Vers une vision globale, Joël DE ROSNAY, Seuil.

Le reengineering, M. HAMMER et J. CHAMPY, Dunod.

Pratiquer le benchmarking, KARLÖF et PARTNERS, Éditions d'Organisation.

Strategor, Équipe des professeurs du Département Stratégie et Politique d'entreprise HEC – ISA de Jouy-en-Josas, Inter Éditions.

Vital Signs, S. M. HRONEC, Arthur ANDERSEN, Management, Éditions d'Organisation.

Vocabulaire économique et financier, BERNARD et COLLI, Économie.

Le management revisité, Yves ENREGLE, Éditions d'Organisation.

Méthodes et pratiques de la performance, Philippe LORINO, Éditions d'Organisation.

Grandeur et décadence de la planification stratégique, Henry MINTZBERG, Éditions Dunod.

L'Expansion Management Review, n° 98, septembre 2000, Dossier « La recherche en management stratégique ».

© Editions d'Organisation

Table des illustrations

© Editions d'Organisation

www.ingramcontent.com/pod-product-compliance
Lightning Source LLC
Chambersburg PA
CBHW061142220326
41599CB00025B/4327